OPEN是一種人本的寬厚。
OPEN是一種自由的開闊。
OPEN是一種平等的容納。

OPEN 2/16

摩奴法典

作　　者　摩奴一世
譯　　者　馬香雪
主　　編　吳繼文
責任編輯　林貞慧
美術設計　張士勇　謝富智

發 行 人　郝明義
出 版 者
印 刷 所　臺灣商務印書館股份有限公司
　　　　　地址：臺北市重慶南路 1 段 37 號
　　　　　電話：（02）23116118／傳眞：（02）23710274
　　　　　讀者服務專線：0800056196
　　　　　郵政劃撥：0000165-1 號
　　　　　E-mail：cptw＠ms12.hinet.net
　　　　　出版事業登記證：局版北市業字第 993 號

初版 一刷　1998 年 10 月

本書由北京商務印書館授權出版中文繁體字本

定價新臺幣 300 元
ISBN 957-05-1507-4（平裝）／a 04350000

MÂNAVA-DHARMA-SÂSTRA
摩奴法典

摩奴一世
Swâyambhoura Manou／著
（法）迭朗善
A. Loiseleur-Deslongchamps／譯
馬香雪／轉譯

臺灣商務印書館　發行

目　次

譯　序

　　古代印度有許多名爲法經(Dharmasūtra)和法論(Dharmaśāstra)的作品,《摩奴法典》是其中最重要的一種。

　　《摩奴法典》在印度次大陸有長期的深遠的影響,先後曾有多家進行注釋,現存九至十八世紀的注釋就有七八種之多。英國人於十八世紀在印度建立殖民統治時,也注意到了《摩奴法典》的重要性。所以,《摩奴法典》作爲一種歷史的文獻,其價值並不僅限於古代而已。

　　《摩奴法典》同其他法經、法論一樣,不是國家頒布的法典,而是婆羅門教祭司根據吠陀經典、累世傳承和古來習慣編成的教律與法律結合爲一的作品。而且,《摩奴法典》還敷陳了其他法論所罕言的關於創世的神話以及梵我一如的玄談,以充實其立論的體系。純粹法律性質的部分約占全書僅四分之一強(在早於《摩奴法典》產生的《阿跋斯檀巴法經》中,純法律的部分又比《摩奴法典》要少得多)。因此,《摩奴法典》不僅是研究古代印度法律的重要資料,而且也是研究古代印度社會和文化的重要歷史資料。

　　《摩奴法典》全書凡十二卷,論及很多方面,而其核心內容可以歸結爲一點,即維護種姓制度。它宣揚種姓起源的神話,論列各種姓的不同地位、權利和義務,規定依違種姓制度的獎懲,並以「來世」苦樂作爲這種獎懲的補充。閱讀《摩奴法典》,有助於我們了解古代印度的種姓制度,了解它對印度社會的根深柢固的

影響。不過，有一點需要注意，《摩奴法典》（其他法經、法論也如此）中的某些內容實際表述的是婆羅門種姓的願望和理想，並非每一點都是現實的。例如，其中關於婆羅門永遠高於剎帝利的說法，在許多情況下都未必是現實的。又如，其中有的條文否認首陀羅有財產權，但實際上首陀羅中是有人有財產的。因此，我們運用《摩奴法典》時要注意將其中不同地方的論述加以比較研究，全面理解，同時要重視其他方面史料的佐證。

古代印度文獻有一個普遍的問題——年代難定，《摩奴法典》也不例外。近代西方較早的梵文學者對古代印度的文獻和人物的定年都偏於過早。法譯者迭朗善將《摩奴法典》定年於公元前十三世紀，同樣偏於過早。迭朗善的重要論據之一是《摩奴法典》沒有提到釋迦牟尼。當時許多學者認爲釋迦牟尼生活於公元前 1000 年左右。而現在基本可以斷定，他是公元前六世紀人，雖然其逝世年代主要尚有公元前 544 年與 485 年兩說。而況婆羅門教與佛教道不同，不相爲謀。《摩奴法典》不提釋迦牟尼，正如佛教的《法句經》不引摩奴一樣。又怎能據此斷定《摩奴法典》的年代在釋迦牟尼以前呢？的確，《摩奴法典》中的某些內容（如關於婚姻和生子的某些規定）反映的是很古的風俗。可是，《摩奴法典》中也提到了希臘人 (Yavanas)、塞人 (Śakas)、中國人（Cinas，來自「秦」字），這就很難早於公元前三世紀。《摩奴法典》包括有不同時期的內容（有時對一個問題並列出不同的說法），其不同部分的形成時期也不同。大抵第一卷與第十二卷形成最晚，第七至十一卷次之，第二至六卷較早（不過其中也有較後增入的部分）。現在一般都認爲《摩奴法典》（其他法論也如此）有一個形成的過程。雖然具體定年仍有不同，但自上世紀八十年代畢勒爾 (G. Bühler) 提出《摩奴法典》成書於公元前二世紀至公元二世紀之

間的說法以來，這個意見基本已爲大多數學者所同意，接近於定論了。

　　現在這個漢譯本是根據迭朗善 (Loiseleur-Deslongchamps, 1805-1840) 的法譯本譯出的。迭朗善是法國十九世紀的東方學家。他於 1830 年在巴黎刊行了《摩奴法典》的一個梵文原本（俄國學者埃里曼諾維奇於 1913 年發表的俄譯本就是據這個原本翻譯的），1832-1836 年間又將它譯成了法文。迭朗善的這個譯本在當時頗受好評，馬克思在《科瓦列夫斯基〈公社土地占有制，其解體的原因、進程和結果〉一書摘要》中也用過這個譯本。在這以後，西方曾出現幾個新的譯本，其中影響最大的是畢勒爾的英譯本 (*The Laws of Manu*, 1886, Oxford)，較新的是經伊林 (Г. Ф. Ильин) 校訂過的埃里曼諾維奇 (С. Д. Эльманович) 的俄譯本 (*Законы Ману*, 1960, Москва)。相對說來，迭朗善的譯本比較舊了。不過，迭朗善的譯本仍有其明顯的優點。《摩奴法典》行文簡略，引喻又多，旣難索解，亦乏情趣。而迭朗善譯文比較明暢易讀（其譯文中加了斜體字的補足文義的詞句，漢譯則於這些詞句下加點），注釋也比較通俗生動（不似畢勒爾譯注偏重於文字考訂，而多引文學戲劇作品，於神名注神話，事名注故實，植物名注學名等），爲一般讀者減少了困難，增加了興趣。當然，凡迭朗善所補足的詞句，均只能供我們理解文義參考，而不能作爲典據。如Ⅷ，222，迭朗善譯文是：「買賣一件有固定價格且經久不壞的東西，如土地或金屬等，後又反悔者，可在十天以內歸還或者取回該物品。」這裡加上了「土地」，似乎土地也可以買賣了，可是這一點在《摩奴法典》本身中是得不到證實的，因此不能爲據。又如迭朗善有時對四種姓名稱加以意譯，譯首陀羅種姓爲「奴隸種姓」，其實這只說明迭朗善認爲首陀羅是奴隸。首陀羅是否即

奴隸，學者有不同意見，不妨充分討論，但從《摩奴法典》本身仍是難以得出首陀羅全等於奴隸的結論的。漢譯未改譯法，是爲存迭朗善一家之言，以備參考。《摩奴法典》這樣的書，多一家之言供參考並非壞事。漢譯者的這一點意思，尚祈讀者予以了解和注意。

劉家和

1980. 5. 9

序　言

　　我今天發表的這一譯本，其原著在法國只有東方學者和少數研究比較法的人知道；在這以前，人們只能看到十八世紀末威廉・瓊斯 (William Jones) 的英譯本，譯名是《印度法原論》(*Institutes of Hindu*)，或《摩奴法令集鳩魯伽注，兼論印度僧俗義務體制》(*The Ordinances of Manu, according to the gloss of Kullûka; comprising the Indian system of duties religious and civil*)。我認爲有必要就今天仍構成印度法律基礎的摩奴法令集及其立法者先作一些說明。

　　梵文 *Mânava-Dharma-Sâstra*，直譯《摩奴法論》①；因而它不是普通意義的所謂法典，法典一詞，一般指規定人們相互間的關係，以及懲辦各種犯罪的法令的匯編。本法論，誠然如古代人所了解的，是一部有關民事和宗教行爲方面的律書。因爲在《摩奴法論》中，除了一般法典通常涉及的題材外，還把宇宙創造論；各種形而上學觀點；關於人生各階段行爲的規定；關於宗教義務，敬神儀式，苦行，贖罪等許多規定，齋祓和斷食的戒律；道德訓言，政治觀念，軍事藝術和商業知識，死後賞罰，以及人們靈魂的各種輪迴和達到解脫的方法的論述都網羅進去了。

　　在法論的第一卷中，可以看到，威廉・瓊斯認爲名字與埃及的美尼斯 (Ménès) 和克里特的米諾斯 (Minos) 相近似的摩奴 (Ma-

---

① 漢譯本從俗，仍用《摩奴法典》譯名。──漢譯者

nou) 一名，是印度人認爲依次支配世界的七神的每一位的共名。法論被認爲是由梵天 (Brahma) 親身啓示給號稱「出於自在之有」(Swâyambhoura) 的摩奴一世，並由跋梨求 (Bhrigou) 仙發表的。

如果說這部法論是出自叫做摩奴的古代立法家之手，那麼，它就是在寫成現在的韻文形式以前一代一代經過口傳被保存下來的。摩奴後來被印度人神化，並混同於他們所相信的支配世界諸神中的一位叫做摩奴的神。對不通梵文的人，應當說明一下法論是用「輸洛迦」(Slokas)，即用兩個詩句構成一節的形式寫成的。這種「輸洛迦」，印度人認爲是一位叫做跋爾密吉 (Valmiki) 的隱聖創造的，據說他生活在公元前一千五百年的時候。

威廉·瓊斯在其英譯本序言中援引出自《那羅陀法典》(*Lois de Nârada*) 序言的一段話說：「摩奴寫成梵天法論十萬節，共二十四卷一千章，以授那羅陀。那羅陀是諸神中的智者，把它緊縮爲一萬二千詩句，供人類使用，授予跋梨求之子蘇摩底 (Soumati)。蘇摩底爲了人類的最大便利，又把它緊縮爲四千詩句。凡人讀到的不過是蘇摩底的再縮本，而低層天諸神和天界樂師則學習法論原本。它是從現在流傳世間的法論稍有修改的第五首詩句開始的；現在所存的那羅陀節本，只有關於法治的第九篇原文的一個典雅的大綱了」。威廉·瓊斯認爲，既然現在我們所有的《摩奴法論》只有兩千六百八十五節，則它不可能是《蘇摩底法論》的完本。《蘇摩底法論》或者即所謂《摩奴古法典》(*Vriddha mânava*)，該書的許多章句雖經口傳保存下來，且在新的法律匯編中被人引用過，但它的全貌已不可見。

《摩奴法論》編纂的時代，和它的眞正編纂人的名字一樣，我們都不知其詳，在這方面，我們只有妄加臆測。威廉·瓊斯推算現存法論的編纂年代在公元前 1280 年或 880 年左右，一般認爲，

證據似嫌不足，這裡無庸贅述。從我們的知識狀況來說，最好的揣測似乎還是求之於法論本身。宗教教義在法論中表現得十分古樸：一個唯一、永遠、無限的神，世界的本源和本質，最高的實體或最高我 (Brahme ou Paramâtmâ)，以梵天的名義支配全世界，他是創造者又兼毀滅者。在《摩奴法論》中看不到那種非常有名但無疑是後世神話說法的三現體 (Trimourti) 的任何痕跡。毗濕奴天 (Vichnou) 和濕婆天 (Siva)，《往事書》(Pouranas) 中把他們描寫為甚至比梵天還要高的兩位不相上下的神，但在立法家所闡述的世界創造和毀滅論中，只附帶地提到過他們一次，他們不擔任任何角色，甚至配角也不是。毗濕奴的九化身未曾被言及，法論內所說的神不外是天、星辰、原素，以及從自然界來的事物的人格化。這種神話的說法似和吠陀最有關係，吠陀的古老是無可爭辯的；又，吠陀是最高的正統著作，它的典據不斷為法論所援引。立法家波利訶斯波底 (Vrihaspati) 說：「摩奴在立法家中居首要地位，因為他在他的法論中闡述了吠陀的全部精義，任何法律如與摩奴公布的法律精義相牴觸，就不被承認」。這種宗教教義的樸實，可能是主張《摩奴法論》歷史悠久的證據之一；而且，其中所引用的歷史人物，似乎沒有一個晚於公元前十二世紀的，又如著名婆羅門教改革家釋迦牟尼，僉信生活於公元前一千年左右，在《法論》中卻沒有一次被提及，可以斷言當時宗教改革尚未發生。所以，把《摩奴法論》的編纂時期假定為公元前十三世紀是有依據的。舍齊 (Chezy) 於 1831 年在《學者報》(Journal des savants) 中發表的一篇論文也是這樣主張的。

　　《摩奴法論》開篇第一章關於世界創造論的形而上學部分，是由著名注疏家鳩魯伽跋多 (Koulloûka-Batta) 採用數明哲學學說的觀念加以解釋的。學者科爾布魯克 (Colebrooke) 在他關於這種學

說的論文緒言中似乎是語焉不詳地採用了這位印度注疏家的見解。但應當承認鳩魯伽跋多爲使摩奴原文遷就他的解釋，曾不得不對它大加曲解，所以摩奴的形而上學的世界創造論，無疑是可以有完全不同的解釋的。這是拉森先生 (M. Lassen) 在其《數明哲學》(Sânkhya-kârikâ) 出版序言中發表的見解。筆者只有不加辯難地採用鳩魯伽跋多的注解，因爲這是我僅有的辦法。

摩奴原文的高度簡潔，給予了印度注疏家運用慧眼的極好機會；因而這部法論的注疏家不乏其人，就中以比羅斯跋密跋多 (Biraswamî-Batta) 之子密達底底 (Médhâtithi)，護文陀羅闍 (Go-vindaradja)，陀羅尼陀羅 (Dharanidhara) 和鳩魯伽跋多等人最爲精湛，而後者尤爲人所推重。威廉‧瓊斯說：「他的注疏是在注解古代或近代、歐洲或亞洲作家中，最確切，最明瞭，最樸實無華，最瞻博，最深刻，又最令人滿意的」。人們不知道鳩魯伽跋多生活在什麼時代；他自己告訴我們，他出身於孟加拉的高爾 (Gaur) 地區一個高貴體面的家庭，卻定居在恆河沿岸的迦尸 (kâsi, 即貝拿勒斯, 〈Benarès〉)，而與學者爲伍。加爾各答出版的兩個《摩奴法論》版本中都在原文下面附有他的注解，我幾乎經常用它來作爲指南，但另有一種大體上頗爲簡潔明瞭的注疏，附在國立圖書館一兩種手抄本的摩奴原文的下面，我也曾加以利用，它的作者是羅伽跋南陀 (Râghavânanda)。我仿照英譯者的做法，把我插到原文裡面的注解部分用斜體字印出①，以便原文和注解以及注解家發揮之處，可以一目了然地區別開。

關於印度文的發音，容易發生錯誤的地方，也應當在這裡對不通梵文的人說明一下。ch 字應讀軟音，就像法文 char，cheval

----

①在漢譯本中，注解部分，下加重點號。——漢譯者

中 ch 的讀音一樣，所以 Vasichtha，讀 Vasichetha，不讀 Vasiktha。g 字常讀硬音，就像在它後面有一個 u 字一樣，所以 Angiras，讀 Anguiras，不讀 Anjiras。S 在兩個元音間絕不要發 Z 音，所以 Vaisya，讀 Vaiçya，不讀 Vaizya。

瓊斯的優秀譯文曾博得包括科爾布魯克在內的梵文學者們的好評。科爾布魯克在援引《印度契約法・繼承法匯編》中引用的《摩奴法論》章句時，幾乎經常採用他的這個譯文。著名的什雷該爾 (Schlegel) 在其引人入勝的《亞洲語言研究》一書中，對該譯著的功績評價很高。他說：「瓊斯譯本大體上可以說是非常忠實於原文的，它有時不免陷於意譯，但由於原文詩句的簡略，意譯幾乎是很難避免的，譯筆的文采尤其令人嘆賞；它既表現了法律的尊嚴，又兼有一種說不出來的神聖和古樸，看了它，我們就像著了魔似地置身於使這些宗教法和社會法得以付諸實施的那些世代、風尚和思想範疇之中。這些法律本身也曾支配過一個大國達若干千年之久」。什雷該爾的贊譽，瓊斯譯本可完全當之而無愧，它曾給予我莫大的幫助；但對前人才華的嘆賞，並未阻止我去細心探討在我看來似有疑難之處，因而我有時曾採取和瓊斯譯文不同的釋義。總之，我曾竭盡我棉薄之力，使梵文原文的翻譯盡量做到信、達。

第一卷

創　造

1. 摩奴靜坐凝思，衆大仙①走近前來，對他敬謹施禮後，聲言：

2. 「尊者啊，請如實依次將關於一切原始種姓②和雜種種姓③的法律，惠予宣示給我們」。

3. 「因爲，尊者啊，唯有你熟知這一普遍、自存、不可理解、人類理智莫能測其高深的法律條例、原理和眞諦，而此即吠陀（Véda）④。」

4. 神通廣大的摩奴，經心胸豁達的高仙們如此一問，向他們一一爲禮後，給以睿智的答覆說：「請聽！

---

① 大仙，梵文作 maharchis，是一種較高級的聖仙，人們將他們分做若干不同的等級。

② 原始種姓有四種即僧侶或婆羅門種姓；武士與王士種姓或刹帝利種姓；商人與農民種姓或吠舍種姓；奴隸種姓或首陀羅種姓（見本卷第 31 節，又第 87 節以下各節）。

③ 這些種姓列舉在第十卷內。

④ 吠陀，印度經典名稱，主要的有三種，即梨俱吠陀，耶柔吠陀和娑摩吠陀；這些吠陀在《摩奴法典》中曾被再三引用，而第四種吠陀——阿闥婆吠陀，在《法典》中僅有一次被提及（第十一卷第 33 節）。有些學者認爲最後一種吠陀出現較晚；但此說並非著名學者科爾布魯克的主張。科氏在《亞洲研究》雜誌（*Recherches Asiatiques*）第八卷中曾發表過一篇很重要的關於印度經典的論文，論文認爲阿闥婆吠陀經典至少有一部分和其它吠陀經典同樣古老。每一種吠陀都包括咒文和祭書兩部分。

5. 「當時這宇宙沈浸於黑暗中①；不可見，並無明顯的特徵，不能靠推理去發現，也未曾被啓示，如同完全處在睡眠中。

6. 「宇宙解體 (Pralaya) ②的時間終了時，非顯現的自存神出現，並以閃耀著極其純潔光輝的五元素及其它元行掃除黑暗，即揭示自然，使宇宙變爲可見。

7. 「超越感官、只有神靈可以認識，無有形器官、永恆、爲萬物之靈及不可思議者，展示了其固有的光輝。

8. 「他在思想中旣已決定使萬物從自體流出，於是首先創造出水來，在水內放入一粒種子。

9. 「此種子變作一個光輝的如金的雞卵，像萬道光芒的太陽一樣耀眼，最高無上的神本身托萬有之祖梵天③的形相生於其中。

10. 「諸水稱爲那羅 (nârâs)，因爲它們是那羅神的產物，它們曾經是那羅神的第一個活動場所 (ayana) ，因此那羅神又稱爲『水上活動者』(Narayana) ④。

---

① 根據注疏家意見，「黑暗」一詞應被理解爲自然（即自性，Prakriti）。宇宙解體時由於不可見，所以是在自然中解體的，而自然本身未被神靈所展示。——自然，自性，是數明哲學所主張的二十五元行中第一個元行，它是原質，是宇宙萬匯的質因。科爾布魯克在他的幾篇《論印度哲學》的論文中曾對數明哲學有所論述，刊入《倫敦亞洲學會論文集》(*Transactions de la Société Asiatique de Londres*) 內。我們可從中看到宇宙創造論的形而上學部分似乎和數明哲學大有關係。科氏的論文允稱傑構，該文現得波提埃先生 (M. Pauthier) 的法文譯本（一卷八開本）而通行全世界。這個有用的譯本的刊行對學術大有幫助。又，拉森先生所著《數明學》的優秀版本，是對梵文學者有用的一本關於數明學說的介紹。

② Pralaya 是梵日之末所發生的世界的解體或毀滅。

③ 此處梵天 (Brahma) 係指唯一的上帝，世界的創造者。在印度神話中，毗濕奴天、濕婆天和梵天一起形成三現體。梵天又稱爲 Hiranyagarbha，譯言「出自金胎者」，金胎意指金雞卵。

④ 此處 Narayana 指梵天。在古代神話中，它通常是毗濕奴天的一個別名。

11. 「從這一存在物，從這一不可見的、永恆的、實際存在而對感官不存在的原因，原人 (Pouroucha) 出生了，他以梵天的名字著稱於世。

12. 「他在這個雞卵內住滿了一個梵天年①之後，經過個人思考，將卵一分為二。

13. 「他以此二者，造成天地；天地之間布置了大氣②，八天區③，以及永久的水庫。

14. 「他由最高之靈中抽出本然存在而對感官不存在的意識 (manas)④；並在意識產生以前，產生了作為指導者和最高統治者的自我 (Ahankâra)⑤。

15. 「他又在意識和感覺以前產生了慧根 (Mahat)⑥，一切具有三德⑦的東西，認識外界對象的五知根⑧，五作根，和五大的微粒 (Tanmatras)⑨。

16. 「他將這具有偉力的不可見的六大的分子（即五元素的

---

① 在本卷第 72 節，我們可以看到一個梵天日等於人間（以 360 天為一年）的 4,320,000,000 年。夜長亦然。梵天日稱為劫波 (Kalpa)，30 劫波構成一個梵天月，十二梵天月為一梵天年。一梵天年等於人間 3,110,400,000,000 年。

② 此處大氣應理解為太陽和地球之間的空間。

③ 八天區即四方和四角的總稱；分別由八神管理。

④ 即萬有之靈 (Paramâtmâ)。

⑤ Ahankâra，即感覺，或更確地說，即產生我的東西，或對於自我的感覺。

⑥ Mahat 又稱 Boudhi，意為智慧。

⑦ 三德是喜德 (Sattva)，憂德 (Radjas) 和暗德 (Tamas)（見第十二卷第 24 節）。

⑧ 印度哲學家別感官為十一種，其中十個是外部的，一個是內部的，十個外部器官中，頭五個叫做五知根，即眼、耳、鼻、舌、皮；其它五個叫做五作根，即口、手、足、肛門和生殖器官。第十一個器官是內部器官，即意識，它在性質上近似五作根和五知根。（見第二卷第 89 節以下各節）。

⑨ Tanmatras（微粒，始基或原子），產生地、水、火、風、空五元素。

微粒和感覺）和演變爲元素與意識①的六大的微粒結合起來，創造了一切物類。

17.「又，因爲從這最高無上的神的本體流出的六個不可見的分子，即五元素的微粒和感覺，爲構成一種形體而和這些元素和這些意識器官結合起來；因此，賢者稱這神的可見形體爲接受六分子的(Sarira)。

18.「元素以其固有機能，以及物類的不竭淵源的意識，以無限微妙的屬性進入其中。

19.「藉具有偉力的七原(Pourouchas)（智慧、感覺和五元素的微粒）的有形微粒，不滅的淵源的流出物——可泯滅的萬有乃形成。

20.「這些原素中的每一元素②，具備序列上在它前面的元素的屬性，因而元素在序列上愈靠後，愈具備較多的屬性。

21.「最高無上的神從太初之始即按照吠陀所言，對每一個特別物類指定名稱、作用和生活方式。

22.「無上主創造了眾多的本質活躍，具有靈性的神(Devas)。以及眾多的不可見的③群仙(Sâdhyas)，以及從太初即制定的祭祀。

23.「他爲完成祭祀，從火、風和太陽中抽取④稱爲梨俱、

---

① Tanmatras 或五大的微粒，通過演變而生五大，感覺通過演變而生意識。（注疏）

②五元素是空、風、火、水、地。空僅有一種屬性，聲；風具有兩種，聲，觸；火具有三種，聲，觸，色；水具有四種，聲，觸，色，味；地具有五種，聲，觸，色，味，香。（注疏）

③梵文作 Soukchma，意爲微妙的，不可見的。

④直譯「擠出」。

耶柔和娑摩吠陀的三種永久的吠陀。

24.「他創造了時間和時間的劃分、星宿、行星、江河、海洋、山岳、平原、起伏地勢；

25.「苦行、語言、逸樂、欲望、憤怒和天地萬物，因為他要給萬類以生存。

26.「他為確定行為的差異而分別邪正，使這些物類為苦樂和其他對立條件所支配。①

27.「一切存在物都由五種細元素的微粒和易致毀滅的粗元素狀的②、微粒陸續形成。

28.「當最初無上主對某一生物指定某一職司時，此生物每次回到世上都自動完成此職司。

29.「創造時，無論賦予他什麼性質，如善惡、剛柔、德弊、真偽等，這些性質在以後出生中會自然再次出生在他身上。

30.「有如季節循環，自然恢復其特性，同樣，生物也恢復其特有職司。

31.「當時，為了繁衍人類，他從自己的口，臂，腿，足，創造了婆羅門，剎帝利，吠舍和首陀羅。

32.「無上主將自體一分為二，一半化為男，一半化為女，和女性部分結合而生原人毗羅止 (Virâdj)。

33.「高貴的婆羅門啊，你們要知道，原人毗羅止從事苦行，從自體產生的就是我，即萬有的創造者，摩奴。

34.「是我想創造人類，在經歷極其艱巨的苦行後，首先創造了造物主 (Pradjâpatis) 十大聖仙，即：

35.「摩利俱 (Maritchi)，阿多利 (Atri)，俺吉羅 (Angiras)，弗

---

①這些條件是，欲、怒、愛、憎、飢、渴、憂、惑等。（注疏）
②或者，「易於變成粗元素的」。

羅斯底耶(Pourastyas)，弗羅訶(Poulaha)，柯羅都(Kratou)，普羅遮
多(Pratchétas) 或闥剎(Dakcha)，跋息什多(Vasichtha)，跋梨求
(Bhrigou) 和那羅陀(Nârada)。

36. 「這些萬能者，創造了其他七位摩奴①，諸神②及其住
所，以及神通廣大的大仙們。

37. 「他們創造了夜叉(Yakchas)③，羅剎(Râkchas)④，吸血鬼
(Pisatchas)⑤，天界樂師(Gandharbas)⑥，天界舞女(Asparas)⑦，阿
修羅(Asouras)⑧，龍王(Nâgas)⑨，蛇神(Sarpas)⑩，神鳥(Soup-

---

① 從後面第 79 節注，可以看到叫做劫波的時期包括十四個摩奴朝。根據印度人的
意見，當代摩奴係第七世，隨後還要有另外七位摩奴。本節所指很可能就是這
些摩奴，注疏似亦指出這一點。

② 諸神是以天王因陀羅(Indra)為首的衆仙，他們稱為修羅(Souras)（見《羅摩衍那
》第 1 卷第 45 章）和阿底底耶。阿底底耶得名於迦息耶婆(Kasyapa)之妻，即他
們的母親阿底底(Aditi)。

③ 夜叉是財神(Kouvéra)的使役，及其園圃和財寶的守護神。

④ 羅剎是惡仙，似有多種：有些是諸神的大敵，如《羅摩衍那》史詩中的羅楒那；
另外一些是出沒森林墳墓間，嗜食人血肉的食人鬼或吸血鬼，如菩普所發表的
《摩訶波羅多》史詩裡邊的喜下跋(Hidimbha)。羅剎不時擾亂虔誠的隱士們的祭
祀，隱士們不得不求助於以勇武著稱的諸王。《羅摩衍那》第 1 卷第 20 章中記牟
尼毗跋窊陀羅(Viwâmitra)求援於國王多娑羅闍之子羅摩(Râma)；又《沙恭達羅》
劇本第二、三幕中記隱士們求援於國王都什麿多(Douchmanta)。羅剎的數目多得
不可計數，又不斷有新生的羅剎出現，因為犯罪者的靈魂往往被罰進入羅剎體
內。其在羅剎體內時間的長短，視所犯罪過的大小而定（見第 7 卷第 44 節）。

⑤ Pisâtchas 是嗜食人血的惡鬼，性近羅剎，但地位似較羅剎為低。

⑥ Gandharbas，天界樂師，天王因陀羅宮庭的成員。

⑦ Apsaras 是因陀羅天宮的女娼或舞妓，據詩人說，它們是在諸神和阿修羅攪海
覓取長生不老神膏時，從海內出來的。

⑧ 阿修羅是和諸神永久為敵的惡魔，其中有一些叫做底底耶，從其母底底得名。
底底是摩利俱之子迦息耶婆的妻子；另外一些叫做達那婆(Danavas)，從其母達
奴(Danou)得名，達奴亦迦息耶婆之妻。阿修羅在印度詩篇中被描述為諸神的
敵人，彼此間不斷發生糾紛。奇怪的是諸神往往求助於以勇武著稱的一位國王。
（見《沙恭達羅》劇本第六幕）。阿修羅的地位遠較羅剎為高，它們也是諸神的
敵人（見第十二卷第 48 節）。

⑨ Nâgas 是人面、蛇尾、蛇長頸的半神，以跋修基(Vâsouki)為王，住地獄中。

⑩ Sarpas 是地位低於 Nâgas 的蛇神。

arnas) ①以及祖靈②的各氏族；

38. 「電光、雷霆、雲霓、因陀羅彩弓、流星、超自然的音響③、彗星和各種大小星辰；

39. 「金那羅 (Kinnaras)④、猿猴、魚、各種鳥類、家畜、野獸、人，長有兩列牙齒的肉食動物；

40. 「蛆、蟲、蝗、虱、蠅、臭蟲、各種咬人的蚊虻，和各種不動的物體。

41. 「這些心胸開闊的衆聖仙就這樣按我的命令，以其苦行之功，按照所有動、靜物的業⑤來創造了它們。

42. 「現在我要對你們宣示，什麼是給世間物類指定的專業，以及它們怎樣來到世間。

43. 「家畜、野獸、長兩列牙齒的肉食動物、巨人、吸血鬼和人爲胎生。

44. 「鳥類爲卵生，蛇、鱷魚、魚、龜和其它種類的動物，或陸棲，如蜥蜴，或水棲，如介殼類亦然。

45. 「咬人的蚊蟲、虱、蠅、臭蟲是濕生的；它們由熱而生，一切類似它們的，如蜜蜂、螞蟻等亦然。

46. 「一切不動的物體，或生自種子，或生自插枝，都爲芽

---

① Souparnas 是以伽虜陀爲首的神鳥名，伽虜陀在神話中被認爲是毗濕奴天的騎乘鳥。諸神，阿修羅，天界樂師，龍王，蛇神和神鳥，在印度神話中通常被認爲生自迦息耶婆的不同的配偶。迦息耶婆是一位聖仙，摩利俱之子，造物主之一。

② 祖靈 (Pitris) 是一些神聖人物，人類的祖先，住月宮中（見第三卷第 192 節以下各節）。

③ 梵文作 Niryhâta，法語無完全相應的單詞，根據注疏認爲係發生在體內和空間的超自然的音響。

④ Kinnaras 是隨侍財神 (Kouvéra) 的樂師，有馬首。

⑤ 即使這種物類或那種物類各按其業生在諸神間，人類間或動物間。（注疏）

生：草類產生大量花、果，果成熟後就枯萎；

47.「稱爲森林之王的植物，不開花而結果。或也開花，或僅結果，在這兩種形態下，他們取得樹木的名稱。

48.「有各種或爲灌木狀或爲叢生的小樹，有各種爬生和蔓生的草木。它們都是從種子或枝椏生的。

49.「這些物類①由於前生作業，而具有表現爲多種形式的暗德②，有內在感覺，可以感受悲樂。

50.「在這令人懼怕且不斷毀滅的宇宙內發生的自梵天以至草木的輪迴③，就這樣被宣示。

51.「能力不可思議者，如此創造了宇宙和我以後，再次消失，融化在最高我內，使創造時期代之以解體時期。

52.「此最高我覺醒時，宇宙就立即活動；睡眠時，精神完全休息，宇宙就立即解體④。

53.「因爲，當他安眠時，具有活動力的生物的機能就暫停，意識及其它感官就陷入無爲狀態。

54.「和它們融化在最高我內的同時，這萬有之靈就安然沈睡⑤。

55.「他在退入原始黑暗後，和感官一起久留不出，不行使他的機能，脫去了他的形相。

56.「當他重新集結細微元素，進入動植物種內時，就又採取一種新的形相。

---

①指動植物。
②見第十二卷第 42 節。
③據說輪迴是印度教義的一種，認爲人魂經過多次轉生才能解脫。（見第十二卷）
④直譯作「睡眠」。
⑤最高我無所不知，不會入睡，但這裡人們卻拿一般的生活規律強加在他身上。（注疏）

57. 「不滅的存在物，如此交替地一覺一眠，使一切動和不動的物類，生滅不已。

58. 「他從最初編制本法典後，教我記誦，我又教給摩利俱和其他聖仙。

59. 「跋梨求即將使你們全都得知本書內容；因為這位聖者 (mouni) ①從我這裡全部學到了它。」

60. 於是大仙跋梨求在摩奴致詞後藹然對聖仙們說：「請聽。

61. 「從這源出於自存神的摩奴出生其他六名摩奴，六名摩奴又各自創造一種物類，這些摩奴們心胸豪邁，能力高超。它們是：

62. 「斯跋羅俱利 (Swârotchichas)，俄多密 (Ottomi)，多摩婆 (Tâmasa)，離跋多 (Raivata)，光榮的遮古刹 (Tchâkchoucha) 和吠伐斯伐多 (Vaiwaswata) ②之子。

---

① Mouni 音譯牟尼，是人們給予虔誠有識的聖者的名稱，他們多少具有一些神性，或因苦行而超乎人性之上。

② 吠伐斯伐多是摩奴七世的姓氏，意為太陽 (Vivaswat) 之子。吠伐斯伐多一名和印度詩篇所說的最後一次洪水有關。現根據《摩訶波羅多》史詩簡述如下（史詩由菩普先生以梵文刊行，其波提埃法譯本於 1832 年 9 月刊入《巴黎雜誌》）：這位隱聖從事極其嚴峻的苦行。一天，他在毗利尼 (Virini) 河岸苦行既畢，忽有一隻小魚對他講話，請求使它脫離河水，因為在河中，它不可避免地要成為比它大的魚類的食餌。於是吠伐斯伐多取魚放在貯滿水的缸內。最後，小魚體積增大，缸不能容。摩奴不得已，又將它放在湖內，以後放在恆河內，最後又放在海內，因為魚的身體始終增長不已。每當摩奴給它換地方的時候，不論它身體如何龐大，卻都易於攜帶，鼻嗅手觸，都覺宜人。魚被放入海內時，對聖者聲言：「不久，大地一切所有都要毀滅，這是世界沈淪的時期，亦即一切動和不動的物類可怕的解體時期到來。你要造一隻大船，備有船纜，你將各種穀物裝船後，要同七仙一起上船。你要在船上等我，我要去找你。我頭上有一隻角，你即可認識我。吠伐斯伐多從命，造了一隻船，搭上去，想起了那魚，魚不久即行出現。聖者將一條很大的船纜繫在魚角上，時雖風浪澎湃洶湧，水天不辨，但魚卻使船在海面上高速航行。魚曳船行很多年月，最後使船在喜馬拉雅山頂靠岸。於是魚令眾聖仙繫船，說：「我是梵天，萬有之主，沒有高於我的存在物，我借魚形，救你們出險。摩奴，你要在此實施造化之功」。說完不見，於是吠伐斯伐多經過苦行後，著手創造萬物。這化身為魚的神在印度詩篇中一般被認為是毗濕奴天。它此次化身意在收回被某巨人盜走的吠陀經典。它是此神九次化身或下凡 (Avataras) 的第一次（見《亞洲研究》法譯本第一卷第 170 頁，又第 2 卷第 171 頁）。

63. 「這些以生於自存神的摩奴爲首的七位萬能摩奴，在各自的時期 (Antara) 內，創造和支配這由動和不動的物類組成的世界。

64. 「十八瞬間 (Nimechas) 構成一迦什陀 (Kâchtha)；三十迦什陀構成一迦羅 (Kalâ)；三十迦羅構成一牟暌多 (Mouhourta)，同樣數目的牟暌多構成一晝夜。

65. 「太陽爲諸神和人區分晝夜；夜供物類睡眠，晝供勞作。

66. 「人間一月相當於祖靈①的一晝夜，月分爲兩個半月②，晦冥的半月是祖靈從事活動的晝，晴明的半月是他們用以睡眠的夜。

67. 「人間一年是諸神的一日一夜；其區分如下：日相應於太陽南去，夜相應於其北去。

68. 「現在你們可以扼要和循序地學習何者爲梵的一晝夜，以及何者爲四時代 (Yougas) ③中每一時代。

69. 「據賢者稱第一個時代是由四千神年④構成的。先於它的黎明是由同數的百年構成的；後於它的黃昏亦然。

---

①祖靈是人類偉大的祖先（見第 37 節），是人們神化了的祖先，他們住在月球上。

②印度人的太陽月，分爲兩部分 (Pakchas)，各有十五個太陰日 (Tithis)，其晴明部分終於月圓之日，其晦冥部分終於新月出現之日。

③四時代梵文是 Krita，Trétâ，Dwâpara 和 Kali。瓊斯認爲它近似希臘的四時代，即黃金時代，白銀時代，青銅時代和黑鐵時代。下面我們可以看到四時代的循環往復是不計其數的。根據印度人說法，前三個時代已成過去，目前正處於第四個時代。這一時代開始於公元前 3101 年。

④神年以 360 年爲一年，4000 神年等於 1,440,000 人間歲月，400 神年等於 144,000 人間歲月，加倍得 288,000 年，故第一個時代的總數是人間（360 天爲一年）的 1,728,000 年。

70. 「在前後同樣都有黎明黃昏的其它三個時代中，十年和百年內依次遞減一個單位數①。

71. 「上述四時代總計，爲數一萬二千年②，稱爲諸神的時代。

72. 「須知神間千年③合計，共得一個梵日，而一夜的時間亦相等。

73. 「只有知道梵的聖晝終於一千年，夜也包括同樣時間，才眞正知道晝夜。

74. 「此夜終了時，入睡的梵天覺醒；他醒來時，使實際存在而對外感官並不存在的神意 (Manas) ④流出。

75. 「神意或慧根爲最高我所感到的創造願望所驅使，實行創造而產生賢者認爲具有聲德的空。

76. 從正在演變的空，產生傳播諸香，清淨而有力，且被認爲可觸知的風。

77. 「風演變而生照耀、除暗、生輝，說是德具色相的火。

78. 「火演變而生以味爲德的水；水演變而生以香爲德的地：這就是太初進行的創造之功。

79. 「上述包括一萬二千神年的諸神時代，重複七十一

---

①所以，第二時代的時間是 300 ＋ 3000 ＋ 300 神年，等於人間 1,296,000 年；第三時代 200 ＋ 2000 ＋ 200 神年，等於人間 864,000 年；第四時代 100 ＋ 1000 ＋ 100 神年，等於人間 432,000 年。

②此一萬二千年等於人間 4,320,000,000 年。

③此神間千年等於人間 4,320,000,000 年，期滿後就進入宇宙解體時期，梵夜即開始出現，以 360 梵日 (Kalpas) 爲一年的百年之末，此時萬物同歸毀滅；梵天本身也將不復存在。這些歲月的五十年已經過去。

④根據注疏家意見，此處 Manas 應理解爲慧根 (Mahat)。

次①，這時叫做摩奴時期。

80.「摩奴諸周期和世界的創造與毀滅一樣是不計其數的，最高無上的神使它周而復始，有如遊戲。

81.「在第一時代，正義藉牡牛之形，四足穩立；真理流行，人有所獲，無一來自不義。

82.「但在其它時代，由於財富和知識非法取得，正義相繼失其一足；而由盜竊、虛偽、詭譎所代替的正當利益逐漸減去四分之一。

83.「在第一時代，人免於疾病，得遂其一切願望，可享壽四百年；在第二及其以下時代，生命漸次失去其存在時間的四分之一。

84.「吠陀經中所宣示的人生，行為的果報，生物的權力，都結出與時代相應的果實。

85.「隨著這些時代的遞降，某些美德為第一時代所特有，其它一些為第二時代所特有，其它一些為第三時代所特有，其它一些為第四時代所特有。

---

①這七十一個諸神時代共得人間 306,720,000 年。在這上面應再加上叫做桑底 (Sandhi) 的時期，這一時期處在每個摩奴時期之末，和娑底亞時代 (Satya-youga) 一樣長，即 4,800 神年或人間 1,728,000 年；它總計得 308,448,800 年。十四個摩奴時期得 4,318,272,000 年，加上一個桑底時期（172,800 年）得 4,320,000,000 年，即一個梵日的期間。每一摩奴時期以一次洪水告終（見《亞洲研究》法譯本第 2 卷第 274 頁）。據印度人說，我們現正處在梵天時代第五十一年的元月元旦，又在七世摩奴，即吠伐斯伐多時期的第二十八個神間時代：這一神間時代的前三個人間時代，和第四時代的四千九百三十三年業經過去（見《亞洲研究》法譯本第 2 卷第 169、432 頁）。有些學者尋求從天文學方面解決這一顯係造作的紀年法提出的問題。對此，可參閱瓊斯、戴維斯 (Davis) 和本特利 (Bentley) 的論文（《亞洲研究》第 2，3，5，6，8 卷）和科爾布魯克著《印度人關於歲差和星辰運行的天文學知識》（同書第 12 卷）。

86. 「在第一時代，以苦行爲主；在第二時代，以神學爲主；在第三時代，以完成祭祀爲主；在第四時代，據賢者說，只以樂善好施爲主。

87. 「爲保存完整的創造，無上光榮的神，對於從口、臂、腿、足所創造的人類規定了不同的職司①。

88. 「他命婆羅門學習和傳授吠陀，執行祭祀，主持他人的獻祭，並授以收受之權；

89. 「他將保護人民，行布施，祭祀，誦讀聖典，屏絕欲樂，規定爲刹帝利的義務；

90. 「照料家畜，布施，祭祀，學習經典，經商，放貸，耕田，爲給與吠舍的職司；

91. 「但無上尊主對首陀羅只規定了一種本務，即服役於上述種姓而不忽視其功績。

92. 「人體自臍以上被宣布爲比較清淨的部分，而口被自存神宣布爲最清淨的部分。

93. 「婆羅門因爲從最高貴的肢體所生，因爲首先被產生，因爲掌握經典，理應爲一切創造物的主人。

94. 「因爲，爲祭祀諸神和祖靈並保全一切存在物，自存神從事苦行後，自太初起即從自己口部生出他們。

95. 「天上諸神不斷從他們口中吃清淨的酥油，祖靈不斷吃他們的供物，什麼物類會被認爲更加優越呢？

96. 「在一切物類中，生物爲高；生物中，賴智慧以生者爲高；人在智慧動物中最高；婆羅門在人類中最高；

97. 「在婆羅門中，最卓越的是精通聖學的人；學者中，最

①見本卷第 31 節。

卓越的是熟知其義務的人；熟知其義務的人中，最卓越的是嚴格完成其義務的人；後者中，最卓越的是學習經典達到解脫的人。

98. 「婆羅門之生是法的永久體現；因為生以執法的婆羅門生來和梵天一體。①

99. 「婆羅門來到世間，被列在世界的首位；作為萬有的大主，他應當注意維護僧俗律法的寶藏。

100. 「世間所有一切，可以說全為婆羅門所有；由於他出生嫡長和出身卓越，他有權享有一切存在物。

101. 「婆羅門只吃自己的食物，只穿自己的衣服，只布施自己的所有；其他人享用世間財富是出於婆羅門的慷慨。

102. 「為將婆羅門的義務與其它種姓的義務以適當順序加以區分，生於自存神的摩奴特編纂了本法典。

103. 「本法典應當為每一個有學識的婆羅門勤勉學習，並由他而絕不可由低種姓的任何人對學生講解。

104. 「嚴格履行其戒律的婆羅門，閱讀本書時，在思想，言論或行動上不被任何罪行所污染。

105. 「他使一個團體②，七世祖先和七代子孫淨化，只有他足以取得此大地。

106. 「此優秀典籍，使人得到一切所希求的事物，增添智慧，給人榮譽和長壽，導致最後解脫。

---

①梵天（Brahme 或 Brahma）是最高無上的神，唯一永遠的神，是世界的大原與本體，萬物從他流出並以他為歸宿。和梵天融為一體產生摩剎 (mokcha)，意即解脫肉體的桎梏，此後，靈魂即脫免一切輪迴，並入神體。最後解脫被看做是無上幸福，是一切虔誠的印度人願望的所歸。——Brahma 和 Brahmâ 意義有別。Brahma 是中性名詞，指永遠者，最高的神；Brahmâ 是陽性名詞，指此永遠者表現為造物的神。

②見第三卷第 183 節以下各節。

107. 「其中備述法律以及善業、惡業的性質和四種姓的古來習慣。

108. 「古來習慣是啓示 (Srouti) 和傳承 (Smriti) ①所贊許的大法，因而欲求靈魂幸福的人必須堅持不懈地遵守它。

109. 「背離這種習慣的婆羅門不得享受經典的果實，但如恪遵無違，則可獲得圓滿的果報。

110. 「聖仙們旣悟知法乃來自古來習慣，故採用這些被贊許的習慣，作爲一切苦行的基礎。

111. 「宇宙的誕生，淨法 (Sanskâras) 的規定。梵志生們 (Bramatchâri) 的義務和操行，學習期滿，離師歸家時沐浴的重要儀式；

112. 「擇偶，結婚的各種儀式，舉行五大祭供 (Mahâyadinas) 的規定，以及從太初制定的祖靈祭儀 (Srâddha) ②；

113. 「各種維持生活的方法，家長 (Grihastha) 的義務，可吃與禁用的食物，人和用具的淨化。

114. 「關於婦女的規定，關於林棲者 (Vânaprasthas) 和行乞者 (Sannyasis) 的苦行以及引人達到解脫的苦行、拋棄紅塵、國王的一切義務，訴訟案件的判決的規定；

115. 「關於證據和審訊的規定，夫婦的義務，繼承的分配法，禁賭，懲辦罪犯；

116. 「吠舍和首陀羅的義務，雜種種姓的由來，各種姓在困境中的處世準則，和贖罪的方式；

---

① Srouti 是經典，即吠陀經；Smriti 是由天啓立法家宣布給弟子並由弟子加以收集的法律（見第二卷第 10 節）。

② Sraddha 是一種旨在超渡亡靈，使其享祭如祖靈的宗教儀式，如果人們停止超渡，則祖宗之靈即從祖靈所在墜入地獄。

117. 「今生業報的三種輪迴，留給善行的最後解脫，善惡的考察；

118. 「最後，各地方各種姓各家族的永久法，各邪宗各商團的習慣法，都在本書內由摩奴予以宣示。

119. 「有如當初摩奴曾應我的要求宣示本書的內容，同樣，今天你們也從我這裡毫無增減地學到它。

第二卷

淨法　梵志期

1.　「請學習何者爲博通吠陀的有德之士所遵循且常免愛憎的義務，作爲達到解脫的途徑而銘刻在心的義務。

2.　「利己之心不可稱道；但世上無物可以免除它。因爲學習聖典是從利己出發，執行聖典規定的條律亦然。

3.　「由希望取得利益而產生熱心；祭祀的動因在於希望；實踐苦行，遵守戒律，被認爲出於希望果報。

4.　「世間從未見過任何行動由無所希求的人做出；因爲，人無論做任何事情，都從願望出發。

5.　「人克盡規定的義務，而不從希望果報出發，可以達到不死之境，此生此世就得以實現心靈所能想像的一切願望。

6.　「法律的基礎在於全部吠陀，精通它的人們的傳承和道德實踐，古來善人的習慣，以及在容易生疑的情況下內心的滿足。

7.　「摩奴命令某人不管盡何種義務，此義務已完全在聖典內宣示；因爲摩奴精通一切神學。

8.　「智者以虔誠的慧眼考察整個法律體系後，應當承認啓示的權威，潛心於自己的義務。

9.　「遵守啓示和傳承規定的法律，今生必獲得光榮，他生必獲得圓滿幸福。

10.　「應當知道啓示即經典（吠陀），傳承即法典；兩者在

任何一點上都無可非議，因為義務的體系全都源出於它。

11.　「在頭三個種姓中，凡對兩經抱懷疑見解，輕視其根基者，應認為無神派和蔑視經典者，將其開除出善人之列。

12.　「吠陀，傳承，良習，知足，被賢者宣布為義務體系的四源。

13.　「對於不汲汲於財富或快樂者，認識到義務已足，而對於從利己的見地去設法認識義務者，最高權威乃神的啟示。

14.　「但當啟示提出表面似相矛盾的兩種戒律時，兩者都可視為法律，都被賢者宣布為完全有效。

15.　「譬如，經典中曾記載，祭祀應在日出後舉行，看不見太陽和星辰時應當在日出前舉行；因而祭祀可舉行在兩個時刻的任一時刻。

16.　「自受胎式以至入葬墳場，凡受人誦念通用咒文並施行一切儀式者，均應被認為有誦讀本法論的特權。其他任何人不得享有此特權。①

17.　「在娑羅伐底②(Saraswati) 和德里遮伐底(Drichadwati)③兩聖河之間，有一閉鎖之地，該地宜於神居，取名婆羅摩波多(Brahmavarta)。

18.　「由於古來傳承，在國內原始種姓和雜種種姓間流傳久遠的習慣，稱為良習。

---

①因而只許頭三個種姓的人誦讀本法論，而禁止首陀羅種姓誦讀。（注疏）
②娑羅伐底河自蜿蜒於德里省東北部邊境的山脈流下，走向西南，在跋底境內流入大荒野的沙漠中。據印度人說，它繼續流經地下在阿拉哈巴德附近與恆河和耶穆那河合流。娑羅伐底河今天叫做薩爾蘇底 (Sarsouti) 河。
③德里遮伐底河，流入德里東北部。

19. 「鳩魯遮陀羅 (Kouroukchetra) ①，摩俱耶 (Matsya)，潘遮羅 (Pantchâla) 或坎耶鳩勃闍 (Kanyâkoubja) ②，修羅息那迦 (Sourosénaka) 或摩都羅 (Mathoura) ③，形成名為婆羅摩爾基 (Brahmarchi)，鄰接婆羅摩伐多地區。

20. 「地上一切人都應該從生在這個國家的婆羅門口中，學習他們特有的處世方法。

21. 「位於喜馬伐陀 (Himavat) ④和文底耶 (Vindhya) ⑤山間，在毗那娑那 (Vinasana) ⑥之東，普羅耶迦 (Proyaga) ⑦之西的地方叫做中原 (Madhyadesa)。

---

①鳩魯遮陀羅地區，鄰接德里，曾為潘陀婆人 (Pândavas) 和訶羅婆人 (Kôravas) 血戰的場所。他們的國王是鳩魯 (Kourou) 王的後人多利陀羅什陀羅 (Dritarachtra) 和潘都 (Pândou) 兩兄弟的兒子，衝突的詳情載在叫做《摩訶婆羅多》的偉大史詩中。

② Kanyâkoubja，印度地名，坎奴闍 (Kanoudja) 的變體字。梵文 Kanyâ，意為幼女；Koubja 意為駝背。典出坎奴闍 (Kanoudja) 國王鳩沙那巴 (Kousanâbha) 百女的故事，百女因拂逆伐優 (Vâjou) 神意，變為畸形；她們的父王把她們嫁給一位叫做婆羅摩陀多 (Brahmadatta) 的聖仙；在舉行典禮時，她們恢復了原有的美貌〔《羅摩衍那》第一卷第 34 章〕。

③摩都羅，阿格拉 (Agra) 省城市名。

④ Himavat 或 Himâlaya（喜馬拉雅），意為霜居，位於中印交界的地方，它就是古人所說的伊美阿斯 (Imaüs)。恆河，印度河，布拉馬普特拉 (Bramapoutra) 和其它大河，都發源於這一山脈。在印度神話中，喜馬伐陀被人格化為美娜 (Ména) 之夫，恆河女神乾伽 (Gangâ) 和濕婆天妻都爾伽（Dourga，又叫 Oumâ 和 Parvati）之父（見《羅摩衍那》第一卷第 36 章）。

⑤文底耶 (Vindhya) 是界於中印度和得干 (Dékhan) 之間的山服名，它從貝哈爾 (Béhar) 省起幾乎伸延到古來拉 (Gourerat) 省境。

⑥毗那婆那是德里西北部的一個地方，和近代的旁尼巴特為毗鄰。

⑦普羅耶迦，著名朝聖地，在恆河和遮那 (Djemna) 河的交流處，即今日之阿拉哈巴德 (Allahabad)。

22. 「自東海以迄西海，包括在這兩山之間的地區，賢者稱之為貴人駐地（Aryavarta，雅利安人駐地）。

23. 「每一天然出產黑羚羊之地，被認為適於舉行祭祀；摩離利（Mlétchas）①的地方則不同。

24. 「屬於前三個種姓的人，應力求居住在上述地方；但難於謀生的首陀羅，可居住在任何地方。

25. 「法律的緣起和宇宙的生成，已對你們略述；現在你們可以學習有關種姓的法律。

26. 淨化再生族（Dwidjas）②肉體的淨法（Sanskâras）③，受胎淨法，以及消滅今生與來世一切污點的其它淨法，應當與吠陀規定的清淨儀式一併舉行。

27. 「通過淨化胎兒的祭火式、誕生式、剃髮式和結帶式，再生族接觸精液或子宮所能感受的一切污濁都被除去。

28. 「學習吠陀，虔守戒律，祭火，熱誠誦讀三聖典，梵志期間祭供諸神諸祖靈，生子，五大祭祀，大禮祭祀，都為肉體超凡入聖做準備。

29. 「生子後切除臍帶前，規定有一項儀式；要叫他嘗蜜和盛在金匙裡面的酥油④，同時伴誦密咒。

30. 「小兒生後第十天或第十二天，或者，在一個吉利的太

---

①意為不適於祭祀，印度人理解 Mlétchas 一詞為「外國人、野蠻人」之意。

② Dwidjas 一語，意為第二次出生，再生。凡束聖帶的婆羅門，剎帝利或吠舍種姓的人都叫做 Dwidjas。結帶式或入門式構成 Dwidjas 的再生（見本卷第169，170節）。

③淨法是頭三個種姓特有的淨化儀式；主要儀式記述在下一節中，結婚是最後的淨法。

④原文是應該使他嘗蜜、酥油和金子。

陰日，在吉祥的時刻，在吉星高照下，父親應舉行，或父親不在時，應讓人舉行命名典禮。

31. 「婆羅門的名字，由兩個字組成，其中第一個字要表示吉祥，剎帝利的要表示權勢，吠陀的表示財富，首陀羅的表示卑下。

32. 「婆羅門的名字，其第二個字應該表示幸福；戰士的表示保衛，商人的表示富裕，首陀羅的表示隸屬。

33. 「婦女的名字要易於發音，柔和，清晰，可愛，吉祥；結尾要用長元音，類似祝福的用語。

34. 「第四個月，應該將孩兒抱出誕生的房間，使見太陽；第六個月，應使食米飯，或遵從家族認為更吉祥而沿襲相傳的習慣。

35. 「如聖典所示，一切再生族的剃髮式①應依法在第一年或第三年舉行。

36. 「婆羅門的入門式②要在受胎後第八年舉行；剎帝利在第十一年；吠舍在第十二年。

37. 「對於貪求聖學③光榮的婆羅門，這一典禮可在第五年舉行；對於抱有野心的剎帝利在第六年；對於志在經商的吠舍在第八年。

38. 「婆羅門到第十六年，剎帝利到第二十二年，吠舍到第二十四年，接受以娑毗陀利讚歌祝聖的結帶式的時間仍未過去。

---

①舉行這一儀式時，除頭頂留一撮頭髮外，餘皆全部剃光。

②入門式 (Oupanayana) 專用於頭三個種姓，以束聖紐和束帶為標誌。傳授一切咒文中最神聖的娑毗陀利讚歌 (Savitri) 是入門式的主要部分（見本卷第 169，170 節）。

③因為這樣年齡的兒童還沒有意志，可以他父親的意圖作為他的意圖。

39.「但過此期限，沒有在適當時間接受此式的三個種姓中的青年，不配接受入門式，受人排斥，成為善人鄙視之的。

40.「婆羅門雖身處困境，也絕不可和沒有按照規定行過淨法的人結交學習聖典或結姻緣。

41.「梵志生 (Brahmatcharis)①應按照種姓的高下②，穿黑羚羊皮、鹿皮、雄山羊皮上衣③，和大麻④、亞麻⑤、或羊毛織品的下衣。

42.「婆羅門的聖帶應該是用蒙遮⑥ (Moundja) 草製成的摸著柔軟的三條等長的帶子；剎帝利的應該是一條牟爾跋 (Mourva)⑦纖維製成的弓弦；吠舍的應該是三根大麻繩製成的。

43.「在缺乏蒙遮草和其它植物時，要分別用鳩娑 (Kousa)⑧，阿斯滿多伽 (Asmantaca)⑨和跋跋遮 (Valwadja)⑩草，按照家族習慣做成有一個結，三個結或五個結的三股繩的帶子。

44.「束在身體上的聖紐，婆羅門要棉製的，有三股繩；剎帝利要大麻繩的；吠舍要羊毛線繩的。

---

①梵志生是再生族青年自結帶式起至做家長為止這一期間的名稱。

②即婆羅門青年應該穿羚羊皮和大麻織品；剎帝利穿鹿皮和亞麻織品；吠舍穿雄山羊皮和羊毛織品。

③梵文 outtarîya 和 adhovasana 兩詞，我把它譯為法語 manteau（上衣）和 tunique（下衣）。

④梵文作 Sana，大麻屬，也用以指稱可以提取大麻的一些植物，如 Crotalaria juncea。

⑤梵文作 Kchoumâ，學名作 Linum usitatissimum。

⑥學名 Saccharum munja。

⑦學名 Senseviera zeylanica。

⑧學名 Poa cynoruroides。

⑨學名 Spondias mangifera 或 Andropogon muricatus。

⑩學名 Saccharum cylindricum。

45.「婆羅門應該按照法律攜毗跋 (Vilva) ①或鉢羅娑 (Palasa) ②製手杖，戰士攜跋多 (Vata) ③製或迦底羅 (Khadira) ④製手杖，商人攜比魯 (Pîlou) ⑤製或優多鉢羅 (Oudoumbara) ⑥製手杖。

46.「婆羅門的手杖要高達髮部；刹帝利的高達額部；吠舍的高達鼻端。

47.「這些手杖都應該是筆直，無瑕疵，美觀，毫無可怕處，帶皮和沒有見過火的。

48.「梵志生要攜帶滿意的手杖，在面向太陽，從左及右⑦，繞火一周後，按照規定去行乞。

49.「三個再生族種姓中頭一個種姓的入門生⑧向婦女乞食時要用「太太」一詞開始其請求；武士種姓入門生，要把這一詞放在句中；吠舍放在句尾。

50.「應該首先向母親，姊妹或姨母，或不致遭到拒絕的其他任何婦女乞食。

51.「這樣集攏食物到充足數量，如實報告教師後，要漱口潔身，面向東方就食。

52.「其東向而食者延年益壽，南向而食者得榮譽，西向者得幸福，北向者得眞理的果報。

53.「再生族要經常盥漱後潛心用食；食後，以適當方式漱

---

①學名 *Ægle marmelos*。

②學名 Butea frondosa。

③學名 Ficus indica。

④學名 Mimosa catechu。

⑤學名 Careya arborea 或 Salvadora Persica。

⑥學名 Ficus glomerata。

⑦這種儀式，梵文叫 Pradakchina。

⑧見下節。

口，用水澆洗頭部六竅，即兩眼兩耳兩鼻孔。

54.「要經常重視食物，食之不饜；見到它時，要喜歡，有憂愁時，要自慰，要企望常有如此多的食物。

55.「因為，常被人重視的食品，給人筋力和元氣；吃它而不重視它，就破壞這兩種好處。

56.「不要把殘食給任何人，早晚兩餐之間，不要吃任何東西；不要吃得太多；也不要在飯後不先漱口就到任何地方去。

57.「過食傷身，減壽，有損將來天界的幸福①，招致不淨，今生遭人貶斥，所以要注意戒除它。

58.「婆羅門要用手的獻給吠陀的清淨部分，或用由造物主得名的部分，或用獻給諸神的部分，而絕不用由祖靈得名的部分來漱盥。

59.「位於拇指之根的部分叫做獻給吠陀的部分；造物主的部分在小指根；諸神的部分在指尖；祖靈的部分在拇指和食指之間。

60.「開始要三次吞下手心所能盛的水，繼之用拇指底部拭口；最後用水接觸上述諸竅②，胸部和頭部。

61.「熟悉法律，尋求清淨的人應該始終以手的清淨部分，用不熱不起沫的水，站在僻靜地方，面向東方或北方進行盥漱。

62.「婆羅門用流到胸部的水潔身；剎帝利用抵達喉部的水；吠舍用啜入口內的水；首陀羅用舌尖和唇邊觸及的水。

63.「再生族舉起右手，使聖紐或衣服通過右肩下面結在左肩上時，叫做優鉢毗底 (Oupaviti)；舉起左手使聖紐通過左肩下面結在右肩上時，叫做普羅俱那毗底 (Prâtchînâvîtî)；將聖紐結在

---

①因為過食妨害完成使人得以超生的神業。

②見 53 節。

頸部時，叫做尼毗底 (nîvîtî)。

64.「腰帶，用作上衣的皮子，手杖，聖帶，水瓶①；已壞者，可投於水，而換用其它用咒文祝福過的。

65.「婆羅門的劫桑多 (Kesanta) ②儀式，定於受胎後第六年；武士種姓定於第二十二年，商人種姓定於稍後兩年舉行。

66.「同樣儀式要按照上述時間及順序對婦女舉行，以清淨其肉體，但不念咒文。

67.「立法者認為結婚典禮對於婦女可以代替吠陀規定的入門式，她們殷勤侍奉丈夫，照料家庭，維持聖火，可代替居住師家。

68.「上面所述是再生族入門式的法律，入門式是使他們再生和超凡入聖的標誌。現在你們可以學習他們應該遵從何種義務。

69.「教師使學生束聖紐入門後，首先教給他清淨的規則，善良習慣，維持聖火，以及早午晚的宗教義務③。

70.「學習時，青年學生應該按照律法進行盥漱後，面北，向聖典致敬④，穿著清淨的衣服，抑制情欲來受課。

71.「在閱讀吠陀開始或結束時，要恭敬地接觸教師的兩足；要合掌閱讀，因為這是對聖典應有的尊敬。

72.「應該交叉雙手，接觸師父的雙足，即將左手放在右足上，右手放在左足上。

73.「誦讀開始時，教師要始終不倦地說：『喂，學習吧！』，以後要他停止時，對他說：『休息吧！』

---

① 水瓶，木製或陶製，供學生或苦行者使用。
② 注疏家認為 Kesânta 指淨法，無其它解釋；瓊斯則認為是一種剃髮式；威爾遜著《梵文字典》認為是布施、饋贈等義務。
③ 這種義務，梵語叫做 Sandhyas。
④ 這種敬禮叫做俺遮梨 (Andjali)，即微俯其首，合十，舉到額部中間。

74. 「在學習聖典開始和結束時，要唸一個單音節聖言，凡閱讀不以單聖言『唵』(aum) ①開始者會漸漸消失，不以它結束者會在腦海中不留痕跡。

75. 「要坐在尖端向東的鳩娑②草梗上，用兩手中拿的這種聖草淨化後，並以每次五個短元音時間的三屏息去掉一切污濁後，念單聖言『唵』。

76. 「A字，U字，M字，結合而成神聖的單音節，它和佛爾 (Bhor)，佛婆 (Bhouva)，斯跋爾 (Swar) ③三聖詞是由梵天從三聖典內抽繹出來的。

77. 「造物主，最高天 (Paramechthî) ④，又自三吠陀中逐句抽繹了由多陀 (Tad) 開始稱爲娑毗陀利 (Savitrî) ⑤的贊歌。

---

① Aum 或 Om，是一個單音節聖言，它是神在一切禱咒前用的神秘性名詞。——對於印度三現體神 (Trimourti) 的崇拜者，它表示三神一體的思想。A 是毗濕奴天 (Vichnou)；U 是濕婆天 (Siva)，M 是梵天。
② 鳩娑草，學名 Poa cynosuroides，是一種聖草。
③ 三詞 (Vyàhritis)，指地，空，天，是三界的名稱。
④ 原文作：居於最高駐所者。
⑤ 我認爲這裡應引證毗斯跋密陀羅的《太陽神頌》全文，因爲娑毗陀利贊歌是它的一部分。我根據羅森先生 (Rosen) 在其《梨俱吠陀樣本》(*Specimen du Rig-Veda*) 中所發表的梵語原文，並利用其中所附拉丁直譯譯文將它翻譯出來。科爾布魯克曾在《吠陀論》中（見第 315 頁）將它譯為英文。

太陽神頌
其一
1. 啊，光輝燦爛的太陽神呀，贊頌你的這篇絕妙新詞，是我們奉獻給你的。
2. 請不吝嘉納我的呼籲，請詳察我那渴慕的靈魂，宛如一個情人往訪他的情婦。
3. 願燭照一切的太陽神護佑我。
其二
1. 我們要反覆尋味輝煌的太陽神的奇妙之光，願它誘掖我們的理智。
2. 我們如飢似渴，以虔誠的祈禱，懇請輝煌可敬的太陽神施惠。
3. 願司祭和婆羅門，爲其理智所誘引，以祭祀，以聖歌，崇拜輝煌的太陽神。
　　以上所引，可以看出這篇頌歌分兩首，每首各三句。第二首在梵文中以 Tad 字開始，當係摩奴法典中所說的娑毗陀利贊歌。我認爲三句 (padas) 應理解爲第二首歌的三個詩句。印度人往往只朗誦娑毗陀利贊歌的第一句。第一句又特別叫做 Gâyatrî。Savitri 和 Gayatri 兩語，根據鳩魯伽和羅伽跋南陀兩位摩奴法典注疏家的意見，似可互用。

78. 「凡通曉聖典的婆羅門，早晚低誦單音節聖言並用佛爾，佛婆，斯跋爾三聖詞開始其娑毗陀利咒文時，取得吠陀賜予的聖德。

79. 「再生族在僻靜地方念一千遍由玄妙的單音節、三詞和咒文組成的這三字頌，可在一月內甚至解除大過，猶如蛇蟲蛻皮一樣。

80. 「僧侶種姓，武士和商人種姓的每一成員，忽視這一咒文並未及時完成宗教義務者，成為善人鄙視之的。

81. 「偉大而不朽的三詞，前有單音聖言『唵』，後隨由三句構成的娑毗陀利讚歌，應被認為吠陀的主要部分，或取得永久解脫的方法。

82. 「連續三年天天不斷迴環諷誦這一咒文者，將具有不死的形體，輕快如風，超凡入聖。

83. 「玄妙的單音節聖言是最高的神，屏息念誦單音節聖言，三詞和娑毗陀利讚歌全文，是最完美的修行；沒有高於娑毗陀利讚歌的事物，宣示真理較保持沈默更為可取。

84. 「吠陀規定的一切宗教儀節，如祭火、犧牲，都歸無效，而單音節聖言則不可滅，它是萬物之主梵天的象徵。

85. 「主要在於低聲祈禱並由單音節聖言、三詞和娑毗陀利讚歌組成的祭品，勝於常規的祭品①十倍；聽不見的祈禱勝似百倍；心內祈禱則有千餘倍的功德。

86. 「家庭四祭事、和常規祭祀合在一起，也不及低聲祈禱這一獻祭的十分之一。

87. 「婆羅門無論是否進行其它祭祀，通過低聲祈禱，可以

①如新月之日和滿月之日舉行的祭祀。（注疏）

毫無疑問地達到解脫的境地；作爲創造物的朋友，即使法律許可，亦未嘗有所傷生，因爲他不祭供，他理應稱爲冥合於梵的人。

88.「當感官接觸令人迷戀之物時，老練的人，要像馬夫制服他的馬一樣，盡一切努力來抑制它們。

89.「這些器官，古賢宣稱有十一個，我將依適當順序，對你們切實列述，即：

90.「耳、皮、眼、舌和居第五位的鼻；肛門、生殖器、手、足和被認爲居第十位的語言器官。

91.「前五器官，即耳及其以下器官，稱爲覺根；其餘五官，自肛門以下開始，稱爲作根。

92.「應該承認有第十一官，意（意識，Manas）性質上近似覺根和作根；制服了它，上面各以五個器官組成的兩根，也就同樣被制服。

93.「使諸根傾向欲樂，勢必陷於罪惡，但若加以控制，則可以達到最後解脫。

94.「當然，欲望絕不會由於得享所期望的事物而滿足，有如撒了酥油的火，只有燒得更旺。

95.「你們可以將享受種種肉欲的人，和完全拋棄它們的人加以比較：後者高尚得多，因爲完全拋棄一切欲望勝於滿足欲望。

96.「不僅避免沈湎欲樂，而且持之以恆地研求聖知，如此更能抑制傾向欲樂的器官。

97.「吠陀、布施、獻犧、戒律、苦行，都不能使本性徹底敗壞的人達到解脫。

98.「人聽，觸，看，食，感到可樂或拂意的事物而不覺其

苦樂者，應被認爲制馭了他的諸根。

99.「但如諸根中只有一根脫逸，則人的聖知也就同時脫逸，有如水自皮囊底部開口處脫逸一樣。

100.「人在控制諸根，並制服內心感覺之後，應該專心致志於業務，而不以苦行毀壞身體。

101.「應該黎明即起，低聲反覆誦念娑毗陀利贊歌至日出；晚上黃昏時分，應該念誦到星辰清晰出現的時刻。

102.「早晨，起立誦經，可以消滅晚間可能無心犯下的一切罪惡；晚間坐而誦經，可以消除日間無心感染的一切罪污。

103.「但，早晨不起立誦經，晚間不坐而反覆念誦的人，應該像首陀羅一樣，被排斥於三個再生族種姓所特有的一切義務之外。

104.「再生族因退居林下，臨清水邊，制馭諸根，恪守每天祈禱的規則，而無法從事研究求聖典時，要專心致志地反覆念誦伴以聖言『唵』和佛爾，佛婆，斯跋爾三詞的娑毗陀利贊歌。

105.「對於學習吠檀伽 (Vedângas) ①，和每天不可不做的祈禱，可不必遵守中止學習的規定②，對於祭火同時誦念的咒文亦然。

106.「日常誦經不能終止，因爲它稱爲聖典的祭品；以吠陀作爲祭品的祭品，常是有功德的，即使它在閱讀聖典應予中止時亦然。

107.「抑制諸根，並經常清淨的人整年不斷低誦祈禱，使

---

①俺伽和吠檀伽，是被視為附屬於吠陀的聖學，其數有六：其一，論音；其二，論宗教儀式；其三，論文法；其四，論音韻；其五，論天文；其六，論吠陀經疑難詞句注疏。

②閱讀吠陀在某些情況下應予中止。（見第四卷第 101 及以下各節）

乳、凝乳、酥油和蜜等供物升到享受供物並允其得遂志願的諸神和祖靈面前。

108. 「以束聖紐入門的再生族，應該朝夕維持聖火，乞食，坐在很低的床上，承歡教師，直至梵志期滿。

109. 「教師的兒子，勤奮可教的學生，能傳授其他知識的學生，正直的學生，清淨的學生，熱誠的學生，能力強的學生，慷慨好施的學生，道德高尚的學生，有血緣關係的學生，乃是依法准許學習吠陀的十種青年。

110. 「通情達理的人，人不問不應該發言，或答覆提得不當的問題；明知人家所問，也應在交際場中自持如啞人。

111. 「一個人胡亂答覆另一個人胡亂提出的問題；兩者中前者必會死亡或惹起仇恨。

112. 「凡無美德、財富以及利於學習吠陀的熱誠和服從之處，聖道不應在那裡傳布，如同好種子不應該播種在不毛之地一樣。

113. 「說教聖典者，雖處在可怕的困境中，與其將聖道播種在不毛之地，勿寧與其學識共淪亡。

114. 「神學走近婆羅門，對他說：『我是你的寶藏，你要保存我，不要授予輕蔑我的人。這樣，我就會始終充滿力量；

115. 「但當你找到一個潔白無疵並能制馭諸根的再生族學生時，要使我結識他，就像結識這樣一個寶藏的不懈守護人一樣。

116. 「未經許可，擅自學得聖典知識的人，犯盜竊聖典之罪，而墮入地獄中。

117. 「學生因人指教而取得關於世事、聖典，或最高我的知識，不論此人是誰，應該首先向他致敬。

118. 「其一切學識僅止於娑毗陀利贊歌，而能完全抑制情欲的婆羅門，勝於通曉三聖典而對情欲毫無控制，吃盡賣絕的人。

119. 「不可和上級同臥一床或同就一座，坐或臥時，應該起立對他行禮。

120. 「青年人的生氣，在老人近前時，似即將逸去，而在起立行禮時恢復之。

121. 「慣於問候老人而經常尊敬他們的人，可以增長壽命、知識、聲譽和力量等四事。

122. 「客套已畢，接近長者的婆羅門要道出自己姓名，說：『我是某某』。

123. 「對於不通梵語，因而不了解問候中道出姓名意義的人，有教養之士應該說：『是我』。對於一切婦女亦然。①

124. 「問候時，道出姓名後，要說出感嘆詞『鉢』(bha-uh)，因為聖者認為『鉢』有代表對話人名字的特點。

125. 「對於婆羅門的問候應該這樣答覆：『體面的人啊，願你長壽！』姓名最後的元音，和元音前面的輔音要一併延長占三個音節的時間。

126. 「不知道回答問候方式的婆羅門，不配被因有學識而為人所尊敬的人所問候；他和一個首陀羅不相上下。

127. 「接近婆羅門時，應該問候他神業順遂否；問候剎帝利身體健康否；吠舍，商業興隆否；首陀羅，無恙否。

128. 「剛舉行過盛大祭禮的人，不管他多麼年青，也不要直呼其名；懂得法律的人和他對話時要用感嘆詞『哦』或『尊者』

①在《沙恭達羅》劇本中可以見到這樣的一個例子（八開本版第 109 頁第 4 幕）。

的字眼。

129. 「在談到別人的妻子，或和與自己無血緣關係的婦女講話時，要說『夫人』或『好阿姊』。

130. 「和舅父、伯叔、岳父、祭司、教師談話時，如果他們比自己年輕，應該起立說：『是我』。

131. 「姨母、舅母、岳母和姑母，應該受到和師母一樣的尊敬，她們和她是平等的。

132. 「弟兄之妻，如果同種姓而年較長，應該每天伏在她足前施禮，但只有在旅行歸來時，才應該去問候她父系和母系的女眷。

133. 「對姑母、姨母和姊姊，要有和對母親一樣的禮數，但母親比她們更可尊敬。

134. 「同一城市的市民間，不以十歲之差而失其平等；藝人間不以五歲之差；精於吠陀的婆羅門間不以三歲之差；同一家庭成員之間，平等只存在不多的時間。

135. 「十歲的婆羅門和年達百歲的剎帝利應該被視為父子，兩者中婆羅門為父，且應該被尊敬如父。

136. 「財富，血緣關係，年齒，神業，和居第五位的神學，都是應該受人尊敬的資格；後者依次比前者更可尊敬。

137. 「凡頭三個種姓的人，在五項受人尊敬的資格中，表現出最重要的資格愈多，愈應受人尊敬；年達百歲的首陀羅亦然。

138. 「應該對乘車的人，九十歲以上的老人，病人，荷重擔的人，婦女，學習期滿的婆羅門、剎帝利，要結婚的人讓路。

139. 「但是，如果他們同時相會，其中學習期滿的婆羅門和剎帝利應該優先受尊敬。而後兩者中，婆羅門應該比剎帝利受到

更多的尊敬。

140.「婆羅門在引導學生入門後，對學生授以吠陀和祭祀的規定，以及稱為《奧義書》(Oupanichad) ①的玄妙部分。賢者應稱此婆羅門為教師 (Atchârya)。

141.「為維持生活，只教授吠陀一部分或吠檀伽的知識者，稱為副教師 (Oupâdhyâya)。

142.「婆羅門或父親本人，按照規定舉行受胎式及其它，並首先給小兒以米飯為食者，稱為導師 (Gourou) ②。

143.「受雇於人以維持聖火，作家庭祭供，舉行阿格什多摩和其它祭祀者，此處（本法典內）叫做為人雇用的祭司 (Ritwidj)。

144.「以真理的語言，使聖典入其兩耳者，應被視如父母；學生絕不可使其煩惱。

145.「教師③比十個副教師，父親比百個教師，母親比千個父親更可尊敬。

146.「在給予生命的人和傳授聖道的人中間，傳授聖道者是最可尊敬的父親；因為，精神誕生，即入門式，和學習吠陀之先導，不管今世來世，對於再生族來說，都是永遠的。

147.「父母由愛結合給小兒以生命，因為小兒成形在母胎，

---

①吠陀的神學和論證部分包括在稱為《奧義書》的論著內。這些論著已譯成波斯文，取名《優婆尼伽多》(Oupnekhat)，是奉莫臥兒王奧朗最布的弟弟達拉徹谷的命令翻譯的；這項波斯譯文被翁克提爾·杜伯隆譯為拉丁文，隆如伊內伯爵對拉丁文譯本發表過一篇頗受推崇的分析文章。威廉·瓊斯和婆羅門族拉摩罕拉 (Rammohan-Roy) 曾將一些《奧義書》由梵文譯成英文。

② Gourou 和 Atchârya 兩名往往互用。

③此處所說教師，應理解為在入門式中教青年以娑毗陀利讚歌，不教其它任何事物的人。（注疏）

所以這種出生只應被看做是純人世的。

148. 「但閱讀過聖典全文的教師，根據法律，通過娑毗陀利贊歌給予他的生命才是眞正而不會老死的。

149. 「教師通過傳授啓示的典籍，給予學生以不論大小的好處時，人們應知道，由於他施予聖道的恩惠，本法典內將他看做是精神上的父親。

150. 「給予精神生命，授人義務的婆羅門，雖還幼小，但根據律法，被認爲是年長者的父親。

151. 「俺吉羅 (Angiras) 之子迦毗 (Kavi)，年尚幼，教伯叔、從兄弟學習聖典，對他們說『孩子們』！他的知識使他對他們有師長的權威。

152. 「他們滿懷憤怒，去問諸神這一稱呼的理由，諸神集合在一起，對他們說：『孩子說得恰當。』」①

153. 「因爲無知者是小兒；授人聖道者是父親，所以賢者將小兒的稱號給予文盲，父親的稱號給予教師。

154. 「並非年齡、白髮、財富，雙親構成尊大；聖者們曾制定這一法律：『通曉吠陀和吠陀分的人在我們中間是尊大的。』

155. 「在婆羅門間，優越以知識來決定，刹帝利間以勇武；吠舍間以富於食糧及其它商品；首陀羅間以出生的優先來決定。

156. 「不是由於頭髮斑白就算老；年雖幼小但已經讀過聖典的人，被諸神視爲長者。

157. 「沒有學習過聖典的婆羅門可比做一隻木象或一隻皮鹿，三者都徒有虛名。

---

①瓊斯認爲下一句也出自神口，但注疏並未這樣指出。

158.「有如去勢者和婦女結合不能生育，牝牛和牝牛結合不能生育，向無知者布施不得果報，同樣，沒有閱讀吠陀的婆羅門，不能擷取完成啓示和聖傳規定的義務時可以獲得的果實。

159.「凡以勸善爲目的的教育，在傳授時不可虐待學生，老師欲爲正直之士，應該使用溫和宜人的語言。

160.「語言和思想純潔和在各種場合中頗能持之以節的人，可得到因熟知吠檀多①而應得的一切利益。

161.「人雖愁苦難過，也絕不應表現出惡劣情緒，或從事害人，或心懷害人之念，不應說出一句可能傷人和使出口傷人者上天無門的話。

162.「婆羅門要經常畏懼俗世的一切榮譽如毒物，始終期望輕視如神膏 (Amrita) ②。

163.「因爲，雖受人輕視，卻可安然入睡和安然覺醒，在世界上幸福地生活，而輕視人者則很快趨於滅亡。

164.「再生族的心靈已按照規定爲上述諸儀式依次淨化，和教師同住時，要逐漸從事苦行，準備學習吠陀。

---

① 吠檀多 (Vedanta) 是吠陀的神學部分，由各種叫做《奧義書》的論著組成。見第 140 節。

② Amrita 是諸神的飲食，可使他們長生不死。根據威爾遜引證的伐優弗羅那 (Vâyou-pourana) 的説法，月球是神膏的貯藏所，它是新月漸次充盈的半月內由太陽貯滿的；到月圓時，諸神，祖靈，諸聖，日飲一迦羅 (Kalâ) 或一指，直至神膏被飲盡。——根據另一神話傳説，神膏是攪拌乳海的結果。諸神和阿修羅通力合作來進行這一工作，以曼達拉山 (Mandara) 為小風車，以跋修基 (Vâsouki) 巨蛇為繩索來牽動它。海為曼達拉山引起的旋轉運動所攪動，產生了很多寶物，就中有藥神耽梁多離 (Dhanvantari) 拿在手中的瓶內的長生不老神膏。諸神和阿修羅互爭神膏，最後為諸神所取得。不死神膏是《摩訶婆羅多》史詩的主題；在《羅摩衍那》中也有記述（第一卷第 65 章）。

165.「再生族在從事種種修行和遵從律法所規定的戒律時，應潛心閱讀吠陀本文和諸《奧義書》①。

166.「欲從事苦行的婆羅門要不斷致力於學習吠陀，因為學習聖典被認為是婆羅門在世界上最重要的苦行。

167.「再生族即使頭戴花冠，也一定要致力②於最有功德的苦行，每天集中全力閱讀聖典。

168.「再生族不從事學習吠陀而從事他業務，不久就終生落到首陀羅境地，其所有子孫亦然。

169.「再生族第一次出生在母胎中，第二次在結帶，結聖紐式中，第三次在完成祭祀中，這是啟示原文所宣示的。

170.「在三次出生中，在那引人認識聖典和為之結帶束聖紐從而有別於人的出生中，娑毗陀利讚歌為母，而教師為父。

171.「立法家稱教師為父，因為他傳授吠陀給自己，因為青年人在接受帶和聖紐之前，不得做任何宗教儀式。

172.「在此之前，他除了在葬儀中可唱祭祖靈的斯跋陀(Swada)禱詞而外，禁唱任何咒文；因為直到他被吠陀重生的時刻為止，是無異於首陀羅的。

173.「接受了入門式，就要求他服從規定，依次學習吠陀，預先遵守已有的習慣法。

174.「按照種姓對每一個學生規定的皮上衣，聖紐，腰帶，手杖，衣服，在某些宗教實踐中，應該替換新的。

175.「住在教師家裡的學生，要抑制各器官，遵守以下戒律，以增長虔誠。

---

①《奧義書》，見上面第 140 節。
②原文作：委身直到指尖上。

176. 「每天沐浴後，身體已清淨時，要向諸神，諸聖，諸祖靈澆奠清水①；要敬禮諸神明和維持聖火。

177. 「要戒食蜜、肉，戒用香水，戒戴花冠，戒植物中榨取的美味汁液，戒女色，戒一切變酸的甜食，戒虐待生物；

178. 「戒塗身油，戒眼藥，戒穿鞋和打傘；戒肉欲、憤怒、貪婪、跳舞、唱歌、音樂；

179. 「戒賭博、爭吵、誹謗、詐騙；戒含情凝視或擁抱婦女；戒損害他人。

180. 「要經常睡在僻靜地方，絕不可出精；因為如果恣情縱欲，如果出精，就破了本種姓的誓戒，應該從事苦行贖罪②。

181. 「再生族學生睡眠中無意識遺精，應該沐浴，敬禮太陽，然後念三次咒文：『願我的精液回到我身。』

182. 「要盡可能就教師需要；為其攜壺取水、取花、取牝牛糞，土和鳩娑草；要每天去乞討食物。

183. 「學生乞食時應注意每天前往那些不懈完成吠陀規定的祭祀，以克盡厥職著稱的人家。

184. 「不要到教師家裡，或父母的親族家裡乞食；如果別人家不開門接納，則在順序上靠前的人應是特別避免的人③。

185. 「或者（以上④所舉人家都沒有時）行乞於全村，但要完全清淨，保持緘默，還要避免名譽不好和犯了大過的人。

---

①這種奠水儀式叫做多爾鉢那 (Tarpana)，用右手舉行。
②見第十一卷第 118 節。
③遇到這種情況時，要首先向母系親族乞食，沒有母系親族向父系親族，沒有父系親族時向教師親族乞食。（注疏）
④見第 183 節。

186.「從遠方帶回薪木①，要放在露天，早晚用來祭火，無時或缺。

187.「無病而連續七天不行乞，不用薪木維持聖火時，應該進行對破梵行之戒者②所規定的苦行。

188.「學生絕不要中止行乞，不要僅向一家一人行乞，學生靠施物爲生被認爲和斷食有同樣功德。

189.「但如被邀參加敬禮諸神或諸祖靈的儀式，可以按照戒律，仿效苦行家，隨意吃一個人供給的食物而不破戒。

190.「但根據賢者們的說法，這種情況只適用於婆羅門，而絕不適用於刹帝利或吠舍。

191.「無論是否有教師的命令，學生都應該熱心從事學習，設法使可敬的師長滿意。

192.「要抑制身體，言語，感官，心靈，合掌，凝目，面向教師而立③。

193.「要經常袒右手，態度端方，衣服適體，被邀就座時，坐在教父的面前。

194.「在老師面前，食物衣飾要始終樸素，要先於他起身，後於他歸去。

195.「答覆老師的命令，或和他談話時，或臥，或坐，或食，或從遠處或從旁視，都不應該。

196.「老師坐時，要直立；老師站立，要趨前，老師步行

---

①祭火用的薪木，必須是有花房的無花果樹，多葉的豆科植物和有感受性的含羞草的薪木，似乎也可以使用有刺的 Adénauthére 木和檬果樹木。薪木要砍成小木塊，一巴掌長，粗不過拳（科爾布魯克《亞細亞研究》，第七卷，第 235 頁）。
②見第十一卷第 118 節。
③原文是：做俺遮利。

時，要迎上去；老師跑步，要隨在後面。

　　197. 「老師回頭，要轉到他的面前去；老師在遠處，要走上前去；老師臥或站立他的旁邊時，要躬身。

　　198. 「在老師面前，床和座位要很低，又，在老師目力所及的地方，不應該隨意就座。

　　199. 「即使老師不在，也不要單純①直呼老師的名字，絕不要模仿他走路的姿勢，他的言語和舉動。

　　200. 「無論何處有人誹謗或誣衊老師，應該充耳不聞，或走向他處。

　　201. 「誹謗老師，死後變驢；誣蔑老師變狗；未經許可而使用老師的物品者變爲蛆，嫉視老師者變爲蟲。

　　202. 「離老師遠時，能親身前去時，或在發怒，或當婦女之面時，不要向老師施禮，也不要請人代施；如在乘車或在就座時，要下來問候老師。

　　203. 「不要在上風或下風②和老師並坐；老師不能聽到的時候，不要說什麼。

　　204. 「可以在牛、馬、駱駝拉的車子上，在露台上，在鋪石的地方，在草編的蓆子上，在岩石上，在木凳上，和老師坐在一起。

　　205. 「當老師的老師在場時，要待之如己師，老師未請，不得問候親族中有權受他尊重的人。

　　206. 「對於傳授聖學的老師，對於諸如叔父等父系親族，對於使他避免錯誤並給予指點的人，也應經常採取這種舉

───────────────

①指不附帶尊稱。（注疏）

②上風下風，指風自老師坐的地方吹到他那裡，或自他坐的地方吹向老師那裡。
　（注疏）

動。

207.「對待有德之士要始終如對己師，對待老師之子，如按照年齡應該尊敬時，以及對待老師的父系親族亦然。

208.「老師之子，不論他比自己年輕，或和自己同年，或者他身為學生，如果他能教授聖典，而作為主祭或僅作為助祭出席祭禮時，就有權利和老師一樣受尊敬。

209.「但不應該用香料塗抹老師兒子的身體，不要侍浴，食其殘食，或為其洗足。

210.「老師的妻子，如為同一種姓，應敬如老師；但如屬不同種姓，學生只應起立問候，不另致敬。

211.「學生不要負責給老師的妻子撒香油，侍浴，摩擦肢體和巧為結髮。

212.「年過二十歲且能分辨好壞的學生，也不要俯伏在尊敬的老師的青年配偶前恭敬地接觸她的雙足。

213.「在人世間，誘使男子墮落是婦女的天性，因而賢者絕不可聽任婦女誘惑。

214.「因為在人世間，婦女不但可以使愚者，而且也可以使賢者悖離正道，使之成為愛情和肉欲的俘虜。

215.「不應該和母親、姊妹或女兒一起住在僻靜的地方；欲念結合起來力量強大，可以誘惑最賢智的人。

216.「但如學生本人也年輕，可以按照規定的習慣，俯伏在老師的青年配偶前說：『我是某某』。

217.「旅行歸來，青年學生也應該恭敬地接觸老師妻子的兩足，並遵守善人的習慣，每天俯伏在她面前。

218.「有如以鏟鋤地者之得水源，同樣，一個用心和溫順的學生要獲得教父心靈中所蘊藏的學識。

219. 「要剃頭，或長髮垂肩①，或結髮於頂；日出日沒時，不要叫太陽發現他正睡在村子裡。

220. 「因為貪肉欲入睡，太陽出沒而不知時，應該重複低誦娑毗陀利讚歌，斷食一整天。

221. 「不根據太陽決定起臥，又不從事這種苦行者，使自己身犯大過。

222. 「學生要在洗漱後，身潔心靜地，在沒有污濁的地方，按照規定，在日出日落時低誦娑毗陀利讚歌，完成宗教義務。

223. 「婦女或首陀羅尚且設法通過某種方法取得最高幸福，再生族同樣要積極在這方面努力，或做使他更感愉快而律法許可的事情。

224. 「根據一些有識之士的說法，這最高幸福在於有德和有財；或者，根據另外一些人的說法，僅在於有德；或者最後根據其他一些人的意見，在於有財，但三者結合起來才構成真幸福，這是定論。

225. 「教師是梵天的象徵，父親是造物主的象徵，母親是大地的象徵；胞兄是靈魂的象徵。

226. 「教師、父母、兄長，絕不應受到慢待，尤其不能受到婆羅門慢待，即使受到他們煩擾時亦然。

227. 「在生育和教養方面，母親和父親所受痛苦，雖幾百年也不足以補償。

228. 「青年要經常在各種情況下做可以博得父母、師長歡心

---

① 結髮叫做 djatâ，是使長髮垂在兩肩；又往往把頭髮全部或局部結成一種髮束，直立在頭頂上。

的事情，三者都滿意時，一切苦行也就順利完成而獲得果報。

229. 「恭敬地遵從三者的意圖，被稱爲最卓越的苦行；學生未經他們許可，不得做任何善行。

230. 「因爲，他們象徵三界、三住期、三聖典和三聖火。

231. 「父親是由家長永遠維持的聖火 (Gârhapatya)；母親是祭儀之火①；教師是供物之火②；這三聖火應該受最大的尊敬。

232. 「作爲家長而不忽視它們，則此人可控制三界，身體閃耀著純潔的光輝，在天界享受神聖的幸福。

233. 「他由於尊敬母親而得下界③；由於尊敬父親而得空界④；由於服從師長而得梵的天界。

234. 「尊敬這三者的人，必尊敬其一切義務，而獲得其果報；但不尊敬這三者的任何人，其一切善行都無果報。

235. 「當他們三者有生之年，不應該任意從事其它任何義務，但要始終表示尊敬的服從，一意承歡，奉事他們。

236. 「爲著眼於來世，不論履行任何義務，在思想、言論或行動上，不缺乏對他們應有的服從，事畢必以相告。

237. 「由於只向這三者致敬，聖典和法律對人規定的一切行爲就圓滿完成；顯然這是首要的義務，其它一切義務都是次要的。

238. 「有信仰者，即使從首陀羅也可以得到有用的學識；從低賤的人獲得大德的知識；從被人鄙視的家庭，取得婦女的珍珠。

---

①這火取自家長之火，置於祭壇的南方，叫做達撒那 (Dakchina)。
②這第三火阿訶跋尼耶 (Ahavaniya)，取自第一火，供祭獻用。
③下界即世界。
④空界應理解爲地球和太陽之間的空間。

239.「即使是毒物，也可以從中分析出甘露，如果甘露攙雜在裡面，就可以抽取出來；可從兒童得到忠告，可從敵人學習處世；可從不純物質抽取黃金。

240. 妻子、寶石①、學識、清潔、忠言和各種自由藝術，應該得自不論任何方面。

241.「在必要時②，學生得受命從非婆羅門教師學習聖典；而在學習持續期間，要服從敬事他。

242.「學生如欲獲得最高幸福，即最後解脫，不要終生淹留在非僧侶種姓教師處，或不識吠陀或吠陀分的婆羅門處。

243.「但欲終生留在教師家中者，要終生奉侍他直到他神體分離。

244.「凡柔順地秉承教師的意旨，直到生命結束者，立即升至神有③的永久住所。

245.「熟悉義務的學生，在啓行前，不要饋贈教師任何東西；但被老師打發走的，在即將完成沐浴④的時刻，要盡力向尊師獻禮。

246.「要贈給老師土地，黃金，牝牛，馬，日傘，鞋子，椅子，穀物，蔬菜，以贏得他的歡心。

247.「願意終生學習的學生，老師死後，應該對待老師有德的兒子，或其妻子，或其父系親族，如對待尊師一樣。

248.「如果這些人都已不在人世，他可占有教師的住所，地

---

①根據另一種解釋，作：「和珠寶一般珍貴的妻子」。

②必要時，即在沒有僧侶種姓的教師時。（注疏）

③即梵天。

④學習期滿的學生歸家時，進行一次沐浴 (Snâna)，並取得斯那多迦 (Snataka) 的名稱，意為「受沐浴者」。

位和教席；他要以極大的用心維持聖火，努力使自己有資格獲得
最後解脫。

249. 「如此繼續學習，不破所誓的婆羅門，必可到達最後解脫，不復在世間輪迴。

第三卷

婚姻　家長的義務

1.「規定學生在教師家裡學習三種吠陀，應持續三十六年，或此時間之半，或四分之一，或最後直至把它充分了解時為止。

2.「已依次學習每一種或兩種或僅一種聖典的一個分科 (Sâkha) 而從未破梵志之戒的人，可進入家住期 (Grihastas)。

3.「被認為完成義務，並已從生父或教父處接受在其指導下學習過的聖典作為禮品後，結婚前，要戴花冠，坐在一高座上，由生父或教父賜予他牝牛供物。

4.「學習期滿的再生族，得教師同意，按照規定沐浴潔身後，可娶一個同種姓具有吉相的妻子。

5.「非其母系或父系六代祖先①以內的後人，又在家族名稱所證實的共同出身方面，不屬於父系或母系家族的女子，完全適合於和頭三個種姓的男子結婚與性交。

6.「下列十種家庭，即使很有勢力，富於牝牛，羊，山羊，財產和穀物，但擇配時應該避免，即：

7.「忽視祭祀的家庭，不生男孩的家庭，不學聖典的家庭，其成員長毛被體的家庭，或患痔疾，或患肺癆，或患消化不良，或患癲癇，或患白癩，或患象皮病的家庭。

---

①原文作：「非母親或父親的撒賓陀 (Sapinda) 親族。（見第五章第 60 節。）

8. 「不要娶頭髮紅褐，或多一四肢，或多病，或身無一毛，或有毛太多，或饒舌令人生厭，或紅眼睛。

9. 「或有星宿、樹木、河流、蠻夷、山岳、禽鳥、蛇蟲、奴隸等名稱，或其名稱引人恐怖的女子。

10. 「要娶一個體格完好，名稱宜人，步履優美如仙鶴或幼象，體被輕軟纖毛，髮致密，齒小而四肢柔媚的女子。

11. 「有見識的男子不應娶一個沒有兄弟或其父不知爲何人的女子；在第一種情況下，唯恐父親把女兒給他只是爲了過繼她可能生的兒子①，在第二種情況下，是怕結一個非法的婚姻。

12. 「規定再生族初次結婚要娶同種姓女子；但如願再娶，要依種姓的自然順序優先擇配。

13. 「首陀羅只應該以首陀羅女子爲妻，吠舍可在奴隸種姓或本種姓中娶妻；剎帝利可在上述兩個種姓和本種姓中娶妻，婆羅門可在這三個種姓和僧侶種姓中娶妻。

14. 「婆羅門或剎帝利雖處困境②，但以奴隸種姓女子爲正妻，是古來任何史書所不曾記述過的。

15. 「糊塗到娶最後一個種姓的女子爲妻的再生族，很快就使家庭和子孫墮落到首陀羅境地。

16. 「根據阿多利 (Atri) ③和優多底耶 (Outathya) 之子足目 (Gotama) ④的意見，娶首陀羅女子者，如爲僧侶種姓，立即成爲墮姓人；根據蘇那迦 (Sonaka) ⑤的意見，如屬於武士種姓，生子

①見第九卷第 127，136 節。
②處困境指沒有同種姓女子時。（注疏）
③阿多利是六造物主之一，被認為是目前還存在的一本現行法律書的作者。
④足目是立法家，其立法條文今天還被人引用。
⑤蘇娜迦是赫赫有名的聖者，迦尸 (kasi) 國王首訶陀羅 (Souhotra) 的後人。

時立即成爲墮姓人；根據跋梨求 (Bhrigou)①的意見，如爲兩人種姓，當此子生一男兒時立即成爲墮姓人。

17.「不娶本種姓女子，而與首陀羅婦女同床的婆羅門墮入地獄；如從她生一個兒子，即被剝奪其爲婆羅門的資格。

18.「婆羅門使首陀羅婦女參與其祭神，供祖靈和留客的義務時，諸神和祖靈不享其祭供，本人也不得以天界爲其留客的果報。

19.「對於唇爲首陀羅婦女之唇所污②的人，爲她的氣息所玷的人，從她生兒育女的人，法律上沒有宣布任何贖罪的規定。

20.「現在你們可以扼要學習四種姓間通行的八種婚姻形式；其中有些是好的，其他一些則無論今世和來世都是不好的。

21.「即梵天的，諸神的，聖仙的，造物主的，阿修羅的，天界樂師的，羅刹的，以及第八和最卑鄙的，吸血鬼的形式③。

22.「我將向你們詳細說明，什麼是每一種姓的合法形式，每一形式有何得失，以及由之而生的孩子們有何優缺點。

23.「要知道上述前六種婚姻可行於婆羅門，後四種可行於刹帝利，又同樣的四種除羅刹形式外可行於吠舍和首陀羅。

24.「立法家認爲前四種只適用於婆羅門，對刹帝利只規定了羅刹形式，對吠舍和首陀羅只規定了阿修羅形式。

25.「但此處（本書）在後五種婚姻中，三種被認爲合法，兩種被認爲不合法；吸血鬼和阿修羅形式絕不可實行。

26.「上述兩種婚姻，即天界樂師和羅刹的婚姻在法律上可

①跋梨求，六造物主之一，《摩奴法典》的講述者，這裡以第三者身分自述，人們將他列入立法家中。
②原文作：對於飲首陀羅婦女之唾者。
③見第一卷第37節。

行於剎帝利，得分別採用或合併採用。①

27. 「父親把長衫和裝飾品授給女兒，將她嫁給一位親自請來、恭敬接待、精通吠陀的有德之士。這種合法婚姻，叫做梵天的婚姻。

28. 「牟尼們稱之爲諸神形式的婚姻是：依此種形式，祭祀開始舉行，父親打扮女兒之後，把她給予主持祭祀的僧侶。

29. 「當父親按照規定，從新郎手裡接受一隻牝牛和一隻雄牛，或類似的兩對之後，將姑娘的手授給他，以完成宗教的儀式，或把它們給予姑娘，但並不作爲饋贈。這種形式叫做聖仙的形式。

30. 「當父親以應有的禮儀嫁出女兒時說：『你們兩人應雙雙履行規定的義務』，此種形式叫做造物主的形式。

31. 「如果新郎自願接受姑娘的手，按照自己財力贈與父母和姑娘禮品。這種婚姻叫做阿修羅的婚姻。

32. 「青年男女由於互相誓願而成功的婚姻，叫做天界樂師的婚姻；它是由欲望產生的，以色情的快樂爲目的。

33. 「用武力自父家奪取號泣呼救的姑娘，殺傷要反對這種暴行的人，並在牆上打破缺口者，叫做羅刹的婚姻。

34. 「情人潛入在睡眠中、醉酒中、或精神錯亂的婦女身旁時，這種可詛咒的婚姻叫做吸血鬼婚姻，是第八級和最卑鄙的婚姻。

35. 「僧侶種姓嫁女前，以先舉行奠水式爲得體，但在其它

---

①當剎帝利和所愛的女子同謀，以武力奪取該女子爲妻時，兩種婚姻形式合併舉行。（注疏）在題爲《虜克密尼 (Rukmini) 婚姻》的《薄伽-往事書》劇本中曾有兩種婚禮合併舉行的例子。朗格魯瓦先生 (M. Langlois) 在其《梵文文學雜錄》中發表過它的譯文。

種姓，儀式隨各人意願舉行。

36.「婆羅門啊，現在你們可以通過我要對你們做的全盤說明，來學習摩奴爲每一種婚姻指定的特性。

37.「按照梵天形式結婚的婦女所生的兒子，從事善行，可拯救十個祖先，十個後代，並第二十一人，即自己，使脫離罪孽。

38.「按照諸神形式結婚的婦女所生的兒子，上可救七位祖先，下可救七個後代；按照聖仙形式結婚所生的兒子，可各救其三，而按照造物主形式結婚所生的兒子，可各救其六。

39.「按照順序，以梵天形式爲首的前四種婚姻，出生閃耀聖學光輝並爲善人推重的兒子。

40.「他們貌美悅人，性格善良，富有資財，聲名顯赫，享受各種快樂，克盡職守，且百年長壽。

41.「但從其餘四種壞婚姻中出生的兒子，則殘暴、欺詐，憎嫌聖典及其規定的義務。

42.「從無可非議的婚姻，出生無可非議的子孫，從應受非難的婚姻，出生應受輕蔑的子孫；因而應該避免給人輕視的婚姻。

43.「當妻子和丈夫同種姓時，規定舉行握手式①；不同種姓時，婚姻中應該遵循的規定如下：

44.「武士種姓姑娘嫁給婆羅門，應該手拿一枝箭，同時丈夫應該攙執她的手；商人種姓姑娘嫁給婆羅門或刹帝利，應該手執刺針；首陀羅姑娘與頭三個種姓男子結婚，應該手執上衣的邊緣。

---

①新夫婦握手是婚禮的重要部分，梵語叫做 Panigraha，意為「手的結合」。

45. 「丈夫可從妻子月信來潮，所預示的適合於生育的時節接近她，而經常忠實地依戀她，除太陰禁日①外，其它任何時間都可以在情慾的引誘下，含情接近她。

46. 「每月從月信來潮起十六個晝夜，連同被善人禁止的特殊的四天，構成婦女的自然期。

47. 「這十六夜中，前四夜②，以及第十一和第十三夜是被禁止的，其它十個夜是被許可的。

48. 「這最後十個夜中，偶數夜適於生男；奇數夜適於生女；因而欲得男子者應於適當時機和偶數夜接近妻子。

49. 「但是，如果男性的精液量較大則生男，反之則生女，兩者相等則生半陰陽，或男女雙生；微弱且衰竭者不受胎。

50. 「禁夜和其它八夜避免性交者，無論處於何住期，家住期或林棲期，和梵志生一樣純潔。

51. 「通曉法律的父親嫁女時不應該接受些微的饋贈；因為人若由於貪婪而接受這樣的饋贈，被認為是鬻女。

52. 「親族們利令智昏，占有婦女的財產，車輛，衣服時，這些壞人要墮入地獄。

53. 「某些識者說，在聖仙形式的婚姻中，新郎所送的牝牛和牡牛禮品是給與父親的饋贈；但這是錯誤的，凡父親嫁女時所接受的饋贈不論多寡都構成鬻賣。

54. 「當父母不把給與姑娘的禮品取為己用時則非鬻賣，這純粹是取悅新娘，也是珍愛的證據。

55. 「如果父親，兄弟，丈夫和丈夫的弟兄們願意子孫眾

---

①見第四卷第 128 節。
②見第四卷第 40 節。

多，則他們應尊敬已婚婦女並多多饋贈。

56. 「婦女到處受人尊敬則諸神歡悅；但是，如果她們不被尊敬，則一切敬神事宜都屬枉然。

57. 「凡婦女生活在愁苦中的家庭，不久就趨於衰滅；但她們未遭不幸的家庭則日見昌盛而諸事順遂。

58. 「未給與家中婦女以應有的尊敬，而被她們所詛咒的家庭，有如為魔術祭所消滅一樣，全部毀滅。

59. 「因而欲得財富者，應尊敬其家庭中的婦女，每逢佳節和大祭，要給予她們裝飾品，衣服和精製的食品。

60. 「夫婦相得的每一個家庭中，永久幸福不渝。

61. 「因為，妻子打扮得不容光煥發，就不能取悅丈夫之心，丈夫不悅，則結婚而不能生育子女。

62. 「婦女打扮得容光煥發，整個家庭亦同樣生輝，如果她不容光煥發，則家庭亦暗淡無光。

63. 「結應受責難的婚姻，疏於規定的儀式，怠於聖典的學習，缺乏對婆羅門的尊敬，家庭要陷於敗亡。

64. 「學習類如繪畫的技藝，經營類如高利貸的商業，僅和首陀羅婦女一起生育子女，買賣牛、馬、車輛，耕種土地，服務國王；

65. 「為無祭供資格者祭供，否定善行的未來果報；荒廢聖典學習的家庭，迅即趨於毀滅。

66. 「但，反之，享有學習聖典帶來的利益的家庭，雖財產不多，卻在應被尊敬的家庭之列，名聲斐然。

67. 「家長要按照規定，以婚禮之火舉行家庭的晨昏祭供，舉行應以此火舉行的五大祭供，並用它來煮燒每天的食物。

68. 「家長有五個殺生處所或屠具，即：爐灶、磨石、帚、

杵臼和水甕，用之即爲罪所束縛。

69. 「但對無意誤用上述屠具之過失，諸聖仙們規定了家長應該每日舉行的五大祭供。

70. 「尊敬吠陀在於誦讀和教授聖典；奠水①是對祖靈的祭供；向聖火內撒布酥油是對諸神的祭供；給生物以食糧或其他食品是對鬼靈的祭供；履行接待賓客的義務是對人類的祭供。

71. 「盡心竭力不怠於這五大祭供的人，雖久處家中，不爲使用屠具造成的罪孽所污染。

72. 「但，凡不尊敬以下五種人，即諸神、賓客、應受其照顧者、祖靈和他本人的人，雖呼吸，如不生。

73. 「五大祭供也稱爲；無供物的崇拜 (Ahouta)，供物 (Houta)，卓越的供物 (Prahouta)，神聖的供物 (Brâhmyahouta)，美食 (Prâsita) ②。

74. 「無供物的崇拜指誦讀聖典；供物指在火內撒布酥油；卓越的供物指給與鬼靈的食品；神聖的供物指對婆羅門的尊敬；美食指獻給祖靈的水或米飯。

75. 「家長要嚴於閱讀聖典，祭供諸神；因爲嚴格執行這些祭供，就是供養世界及其所包括的動與不動的物類。

76. 「以適當的方式向火內撒布的酥油供物，變作水蒸氣上達於太陽；從太陽下降爲雨，從雨滋生食用植物，從食用植物，物類吸取其滋養分。

77. 「有如一切生物賴空氣之助以生，同樣，一切其他住期亦賴家長之助以生。

---

①祭祖靈不僅限於奠水。見第 82 節。
②原文作：好吃的東西。

78.　「由於其它三個住期的人，通過從家長接受來的聖學和食物，每天得到供養，因此，家長的住期是最卓越的。

79.　「因此，欲在天上享受不渝的幸福並在人間時常幸福美滿的人，應該盡心竭力完成本住期的義務；不能控制其欲念的人，不能完成這些義務。

80.　「聖仙，祖靈，諸神，鬼靈，賓客都向家長要求規定的祭供；知道自己義務的人，應該滿足他們。

81.　「要誦讀聖典以敬聖仙，按照法律祭火以敬諸神，陳設供物，以敬祖靈，進食物以待賓客。

82.　「每天要用米或其它食糧，或水，或奶，或根、果來設供，以邀祖靈的垂青。

83.　「五供物中祭祖靈的供物，可用來招待婆羅門；但祭諸神的供物則不得招待任何人。

84.　「再生族烹製好祭供諸神的食品後，要每天循例以家中之火祭供以下諸神：

85.　「首先分別祭火神 (Agni) ①和蘇摩 (Soma) ②神，其次合祭兩者，再次則祭毗斯跋提跋 (Viswas-Dévas) ③和耽槃多離 (Dhanwantari) ④神；

86.　「祭鳩護神 (Kouhoû) ⑤，阿奴摩底神 (Anoumati) ⑥，造

①火神阿格尼，司八方中的東南方。
②蘇摩或旃達羅 (Tchandra)，月神。
③毗斯跋提跋，一個特殊類別的眾神，其數有十，即 Vasu, Satya, Kratou, Dakcha, Kâla, Kâma, Dhriti, Kourou, Pourourava 和 Madrava.（威爾遜）
④耽槃多離，藥王，和神膏同時出海。
⑤鳩護，新月後司晝女神。
⑥阿奴摩底，滿月後司晝女神。

物主①，底亞跋 (Dyâvâ) 和普利底毗 (Prithivî) 神②，最後很好地祭火。

87.「這樣專心致志地祭獻奶油和米飯以後，要自東而南走向四方，並依次類推，祭獻因陀羅③，閻摩④，水神⑤和鳩吠羅神⑥，以及形成他們的扈從的守護神。⑦

88.「要將熟飯投在門口，念道：『敬禮風神』；投在水內，念道：『敬禮水神』；投在杵臼上，念道：『敬禮林木之神』。⑧

---

①造物主一名可用於多數的神和聖仙，這裡恐指毗羅止 (Viradj) 神。

②底亞跋，天神；普利底毗，地神，都是女神。——上述每一項祭祀，舉行時伴誦「斯波訶」嘆美之詞，如斯波訶火神，斯波訶蘇摩神等。

③因陀羅，即天王 (Swarga)，是諸神之首，司八方中的東方，以虹為武器，體有千眼，眼即星辰，它的統治終於一個摩奴時期之末，十四個摩奴時期構成一劫波或一梵日。於是，這在位的天王為在諸神、阿修羅或人類間最應取得這一光榮地位者所代替。在規定的時期以前，它的地位也可能為一個完成苦行而無愧於即天王位的聖者所奪取。這一情況往往使他恐怖，因而一個聖者一經從事引起他不安的苦行，他就立即派誘惑的女妖 (Apsara) 去設法使他失敗，從而奪去他一切苦行的果實。見舍譯乾竺 (Kandou) 的故事（《亞洲雜誌》，第一卷），《沙恭達羅》軼事（《摩訶婆羅多》節錄）和《羅摩衍那》中的毗斯跋密多羅 (Viswami-tra) 軼事，第一卷第 63，64 章。

④閻摩，即閻王，審判死人者，司南方，地獄之神，他根據人的功過定賞罰，使善人升天，壞人下墮各種地獄。

⑤水神，司西方，也被認為是壞人的懲辦者，囚禁壞人於地獄深處，用蛇蟲形成的鎖鏈來纏繞他們。

⑥原文有 Indou 字樣，注釋有 Soma 字樣，兩名通常指月神，但這裡顯係指司北方又叫 Indou 和 Soma 的鳩吠羅。鳩吠羅係財神。

⑦對司東方的天王及其扈從守護神的祭供，應該在東方舉行，對司南方的閻王應該在南方；對水神應該在西方；對財神應該在北方。咒文格式是「敬禮天王」等。（注疏）

⑧這些神住在林木間。見舍齊譯《沙恭達羅》劇本第四出，八開本版第 124 頁。

89.「要在枕畔，即在東北方敬禮斯梨 (Srî) 神①；在床腳下，即向西南方敬禮跋陀羅迦利神 (Bhadrakâlî) ②；在住所的中央敬禮梵天和跋斯道斯跋底神 (Vâstospati) ③。

90.「獻給毗斯跋群神的供物要投在空中；給日間徘徊的鬼靈的供物，要在日間獻給；給夜間徘徊的鬼靈的供物，要在夜間獻給。

91.「要在住所的上層或其後面設供，以求一切物類繁衍，並轉向南方將其一切獻於祖靈。

92.「要將準備給犬類，墮姓人，飼犬者，染象皮病者，或患肺癆病者，小鳥或蟲類的部分食物，漸次撒在地上。

93.「如此經常尊敬一切物類的婆羅門，將光明被體，徑直抵達最高的處所。

94.「這樣完成祭供之後，首先要進食於賓客，並按照規定布施乞食的學生，給他一份相當於一口之量的米飯。

95.「無論學生按照法律獻給教師一隻牝牛的功德獲得何種果報，再生族家長施給乞食學生的一份米飯也獲同樣果報。

96.「當他只做出少量的米飯時，可在調味後，只施與一部分，或者，如果他是知道聖典真義的婆羅門，可在按照律法對他致敬後，給他一瓶插有花果的水。

97.「無知者將一部分供物給與無學習聖典所增添的光輝並無異於一堆灰燼的婆羅門，則他獻給諸神和祖靈的供物不產生任何果報。

---

①斯梨或 Lakchmî 是繁榮富饒的女神，在神話中她是毗濕奴天的配偶，她的名稱斯梨和希臘穀神 (Cérès) 一名有近似處。
②跋陀羅迦利是都爾伽 (Dourga) 女神的形象之一。（威爾遜）
③跋斯道斯跋底似為一家神，威爾遜認為他是天王的又一名稱。

98. 「但將供物傾在輝映著聖學和苦行光輝的婆羅門口內時①，則可使施者脫離最困難的處境，免於大過。

99. 「有客來時，家長要以規定的形式獻座獻水，供他濯足，獻給他精心調製的食物。

100. 「一個家長即使以拾穗爲生，獻供於五火②，但在其家中未被敬如賓客的婆羅門，可將其一切功德據爲己有。

101. 「草，休息地點，濯足用水，溫和的語言：是善良人家庭中絕不可缺少的。

102. 「在好客之家過宿僅一夜的婆羅門叫做賓客(Atithi)，因爲他還沒有逗留到一個太陰日(tithi)的時間。

103. 「一個婆羅門和自己同住一村莊，或爲消遣到自己妻子所住並點燃聖火的家中來訪他，家長不要把此婆羅門看做賓客。

104. 「愚蠢到就食於他人的家長，死後，淪爲給與他們食物的人們的家畜，以懲罰他們這種行徑。

105. 「家長不應該在晚上拒絕接待由於日暮而到來的賓客，因爲他來不及抵家。此客人，無論來得及時或太晚③，不應該留在家中而不用飯。

106. 「家長不可自用某種食品而不給與賓客；尊敬賓客，是取得財富、榮譽、長壽和天界的方法。

107. 「接待的賓客有高級、低級、平級之分，給與他們的座

---

①原文作：在火中。

②五火是 Gârhapatya, Dakchina, Ahavanya（見第二卷，第231節），Avasathya 和 Sabhya。最後兩字的精確意義還不太明瞭（見威爾遜著《摩羅底與摩多跋》 *(Mâlatî and Mâdhava)*）。Sabhya 根據注疏是天氣寒冷時用以取暖的火。

③意為：在晚供和晚飯以前或以後。（注疏）

位、地點和床位，作別時對他們所施的儀節，招待他們的用心，都要適合他們的地位。

108. 「祭供諸神和其它祭奠已畢，如突有新客到來時，家長要盡力供食，但不必再做祭奠。

109. 「婆羅門不要因被邀就食而宣示自己的門庭和家世，因為為此理由而誇示它們的人，被賢者呼為食嘔出物者。

110. 「在婆羅門家裡，刹帝利種姓的人不被看做賓客，吠舍，首陀羅，這個婆羅門的朋友，父系親族的人和他的導師亦然。

111. 「但如刹帝利作為賓客來到婆羅門家，當上述婆羅門等都已吃飽時，也可給以食品。

112. 「即使是吠舍和首陀羅到他家裡作客，也要叫他和僕役同食，以示親切。

113. 「至於他的朋友和其他的人，以好意來訪，應該盡力備食，讓他們吃為妻子和為自己準備的食物。

114. 「在款待賓客之前，應毫不猶豫地先進食於新婚婦女、青年姑娘、病人和孕婦。

115. 「首先用飯而毫不進食於上述人等的愚者，在用飯時，並不知道他自己將成為餵狗餵鷹的飼料。

116. 「但當他的婆羅門賓客、親族、僕人等都已吃飽時，家長夫婦可以吃剩下來的飯食。

117. 「在敬獻諸神，諸聖，諸先人，諸祖靈，及諸家神之後，家長可以吃獻供剩下來的東西。

118. 「使人只為一己烹食者，不過是食罪而已；因為用供餘的東西做的飯食，稱為善人的食物。

119. 「國王、祭司、學習期滿的婆羅門、教師、門婿、岳父

和舅父等年終來訪家長時，要重新贈予一塊蜜餞①。

120. 「對出席祭供的國王和婆羅門，應該贈予蜜餞，但如祭祀已畢就不必給，這是規定；反之，其他的人，即使來的不是祭供的時刻，也應該接受蜜餞。

121. 「日暮時，飯已準備好，妻子可進行祭供，而不念聖句，心中暗誦除外；因為敬禮群神的祭供，以及其他祭供，規定為早晨和薄暮。

122. 「月月新月之日，維持聖火的婆羅門，在祭供祖靈糕餅(Pindas) 之後，應舉行叫做賓陀跋訶利耶（Pindânwâhârya），供後的斯羅陀 (Srâddha) 超渡祭。②

123. 「賢者把每月敬禮祖靈的斯羅陀祭叫做賓跋訶利耶③，因為它舉行在祭供糕餅以後，應該小心翼翼地用法定的肉類來製作它。

124. 「我要準確地告訴你們，應延請或拒絕何種婆羅門來吃這種供食，其數目應為多少，應該對他們進何種食品。

125. 「在諸神祭中，家長可以接待兩個婆羅門，而在為父親、祖父和曾祖父舉行的超渡祭中，可以接待三個，或在這兩種

---

① 蜜餞，梵文作 Madhouporca，是一種用蜜、凝乳和果物製成的禮品。

② 「斯羅陀」一詞，含義廣泛，它適用於敬禮諸神和諸祖靈的各種儀式。這種儀式是對新逝世的親族舉行的，目的在於使亡靈超升天界，並位列祖靈之間，化為神明。印度人相信，不舉行這種儀式，亡靈就要在世界上的惡神間遊走徘徊。其他斯羅陀祭，如新月祭，一般是敬禮祖先和祖靈，以保證他們在另一世界的幸福。五大祭供之一的每天祭供，也是一種斯羅陀祭，叫做尼底耶 (Nitya)，意為經常的，因為每天應該舉行它。見科爾布魯克關於印度宗教儀式的論文（《亞細亞研究》第七卷）。

③ Pindânwâhârya 一詞，由 Pinda「糕餅」，anou「以後」和 ahârya「應當吃的」等各詞組成。

儀式的每一種儀式中僅接待一個：無論如何富有，也不應追求接待大批人。

126. 「以下五益：對於婆羅門的尊敬接待，適當的時間和地點，清淨，招待婆羅門的好意，會被過多的人眾所毀滅，因而不應該希求人數眾多。

127. 「悼念亡靈的祭儀叫做祖靈祭，這一法定祭儀，對於新月之日準確舉行它的人，不斷帶來各種幸福。

128. 「祭獻諸神和祖靈的供物，應該由獻祭人給予精通聖典的婆羅門；因為施給這種可敬人物的東西將產生卓越的果實。

129. 「雖只招待一個熟諳祭神和祭祖靈的婆羅門，也要得美好的果報，但進食於大批昧於聖典的群眾時則否。

130. 「舉行祭祀的人，要訪求一個已讀完吠陀的婆羅門，在審查家世清白時應上溯至遠祖；這樣的人才配分享對諸神和祖靈的獻祭，這才是一位真正的賓客。

131. 「根據律法，在一個有昧於學習聖學的百萬人接受食物的斯羅陀祭中，只有一個通曉吠陀並對獻給他的東西滿意的人到場，就會有更多的功德。

132. 「應該將獻給諸神和祖靈的供物給與聖學卓越的婆羅門；因為血污的手不能用血來洗淨①。

133. 「在諸神和祖靈祭中，不通聖學的人吞食多少口供食，舉行祭祀的人也要在來生吞食多少口灼熱的具有尖刺的鐵球。

134. 「有些婆羅門特別獻身於聖學；另外一些婆羅門獻身於苦行；另外一些獻身於苦行與聖學兩者；另外一些獻身於宗教活

①意為：再次給無知者以食物，不能拭去進食於昧於聖學的人的罪過。（注疏）

動。

135. 「要將祭獻祖靈的供物，殷勤地送給獻身於聖學的婆羅門，可將祭獻諸神的供物，以慣常儀式，獻給上述四住期的婆羅門。

136. 「兒子的父親昧於聖學，而兒子自己可能已讀完聖典；或者兒子沒讀過吠陀，而兒子的父親可能非常精於聖典。

137. 「兩種人物中，其父親研習過吠陀者，應該被認爲是比較高尙的；但爲尊重聖典，應該禮遇另一人。

138. 「不應該讓朋友吃斯羅陀供物；應該用其它禮品贏得感情；只有不視爲朋友或敵人的婆羅門，可以被邀來參加斯羅陀祭。

139. 「以友誼爲斯羅陀祭或供獻諸神的主要動機的人，在來世得不到供物和祭品的任何果報。

140. 「由於無知而利用斯羅陀供物結交的人，作爲只爲圖利而行祭並作爲最卑鄙的再生族而被排斥於天界之外。

141. 「這樣一個僅限於饗宴衆賓的祭供，被賢者稱爲魔鬼的祭供 (Paisâtchî)；它被關在下界①，猶如盲牛被關在牛舍。

142. 「有如農民播種在不毛之地毫無收穫，同樣，把酥油供物送給一個無知的婆羅門也毫無裨益。

143. 「但依法給與淹貫聖學者的東西，在今生和來世，會產生獻食者和接受者同樣加以擷取的果實。

144. 「如果附近並無有學識的婆羅門，可隨意延請一位朋友來分享供物，但絕不可邀請仇人，儘管他通曉聖學；因爲仇人吃的供物對來生毫無益處。

---

①它對來生毫無利益。（注疏）

145. 「應該特別注意延請讀過全部聖典,並特別精通梨俱吠陀的婆羅門;非常精通耶柔吠陀,並通曉吠陀分的婆羅門;或讀完聖典,但特別精通娑摩吠陀的婆羅門,來分享祭品。

146. 「只須這三種人的一種,在受到尊敬的接待後,分享供物,以便行祭人的七代祖先感到永恆不渝的滿意就夠了。

147. 「這是祭供諸神和祖靈的主要條件,主要條件不具備時,應該知道另一條常被善人們遵從的補則:

148. 「舉行斯羅陀祭的人,沒有淵博的婆羅門時,可延請外祖父,舅父,姊妹的兒子,岳父,教師,女兒的兒子,門婿,姨兄弟或表兄弟,祭司或主祭僧來就食。

149. 「遇延請婆羅門參與敬禮諸神的儀式時,通曉律法的人對此婆羅門的家世不應過分苛察,但對於斯羅陀祭,調查時則應給與最大的注意。

150. 「婆羅門行竊或犯有大罪者;去勢者,主張無神論者,被摩奴宣稱為無資格分享敬禮諸神或祖靈的祭品。

151. 「怠於學習聖典的學生,生來沒有包皮的男子,賭博家,為一切人行祭的人,不配分享供物。

152. 「醫師,示人以偶像的祭司,賣肉者,以商賈為生者,應該被排斥在一切敬諸神和祭祖靈的儀式之外。

153. 「城市或國王的使役,患指甲病或黑牙齒的人,拒不聽從老師命令的學生,拋棄聖火的婆羅門,高利貸者;

154. 「肺癆病人,獸畜飼養者,先於兄結婚的弟弟[1],忽視五大祭供的婆羅門,婆羅門的仇人,未先於弟弟結婚的兄長,依親族過食客生活的男子;

---

①見本卷第 171,172 節。

155. 「舞蹈藝人，破梵戒的學生或苦行者，原配妻子種姓卑賤的丈夫，再婚婦的兒子，一目眇者，家有情夫的丈夫；

156. 「爲薪金而教授聖典的教師，和受業於掙薪金者的學生，首陀羅的學生和首陀羅教師；出言傷人者，丈夫生前或死後姦婦所生的兒子，

157. 「無故抛棄父母或教師的青年，和墮姓人一起學習聖典，或和他們聯姻的人；

158. 「縱火者，毒殺者，食奸生兒供食的人，賣蘇摩草汁①的人，航海者，歌頌詩人，製油者，僞證人；

159. 「和父親有爭論的兒子，令人代己賭博者，酒徒，象皮病人，聲名狼藉者，僞善者，植物液商人。

160. 「製造弓箭者，先於姊姊結婚的妹妹的丈夫，設法謀害朋友的人，開賭場的人，以兒子爲教師的父親；

161. 「癲癇病人，瘰癧病人，癩病人，壞人，瘋子，盲人，以及輕視吠陀的人，都應加以排除。

162. 「訓練象、牛、馬或駱駝的人，占星職業者，飼鳥者，劍術師；

163. 「使河流改道者，以阻止河流爲樂者，房屋建築工人，使者和被雇傭的植樹人；

164. 「以玩狗爲樂的飼犬人，放鷹者，誘惑青年女子者，殘暴的人，過首陀羅生活的婆羅門，只獻祭於低級神靈的祭司；

165. 「不遵守善習的人，玩忽義務的人，常以所求煩人的人，農夫，腿腫的人，爲善人所蔑視的人；

---

①蘇摩，獻給月神的草，屬白前科。人們從中榨取其汁並在一些祭祀中飲用的，也叫蘇摩。

166. 「牧羊人，看管水牛的人，再婚婦的丈夫，雇傭的死屍抬運人；都應該特別注意迴避。

167. 「操行應予譴責的人，或由於前生犯罪而致體弱或多病的人；不配邀入高尚人之列的人，以及僧侶種姓中最下層的人，都應該為每一個有見識的人排斥在兩種儀式之外。

168. 「沒有學習過聖典的婆羅門，像枯草的火光一樣熄滅，供物不應該給與他，因為人們不把酥油倒在灰燼中。

169. 「在諸神祭或祖靈祭時，把供物給予不配被邀入善人叢中的人，在來世要有何種果報，我將無遺漏地宣示給你們：

170. 「犯戒的再生族，如比哥哥早婚的弟弟，以及其他不許可吃的人，所吃的供物，被羅剎而不被諸神和祖靈所享。

171. 「其兄尚未結婚而娶妻點燃婚禮之火的人，叫做鉢利吠多利 (Parivettri)，其兄叫做鉢利毗底 (Parivitti)。

172. 「鉢利毗底，鉢利吠多利，結這種婚姻的青年女子，三者都墮入奈落地獄 (Naraka) 中，嫁女者和舉行婚祭的祭司亦然。

173. 「不守規定的戒律，並隨意滿足兄長的寡妻的情欲者，儘管她已合法地和他結婚，但他應該叫做底底求（Didhichou，再婚婦）之夫。

174. 「叫做公多 (Kounda) 和喬羅伽 (Golaka) 的兩種兒子，生於有夫之婦的姦夫：其丈夫尚在者，小兒叫做公多，丈夫已死者，小兒叫做喬羅伽。

175. 「這兩者都是通姦的結果，如給予他們一部分供物，就會使祭諸神和祖靈的供物在今生和來世歸於無有。

176. 「一個不准被邀的人看到列席貴賓時，愚昧的舉行祭祀人，就在來生得不到他給與所有那個人看過的人以食品的果報。

177. 「一個盲人坐在另外一個人會看得見的地方，使施主喪

失招待九十名貴客的功德，一目眇者喪失六十名；癩病人，百名；肺癆病人千名。

178. 「如果一些婆羅門的肢體被最下級種姓獻祭的人所接觸，舉行祭祀人就不能從給予這些婆羅門的東西中取得斯羅陀祭所提供的果報。

179. 「又，精於聖典的婆羅門，由於貪婪而接受這樣一個行祭人的禮品時，很快走向滅亡，就像沒有燒過的泥瓶在水內消毀一樣。

180. 「給與賣蘇摩草的人的食物變做糞便①；給予醫生的變做膿血；給予示人以偶像者的喪失食物，給與高利貸者的不被嘉納。

181. 「給予商人的食品，今生或來世，都產生不了效果；給與再婚寡婦的兒子——再生族的食品，就像灑在灰燼中的酥油供物一樣。

182. 「至於上述其他不准入席和令人鄙夷的人，賢者聲稱給與他們的食物變做漿液分泌物、血、肉、髓、骨②。

183. 「現在你們可透徹學習：被不准列席的人所玷污的集會，可以被何種婆羅門來淨化，你們要認識這些卓越的人物，這些淨化集會的人。

184. 「完全通曉所有吠陀及所有吠陀分的人，又出身於博通神學的家庭的人，應該被認為是足以消除集會的玷污的人。

185. 「致力於學習一個耶柔吠陀分的婆羅門，敬謹維持五聖火的婆羅門，掌握一個梨俱吠陀分的人，通曉六吠陀分的人，按照

---

①意為：給食物於賣蘇摩草者，投生在吃糞便的動物中。
②和第 180 節一樣解釋。

梵天婚禮結婚的婦女的兒子，歌唱娑摩吠陀主要部分的婆羅門，

186.「完全通曉聖典並講解它的婆羅門，呈獻一千隻牛的學生，年達百歲的人：這些都應該被認為是足以淨化賓客集會的婆羅門。

187.「應舉行祭供之日的前夕或當日，舉行斯羅陀祭的人至少要敬謹地延請如上所述的三位婆羅門。

188.「被邀參加斯羅陀祭的婆羅門，應該完全制馭欲念：不要閱讀聖典，只須低誦和主祭人一樣始終不能不念的咒文。

189.「祖靈無形無象地和這樣一些婆羅門賓客為伍；祖靈借風的形式隨在他們後面，他們坐時，祖靈也坐在他們的旁邊。

190.「適於被邀分享諸神和祖靈供物的婆羅門稍有破戒，就要為這一錯誤而投生為豬。

191.「接受參加祭供後縱情於奴隸種姓婦女的人，舉行祖靈祭人所能犯的一切罪惡都由他擔負。

192.「祖靈 (Pitris) ①先諸神而生，不會發怒，極其清淨，經常純潔如學生，厭棄干戈，具有卓越的品質。

193.「現在你們可學習一切祖靈的由來如何，應該由何人，用何儀式來特別敬禮他們。

194.「這些出自梵天的摩奴之子，這些以摩利俱②為首的眾聖仙，都有被宣稱是形成祖靈氏族的兒子。

195.「毗羅止③的諸子蘇摩娑 (Samosads)，被認為是娑底耶 (Sâdhyas) 的祖先；而世所周知的摩利俱阿尼什跋陀 (Agnichwâttas)

①祖靈被認為是諸神、諸仙和人類的祖先，住在月球上。人類祖先已經成神也叫祖靈。對諸神祖先和人類祖先的祭獻，似無區別。

②見第一卷第 35 節。

③見第一卷第 33 節。

的諸子，是諸神的祖先。

196.「阿多利的諸子，稱跋利剎(Barhichads)，是底底耶①，多奈跋，夜叉，天界樂師，優羅伽，羅剎，神鳥，金那羅的祖先。

197.「蘇摩鉢 (Somapas) 是婆羅門的祖先；訶毗什摩 (Havichmats) 是剎蒂利的祖先，阿底耶鉢 (Adjyapas) 是吠舍的祖先；蘇訶利 (Souhalis) 是首陀羅的祖先。

198.「蘇摩鉢是跋梨求仙的諸子；阿底耶是弗羅斯底耶 (Poulastyas) 的諸子；蘇訶利是跋息什陀 (Vasichtha) 的諸子。

199.「阿尼多陀(Agnidadhas)，阿那尼多陀(Anagnidadhas)，迦毗亞 (Kâvias)，跋利剎，阿尼什跋多 (Agnichwâttas) 和蘇密耶 (Sômyas) 應該被認為是婆羅門的諸祖先。

200.「上述各種祖靈的氏族為主要氏族，他們的兒子和孫子也應該在世間一律被認為是祖靈。

201.「聖仙生祖靈，祖靈生諸神和多奈跋；諸神漸次創造這由動物類和不動物類組成的全世界。

202.「滿懷信仰之心獻給祖靈的清水盛在銀瓶或鍍銀瓶裡，它是永恆不渝的幸福的源泉。

203.「敬禮祖靈的儀式，對於婆羅門來說，較高於敬禮諸神的儀式，對諸神的祭供先於對祖靈的祭供，前者被認為可增加祭祖靈的功德。

204.「為保護對祖靈的祭獻，家長應該在開祭時先敬諸神，因為沒有經此項預防的供物，會被羅剎全部破壞。

205.「祖靈祭前後都要伴以諸神祭，切忌儀式以祖靈祭開始和結束；因為以祖靈祭開始和結束的人，他和他的全部族人不久

---

①底底耶等，見第一卷第 37 節。

就滅亡。

206. 「要用牛糞塗抹一個清淨人稀的地方，並注意選擇一個南向的斜坡。①

207. 「祖靈常樂於嘉納在天然清淨的林中隙地，岸邊或僻靜的地方獻給他們的東西。

208. 「婆羅門適當沐浴後，家長應該把他們各人分別延入準備好覆蓋鳩娑草的座位上。

209. 「當他恭敬地延請婆羅門入座並先敬諸神後，要給他們香料和芬芳的花冠。

210. 「在對賓客進水和鳩娑草、芝麻粒以後，由被其他婆羅門推舉的婆羅門和他們一道舉行聖火祭。

211. 「要按照規定，首先以贖罪的酥油供物獻給火神，月神和閻王，然後以米飯供物滿足祖靈。

212. 「如無祭火（如尚未結婚或其妻已故），可將三種供物倒在一位婆羅門手中，因為聖火與婆羅門之間並無差別：這是通曉吠陀的人們所宣布的定論。

213. 「因為，智者把這些無慍怒、貌常和悅，出身於原始種姓並獻身於繁榮人類的婆羅門，看作是祭儀之神。

214. 「在按照規定形式，自左至右，繞火一周，並將供物投向聖火後，要用右手灑水在應置放米糕的地方。

215. 「以殘餘的米飯和酥油製成三塊糕點②後，要專心致志地，用和灑水相同的方式，即用右手，面向南方，將它們放在鳩娑草屑③上。

---

①祖靈之主閻摩司南方。
②原文作：三個球。
③鳩娑草，長齒草屬，是祭供用的聖草。

216. 「當極其敬謹地並按照規定將糕點放在鳩婆草屑上以後，要用草根拭右手，以滿足分享此殘餘者，即父親、祖父和曾祖父。

217. 「通曉聖言的婆羅門盥漱旣畢，面北，緩緩屛息三次，敬禮六位季節神和祖靈。

218. 「應將他灑在地上餘下的水，再次緩緩倒在糕點旁邊，而一心一意地按照糕點供獻的順序嗅之。

219. 「於是按照這一順序取過獻於先父、先祖父和先曾祖父的祖靈的三塊糕點的各一份，首先按照規定，使代表祖父和曾祖父坐著的三位婆羅門吃此份食。

220. 「如果父親尚在，家長要致祭於自祖父以上的三位父系祖先的祖靈；或者，行禮時，可以使父親代替假設他已死去而代表他的婆羅門來吃，將獻給祖父和曾祖父的兩份糕點，給予代表他們的兩位婆羅門。

221. 「其父親已故而祖父尚在的人，祭悼中呼其父名之後即呼曾祖父之名，即舉行斯羅陀祭來紀念他們。

222. 「或如摩奴所宣示的，祖父可以代替假設他已死去而代表他的婆羅門參加斯羅陀祭；或者，孫子受祖父委任，可以便宜行事，只祭其先父和先曾祖父，或把年邁的祖父也包括進去。

223. 「在將水連同鳩婆草和芝麻倒在三位婆羅門手上以後，要將三塊糕點中每塊糕點的上部給與他們，說：『願這供物獻給他們』。①

224. 「於是兩手捧持滿盛米飯的器皿，追憶祖靈，靜穆地將

---

① 主祭人拿起第一塊糕點的上部，送給婆羅門，說「獻給我父親」；其餘兩塊糕點類推。（注疏）——立法家在這裡再次講到他在第 219 節所說的。

它放在婆羅門面前。

225.「供食不用兩手覆蓋，就立即被心懷不善的阿修羅弄得狼藉不堪。

226.「要清淨和小心翼翼地先將羹湯，蔬菜，和其他適於下飯的東西，牛奶，乳酸，酥油，蜜，

227.「各種糖果，各類奶製食品，根和果實，美味的肉和芳香的飲料放在地上。

228.「從容地將所有這些食品端來，說明它們的性質，敬謹而清淨地，依次進獻於各位賓客。

229.「不要落一點淚，不要激怒，不要說謊，不要以足接觸食品，也不要振動它們。

230.「淚招來幽靈①；怒招來敵人；說謊招來犬；足觸食品招來羅刹；振動食品招來邪惡的人。

231.「婆羅門喜歡的任何東西，要捨得給他們，要對他們談論最高的神有：這是祖靈的願望。

232.「舉行祖靈祭儀式時，要朗誦聖典，法典，倫理史，英雄詩篇，往世書②和神學原著。

①意為進食於來享的幽靈，使祖靈非常不悦。（注疏）

②《往世書》(Pourânas) 詩集，共 18 種，印度人認為它是由一個叫做毗耶娑 (Vyasa) 的婆羅門學者編纂成現在這種形式的。毗耶娑就是「編纂人」的意思。人們推定他在公元前 1000-200 年之間。保持現在形式的吠陀和偉大的《摩訶婆羅多》史詩，也被認為是由他整理的。《往世書》詩集著重論述五個方面，即：宇宙的創造、毀滅和新生，諸神和諸英雄的世系，諸摩奴的朝代，及其後人的功業。〈阿耆尼往世書〉(Agni-Pourâna) 是其中最重要的篇章之一，它另外包括一些占星、天文、地理、政治、法律、醫藥、詩歌、和文法學等方面的知識；是印度人名副其實的百科全書。詩集的背景是古老的，因為人們看到摩奴原文曾引用過它們。但它們現有的形式被一些學者認為是近代的。這是一個需要繼續研究加以澄清的問題。印度各種不朽的文獻的年代遠遠未能確切地確定下來。

233.「自己要欣然設法引起婆羅門的愉快，從容不迫地進食給他們；要再三將他們的注意力吸引到米飯和其他食品以及它們的優點上去。

234.「自己女兒的兒子學習雖未期滿，要特別注意延請他參與斯羅陀祭；要在他的座次鋪上尼泊爾牝山羊毛毯，並在地上撒布芝麻。

235.「在斯羅陀祭中有三種事物是清淨的；女兒的兒子，尼泊爾毛毯和芝麻粒；有三件事物受到重視：清淨、無慍怒和從容不迫。

236.「一切烹飪的食品要很熱，婆羅門用食時要沈默；雖被祭主問到食品的性質時，也不要就此問題加以說明。

237.「當食物保溫，人們用食時不語，不說明食品性質時，祖靈就來享祭。

238.「一個婆羅門戴帽，或面向南或穿鞋，他吃的東西肯定只為羅剎而不為祖靈所享。

239.「旃陀羅 (Tchandâla) ①，豬，雄雞，狗，經期婦女和去勢者，不可看婆羅門用食。

240.「祭火時，分配供物，進食婆羅門，祭祀諸神，祭供祖靈，凡上述物類所能看到的，都不產生預期的效果。

241.「豬以其嗅，雄雞以其羽翼之風，狗以其注視，微賤種姓的人以其接觸破壞它。

242.「跛足或一目眇者，或肢體不全或肢體過多者，即使是祭主的僕役，也應該迴避祭典。

243.「如有一婆羅門或一行乞者來求食物；祭主應在取得眾

---

①旃陀羅是不清淨的人，生於首陀羅男子和僧侶種姓的婦女。

賓客許可後，盡力給以尊敬的接待。

244.「用佐料調和各種食品，並澆之以水以後，可將它們投在食事已畢的婆羅門面前，撒在地上的鳩婆草屑上面。

245.「盤中殘餘的東西，和撒在草屑上的東西，應該屬於未及舉行入門式而死去的兒童們，和無故遺棄本種姓妻子的人們。

246.「賢者決定祖靈祭中落在地上的殘餘屬於勤勞而生性善良的僕人。

247.「舉行叫做撒賓陀的斯羅陀祭以前，對於一個剛剛死去的婆羅門，應該舉行一個特別的斯羅陀祭而不祭諸神①，可只延請一個婆羅門與祭，並只獻一塊糕點。

248.「按照律法對這一再生族舉行過叫做撒賓陀的斯羅陀祭後，他的兒子應在每年新月之日祭供糕點。

249.「無知者參與斯羅陀祭後，以殘餘給與首陀羅的，頭部向下墜入叫做黑繩 (Kâlasoutra) 的地獄中。

250.「如果一個人參與斯羅陀祭後，在同一天和一個婦女②共寢，他的祖先將在此月內臥在該婦女的糞便中。

251.「賓客們已經飽餐時問他們『你們吃得好嗎？』然後請他們漱口；漱口完畢，又對他們說：『請在這兒或在府上休息吧！』③

---

①這種斯羅陀祭式叫做「Ekodickta」，即「獻給一個人的」。一個親族死後，為超渡亡靈，應於年中舉行十五次類似的斯羅陀祭。這些特別的斯羅陀祭最後以舉行於周年忌日的撒賓陀斯羅陀祭而告結束（見《亞洲研究雜誌》第七卷第 263 頁，八開本版）。

②英文和俄文譯本都譯為「首陀羅婦女」。——譯者注

③或根據另一說法：「祝你們愉快！」這無疑是一句告別的話。

252．「這時婆羅門要答以：『願供品爲祖靈所嘉納！』，因爲在一切敬禮祖靈的祭事中，『願供品被嘉納』是最好的祝福。

253．「隨後，要使賓客得知所剩食品，在婆羅門請他如此這般處理後，他可做他們要他做的事情。

254．「在紀念祖靈的祭儀後，要對婆羅門說：『你們吃得好嗎？』在爲一家庭舉行滌罪的斯羅陀祭後，要說：『你們聽得好嗎？』在祈求多福的祭儀後，要說：『你們成功嗎？』在敬禮諸神的祭儀後，要說：『你們滿意嗎？』①

255．「午後，鳩婆草屑，地點的淨化，芝麻粒，慷慨施捨，食糧烹調好的食物，高貴的婆羅門：這些都是祖靈祭儀中值得想望的好事。

256．「鳩婆草屑，咒文，上午，下述一切祭供，以及提到的諸淨法，應該被認爲是敬禮諸神祭祀中吉祥的事物。

257．「像林棲者所吃的野稻米，牛奶，蘇摩草榨取的汁液，鮮肉以及未加工的鹽，被指定爲性質上適於作供品來使用。

258．「和婆羅門作別後，家長要沈潛、靜默，並在潔身後，轉面向南，祈求祖靈以下寵恩：

259．『願我們的家庭中，慷慨好施的人數彌增！願對聖道的熱誠增長，我們的家世昌盛！願信仰之心永遠不離棄我們！願我們多有所施與！』

260．「向祖靈表達願望後，立即這樣結束糕點的供獻，把剩下來的糕點給與一牝牛，一婆羅門或一牝山羊，或將它們投到火

---

①上述四句話中的每一句，原文僅用一個單詞。因為注疏家只加以重複並未加以說明，恐不能完全把握其真義。四個單詞的原文如下：Swaditam，吃好；Sousroutam，聽好；Sampannam，取得；/Routchitam，知悉。

或水中。

261. 「一些人在婆羅門食後祭獻糕餅，另外一些人則將剩下的糕餅投給鳥吃，或投到火或水中。

262. 「忠於對丈夫的義務並關心敬禮祖靈的正妻，欲得男兒，應念誦通用咒文，吃中央的糕餅。

263. 「這樣，她就會生一個享長壽，有令名，聰慧，富有，子孫繁衍，具有美德，克盡厥職的兒子。

264. 「接著，家長洗手漱口後，要爲父系親族備食；並在敬謹地向他們進食後，也給母系親族進食。

265. 「婆羅門殘留的食物，不要清除掉，要留到他們去後，家長拿來作日常的家庭祭供。這是規定的律法。

266. 「爲何依法製作使祖靈長期乃至永遠滿足的供品，我要毫無遺漏地宣示給你們。

267. 「對於按照例行儀式祭獻的芝麻，稻米，大麥，黑扁豆，水，根或果實的供品，祖靈欣悅一整月之久。

268. 「魚肉使它們欣悅兩個月之久，鹿肉三個月，羊肉四個月，許可再生族吃的鳥肉五個月；

269. 「山羊羔肉六個月；梅花鹿肉七個月；黑羚羊肉八個月；魯魯鹿肉九個月。

270. 「對於野豬肉和水牛肉，它們欣悅十個月，對於野兔肉和龜肉十一個月。

271. 「牛奶或加奶粥使它們欣悅一整年。跋爾陀利那婆①肉使它們欣悅十二年。

---

① 祭司稱長耳朵的白色老公山羊為跋爾陀利那婆，又叫做「三種姿態飲水者」(tri-pia)，因為它飲水時，舌和兩耳都同時浸入水中。（注疏）

272. 「叫做伽羅娑伽的蔬菜，海蝦，犀肉，紅毛山羊羔肉和蜜，使他們感到長久的欣悅，林棲者所吃的食物亦然。

273. 「凡在雨季①，太陰月的第十三天和在摩伽 (Maghâ) ②太陰星宿下祭供的蜜製清淨食品，是無限欣悅的源泉。

274. 「祖靈們說：『願在我們的家族中出生一個人，以便他在月之十三日並其他一切太陰日，像影東斜時，對我們祭供加牛奶、蜜和奶油煮沸的米粥。』

275. 「信仰純潔的人所獻按照規定製作的供品，爲身在另一世界的祖先們，帶來永久不渝的快樂。

276. 「在晦冥的半月中，第十日及其以後的日子，除第十四日外，都是最宜於斯羅陀祭的太陰日，其它的日子則不然。

277. 「在偶數的太陰日或偶數的太陰星宿下舉行斯羅陀祭者，願無不償；奇數之日敬禮祖靈者，得顯赫的子孫。

278. 「對於舉行斯羅陀祭，後半月（晦冥的半月）優於前半月，同樣，下半天也優於上半天。

279. 「祭供祖靈，應按規定，始終不懈，由一個右肩帶聖紐，手持鳩娑草和不休息的婆羅門，以獻於祖靈的右手部分來執行。

---

①季節 (Ritous) 有六，兩個月為一季，即春季 (Vasanta) ，熱季 (Hrichma) ，雨季 (Varcha) ，秋季 (Sarat) ，冷季 (Hémanta) ，冬季 (Sisira) 。古時印度的一年有 360 天，由秋季的秋分左右開始。十二個月的名稱順序如下：Âswina（九——十月），Kartika（十——十一月），Mârgasîrcha（十一——十二月），Pôcha（十二——一月），Mâgha（一——二月），Phalgouna（二——三月），Tchaitra（三——四月），Vaisâkha（四——五月），Djyaichtha（五——六月），Âchâdha（六——七月），Srâvana（七——八月），Bhâdra（八——九月）。近代印度的一年由 Tchaitra（三——四月）和 Vasanta（春季）開始。
② Maghâ 是第十個太陰星座。

280. 「絕不可在夜間舉行斯羅陀祭，因為夜間被羅剎所騷擾①；也不可在黎明、薄暮或太陽升起後不久。

281. 「沒有在每月新月之日舉行斯羅陀祭的家長，應按規定形式，每年三次，即冷季，熱季和雨季舉行斯羅陀祭；但屬於五大祭供的斯羅陀祭要每天舉行。

282. 「構成敬禮祖靈成分的供物，不宜在未經祝聖的火中製成；維持聖火的月斯羅陀祭，只能舉行在新月之日，但逝世周年斯羅陀祭，因為時間相對固定，不在此限。

283. 「婆羅門不能履行屬於五大祭供的日斯羅陀祭時，他對祖靈舉行的奠水式，使他獲得敬禮祖靈的一切果報。

284. 「賢者呼我們的父親們為跋修（Vasous）；祖父們為魯陀羅（Roudras）；祖父的父親們為阿底底耶（Adityas）②：永遠的啟示曾這樣宣示過。

285. 「一個人要常食殘食和神膏：殘食是獻給貴賓們的食物的殘餘；神膏是獻給諸神祭品的殘餘。

286. 「如我上面宣示給你們的，這是關於五大祭供的規定；現在你們可以學習關於規定婆羅門生活方式的律法。

---

①原文作：因為它被稱為屬於羅剎的。
②他們應在斯羅陀祭中以此名義被奉為神靈。（注疏）

第四卷

生計　戒律

1. 「婆羅門在教師家裡度過其一生第一個四分之一的時間①以後，其生活的第二個時期，可於婚後住在自己家裡。

2. 「除遇困難情況外，一切不傷生或傷生最少的生計，是婆羅門應該採取的生計。

3. 「僅僅為了維持生計，他可從事特別適於自己的無可非議的職業，並以不苦害其身體為度，謀求積蓄財富。

4. 「他可依利多 (Rita) ②和阿摩利多 (Amrita)，摩利多 (Mrita)，或普羅摩利多 (Pramrita)，甚或娑底衍利多 (satyânrita) 為生，但絕不可依斯跋波利底 (Swavritti) 為生。

5. 「利多（真正的生計）一字，可以理解為拾米粒或落穗的行動；阿摩利多（不朽的生計）一字，可以理解為賜與而非求得的；摩利多（凡人的生計）一字，可以理解為乞得的布施；普羅摩利多（凡而又凡人的生計）一字，可以理解為耕作③。

6. 「娑底衍利多（真與偽）一字，意為商業；在有些情況下也可依以為生；為人奴叫做斯跋波利底（狗的生活），婆羅門應

---

①婆羅門的一生分為四個住期；他們依次過這四個宗教住期的生活，四個住期是：梵志或學生期 (Brahmatchâri)，居家或家長期 (Grihastha)，林棲或隱士期 (Vânaprastha)，比丘或苦行期 (Sannyâsi)。

②很難確切譯出 Rita，Mrita 等字的意義，此處僅能揣摩其大意。

③見第十卷第 83 節。

極力避免。

7. 「可以在倉房內貯蓄三年或更多時間的食糧，或在甕內保存一年的食糧，或只有三天的食糧，或並無隔日之糧。

8. 「遵循上述四種不同方式行事的婆羅門家長中，應該依次認為在序列上居後的是最好的，是最足以以其德行來征服世界的。

9. 「其中贍養人口繁多的一種人，有六種生計，即拾落穗，受布施，求布施，耕田，經商，放貸；其家庭人口較少的有三種生計，即，祭祀，教授聖典和接受布施；另外一種人有兩職業，祭祀和教學，第四種人以傳播聖典的知識為生。

10. 「以拾穀粒及落穗為生並獻身於維持聖火的婆羅門，可舉行新月、滿月及冬夏至日的祭祀，而不並行其他祭供。

11. 「不要為謀取生活而頻頻接觸浮世，操行要正直，誠樸，純潔而無愧於婆羅門。

12. 「如追求幸福，為人要完全知足，節制欲望，因為知足為幸福之源，反之則為不幸之源。

13. 「以上述方法維持生計的婆羅門家長，應遵守下列規定，遵守好這些規定可取得天界、長壽和令名。

14. 「要始終不懈地完成吠陀規定的特殊義務；因為努力完成它，可以達到最後解脫這一最高境界。

15. 「不要用類如音樂和唱歌等誘惑的技巧或被禁止的職業來求取財富；不論身處富裕或貧乏，不應該接受無論何人的施與。

16. 「不要沉湎於任何肉欲，要盡心竭力克服聲色過度的偏好。

17. 「應該放棄一切足以妨害學習聖典的財富，而謀求一無

害於學習聖典的生計；因爲它可以給人帶來幸福。

18.「服裝，語言，思想，要和年齡，職業，財產，神學知識及家庭等相適應，要這樣立身處世。

19.「應該經常學習這些啓發智慧，教人取得財富或維持生計的聖書 (Sâstra)① 和吠陀的注疏。

20.「因爲，隨著一個人學習這些著作逐漸取得進步，他就變爲異常有教養，他的知識就會放出異采。

21.「要盡可能不忽視對諸聖仙，諸神，諸鬼靈，人類和諸祖先的五大祭供。

22.「熟悉關於祭供法令的一些人，不斷在五知根中實行祭供，而不在表面上執行五大祭供。

23.「一些人經常在語言中祭獻他們的呼吸，即以念誦聖典來代替呼吸；在呼吸中祭獻語言，即保持沉默，從而在他們的語言和呼吸中獲得祭供的永久果報。

24.「另外一些婆羅門以聖知的慧眼看到學識是完成這些祭供的基礎，所以常以聖學來舉行祭供。

25.「家長應常在晝夜開始和終了時執行火祭，並在每半個太陰月杪，舉行新月和滿月的特殊祭祀。

26.「上年穀物用盡，即或在沒用盡時，一俟收穫完了，要立即祭獻新穀物；每四個月一季之末，要舉行規定的祭祀；冬夏二至日要祭祀一個獸類；年終，要祭祀蘇摩汁。

27.「維持聖火並欲長壽的婆羅門，在薦新穀和祭獻一個獸類之前，不要食新米和獸肉。

---

① Sâstra 一詞，意爲「書」、「學問」；一般指有關宗教、法律或認爲有神聖淵源的學術之作。

28. 「因為聖火渴望新穀和獸肉，如不祭以穀物的新粒和獸肉，就設法吞食怠忽的婆羅門的生命。

29. 「對於任何留在自己家裡的客人，要盡一切可能以應有的尊敬，給予他以座位、食物、床、水、根或果實。

30. 「異教徒，從事犯禁職業者，偽善者①，不相信聖典的人，利用詭辯攻擊它的人，舉動如鷺②的人，不應該予以尊敬，哪怕只是一句尊敬的話。

31. 「學完吠陀，完成所有宗教義務後才離開老師家，並精通神學的婆羅門家長，應該受到禮遇，並分享對於諸神和祖靈的祭供，相反者要加以迴避③。

32. 「有家業者要盡可能給自己不做飯的人、神學學生乃至異教的求乞者以食物；如果家庭不受影響，一切生物以至植物都應該有它們的一份食物。

33. 「家長餓得要死，可向武士種姓的國王、祭僧，自己的學生而不向其它任何人求布施。這是規定。

34. 「有辦法維持其生計的婆羅門家長，不應該使自己餓斃，又只要還有一些辦法，就不應穿著污舊的衣服。

35. 「頭髮、指甲、鬍鬚要修剪，要能堅持苦行，要穿白色衣服，要清潔，要專心致志學習吠陀和一切可能對自己有益的事情。

36. 「要攜竹杖和貯滿水的壺、聖紐、一把鳩娑草，和閃光發亮的金耳環。

37. 「永遠不要注視旭日、落日、蝕日、映照水內或運行中

---

① 原文是：有貓的習慣的人。

② 見第 196 節。

③ 在第 30 節講到，禁止和他們談話；但可以給他們吃的。

天的日。

38. 「不要跨過繫牛犢的繩索，下雨時不可跑步，不要對水注視自己的容貌；這是規定。

39. 「當經過土丘、牝牛、偶像、婆羅門、酥酒瓶或蜜瓶、十字路口和巨大的名樹的一旁時，要常靠右邊走。

40. 「無論感到多麼強烈的情欲，不要接近月經開始出現的妻子①，不可和她同床共寢。

41. 「因為人若接近被月經所污的婦女，其學識，精力，體力，視力和壽命完全破壞。

42. 「但遠離經污妻子的人，學識，精力，體力，視力和壽命得到增長。

43. 「不要和妻子共盤而食，當她用飯，打噴嚏，欠伸或懶洋洋坐著時，不要注視她；

44. 「如重視精力就不要注視正在塗眼膏②，或塗香水，或袒胸露乳，或臨盆的妻子。

45. 「只穿一件衣服時不應用食，不應赤條條地裸浴，不要在路上、灰上或牝牛的牧場上大小便；

46. 「也絕不要在犁過的耕地上，水中，火葬場，山上，廟宇的廢墟上或白螞蟻家上；

47. 「也不要在生物棲息的穴中，或走路，或站立，或在河岸或在山頂時。

48. 「同樣，排泄大小便時，絕不要注視著為風所吹動的東西，注視著火或婆羅門，或太陽，或水，或牝牛。

---

①見第三卷第 47 節。

②這種眼膏是一種非常精細的黑藥粉，大部分用酸化鋅構成，印度婦女用以輕輕塗抹在睫毛上。

49. 「在用樹枝，土塊、樹葉、枯草等類似的東西蓋在地面上以後，保持清潔，緘默不語，裏衣，蒙頭來排泄糞便。

50. 「日間大小便時要面向北；夜間則面向南；黎明和薄暮時，方式和日間同。

51. 「無論晝夜，在陰影或黑暗中，不辨天空方位時，婆羅門大小便，可任意面向何方，在害怕盜賊或野獸危及生命的地方亦然。

52. 「面對火、太陽、月亮、水池、再生族、牝牛或風便溺的人，喪失其一切神聖的學識。

53. 「家長不要用口吹火，不要注視裸妻，不要向火內投置任何污穢的東西，不要向火烤其兩足。

54. 「不要把火放在床下火盆內，不要由上面跨過，睡眠時不要把它放在腳部；不要做任何可以危及其存在的事情。

55. 「黎明或薄暮時分，不宜用食，行路和睡眠，不要在地上劃線，也不要自行摘去花冠。

56. 「不要把糞、尿、唾液、其他被不淨之物所污染的東西、血和毒品投入水中。

57. 「不要獨宿在無人棲息的家中，不要驚醒財富和學識比自己高的酣睡者；不要和經期中的婦女交談。沒有祭司陪同不要行祭。

58. 「在祭火的場所，在圈牝牛的地方，在婆羅門面前，在閱讀聖典和用飯時，要袒右臂。

59. 「不要打擾飲水的牝牛，不要指點餵它喝奶的人；看到天空出虹時①，如果知道事有宜忌，不要把它指給任何人。

①原文是：天王的武器。

60. 「不應該住在不盡職守的人們住居的城市，也不要久留在疾病叢生的地方；不要單身跋涉，不要長時間留在山上。

61. 「不要住在首陀羅為王的都市裡，或在被壞人圍繞的城市裡，或在帶有其宗派標誌的異教徒眾或屬於雜種種姓的人們頻繁出入的城市裡。

62. 「不要吃脫脂的食品，不要過分饜足其食欲，早晨不要吃得太早，晚上不要吃得過晚，早晨吃得豐盛時，晚上不要做飯。

63. 「不要從事任何無益的工作；不要掬手飲水，不要吃任何放在膝上的食物，永遠不要無故好奇。

64. 「不宜跳舞、唱歌，彈奏任何樂器，法論中所示的情況除外，不宜以手擊臂，切齒作佶倔的叫聲，因憤怒而喧囂。

65. 「不要在青銅盆中洗足，不要在破盤或有雜味兒的盤中吃飯。

66. 「不要穿用別人穿用過的鞋子、衣服、聖紐、裝飾品、花冠和水壺。

67. 「旅行勿乘不馴的、或因飢餓、疾病而致衰憊，或其角、眼或蹄有缺陷，或其尾巴殘傷的駄獸。

68. 「但在上路時可乘訓練得好的、輕捷、吉相、色澤悅目、形體美好的獸類，並輕輕地用刺錐來刺激它們。

69. 「處女宮 (Kanyâ)① 的太陽，火刑場的煙，和破椅子，應

---

①黃道，梵語作 Râsi-tchakra，意為黃道輪或黃道圈，分為三百六十度或部分 (Ansas)，共有十二宮，三十度一宮，其名目為白羊宮 (Mécha)，金牛宮 (Vricha)，雙子宮 (Mithouna)，巨蟹宮 (Karkataka)，獅子宮 (Sinha)，處女宮 (Kanyâ)，天秤宮 (Toulâ)，天蠍宮 (Vristchika)，射手宮 (Dhanous)，摩羯宮 (Makara)，寶瓶宮 (Koumbha)。

該迴避，家主從來不得自行理髮剪指，或以牙齒修指。

70. 「不要無故打碎一個土塊；不要用指爪斷草，不要做任何絕對沒有利益或會引起不愉快結果的事情。

71. 「無故打碎土塊的人，以指爪斷草的人，或嚙指甲的人，很快走向滅亡，誹謗者和不淨的人亦然。

72. 「不要發任何應受指責的言論；除頭部外，不要戴花飾；乘牝牛或牡牛之背，在任何情況下，都是應予譴責的事情。

73. 「繞有圍牆的村莊或家庭，非門勿入；晚間要遠離樹根。

74. 「不要賭骰，不要自己用手穿鞋，不要臥床吃東西，或手持食品，或把它放在椅子上吃。

75. 「日沒後，不要吃任何含芝麻的食品；永遠不要赤條條地睡在地下，飯後不漱口不要到任何地方去。

76. 「以水澆足後可以用食，但足濕絕不可入睡；足濕用食的人享長壽。

77. 「不要到不辨路途，難以通行的地方，以及為樹木，葛藤，灌木叢所攔阻，可以藏有蛇蟲或盜賊的地方去；不要注視糞尿，不要借助兩臂游泳過河。

78. 「欲得長壽者，不要足踐毛髮，灰燼，骨或碎片，也不要走在棉花籽或細穀殼上。

79. 「雖在樹蔭下，也不要和墮姓人，旃陀羅①，弗迦娑 (Poukkasas) ②，狂人，恃財傲物者，最下賤的人，俺底耶跋娑耶

---

①旃陀羅，是一種低賤的人，生於首陀羅男子和婆羅門女子。見第十卷第 12 節。
②弗迦娑，不淨的人，生於尼遮陀 (Nichâda) 男子和奴隸種姓女子。見第十卷第 18 節。

(Antyâvasayî) ①爲伍。

80. 「除非首陀羅是自己的家僕，不要給他出主意或給他殘食；不要給他一部分已獻供於諸神的奶油；除非另有居間，不要教給他律法和任何贖罪的苦行。

81. 「因爲把律法宣示給奴隸種姓的人，或使其知道贖罪苦行的人，和他一起墮入叫做阿桑波利多 (Asanvrita) 的黑暗地獄中。

82. 「不要用兩手搔首，食後盥漱之前不可接觸它，未洗頭之前不可入浴。

83. 「注意不要因動怒而抓取人家的頭髮，或打擊其頭部，或自己打擊自己的頭部；用油塗首後，不要用油接觸任何肢體。

84. 「不要接受非王族出身的國王，以及靠屠宰場，油坊，釀酒場，妓館的收入爲生的人任何東西。

85. 「一個油坊和十個屠宰場一樣醜惡；一個釀酒場和十個油坊；一個妓館和十個釀酒場；一個這樣的國王和十個開妓館的人一樣醜惡。

86. 「一個不屬於武士種姓的國王被宣布爲等於經營一萬個屠宰場的屠夫；從他那裡接受物品，是一件可怕的事情。

87. 「從一個貪婪違法的國王處接受物品的人，依次墮入以下二十一種地獄中：

88. 「多密斯羅 (Tâmisra)，安陀多密斯羅 (Andhatâmisra)，摩訶樓羅波 (Maharôrava)，樓羅波 (Rorava)，奈落 (Naraka)，迦羅修多羅 (Kâlasoûtra) 和摩訶奈落 (Mahanaraka)。

---

①俺底耶跋婆耶，下賤和使人輕視的人，生於旃羅陀男子和尼遮陀婦女。見第十卷第 39 節。

89. 「扇祇波那 (Sandjîvana)，摩訶毗耆 (Mahâvîtchi)，多鉢那 (Tapana)，三鉢羅多鉢那 (Sampratâpana)，三訶多 (Samhâta)，沙迦鼓羅 (Sakakola)，鳩陀摩羅 (Koudmala)，弗提梨提迦 (Poutimrittica)。

90. 「羅睺扇鳩 (Lohosankou)，梨耆闍 (Pidjicha)，般陀那 (Panthana)，沙羅摩利河 (Sâlmali)，阿尸鉢多羅波那 (Asipatravana) 和羅訶陀羅迦 (Lahadâraka) ①。

91. 「熟悉這一規定，解釋聖典並希望死後解脫的婆羅門學者，絕不從國王處接受任何東西。

92. 「家長要在祭婆羅密 (Brâhmi) ②的時刻，亦即在末更時分覺醒；要熟思美德和正當的利益，熟思它們所需要的肉體勞頓，熟思吠陀的體蘊和眞義。

93. 「黎明，起床，入廁，清潔後，要集中注意力，長時間佇立念誦娑毗陀利贊歌，按時完成其它神課，即晚課。

94. 「聖仙等由於早晚長誦咒文而得長壽，睿智，生前令譽，死後永久的光榮，以及聖學所給予的光輝。

95. 「婆羅門要在七八月或八九月的滿月之日，按照規定舉行叫做優鉢伽爾摩 (Oupâkarma) ③的祭儀後，以四個半月的時間，不懈地閱讀聖典。

---

①這些字裡面有好多字義我不明瞭；另有一些字卻易於索解，如：多密斯羅和安陀多密斯羅可能指「黑暗之地」；樓羅波和摩訶樓羅波指「淚水之居」；多鉢那和三鉢羅多鉢那指「痛苦之居」；摩訶毗耆指「巨濤河」；弗提梨提迦指「惡臭之地」；羅睺扇鳩指「鐵矛之地」；梨耆闍指「投惡人於油炸爐火的地方」；阿尸鉢多羅波那指「其樹葉為劍刃之林」。

② Brabmi 或 Raraswati，語言和雄辯的女神。

③關於優鉢伽爾摩，注疏家未作詳述，瓊斯認為它和火祭一起舉行。

96.「在弗什耶的太陰星宿下①，要於村落之外舉行叫做聖典授予式 (Outsarga)②的典禮，或舉行在一二月的晴明半月的第一天，和這一天的上午。

97.「按照律法在村外完成這一典禮後，可在當日、當夜和次日，或當日和當夜③，中止閱讀。

98.「但隨後，要在晴明的半月間，專心閱讀吠陀，並在晦冥的半月間，閱讀一切吠陀分。

99.「閱讀時，發音要清晰，要抑揚中節，但絕不可當首陀羅之面；在夜間的末更④，讀完聖典後，無論如何疲乏，不應再睡。

100.「再生族要經常依上述規定方式誦經 (Mantras)⑤，有暇即專心閱讀法令和經文。

101.「按照上述規定學習或教授聖典的人，經常避免在下述一切誦讀都被禁止的情況下從事誦讀。

102.「晚間，聽到風聲；日間，風刮起塵土時：這是由熟知何時適於閱讀的人禁止在雨季期間學習吠陀的兩種情況。

103.「打閃，打雷，下雨，或大流星到處從天隕落時，閱讀應中止到第二天的同一時刻。摩奴就是這樣決定的。

104.「婆羅門在點燃聖火，進行早晚祭供時，看到這些變異同時發生，要知道不應該閱讀吠陀；雨季以外的時間，出現雲霓時亦然。

---

①弗什耶 (Pouchya) 是第八個星宿。

②這一典禮的意義不詳。

③原文是：在一個過渡的夜間，即在兩天之間的夜間。

④一個更 (Yama) 是一晝夜的八分之一，即三個小時的時間。

⑤原文是：用韻律編寫的部分 (Tchandaskrita)；Mantras 係用詩體寫成。

105. 「遇有異常音響，地震，星體晦冥時，要知道雖在適當時間，閱讀也應該被推延到次日同一時間。

106. 「婆羅門在燃起祭火時，如出現閃電，或聞雷聲而無雨，日間或夜間①其餘部分的誦讀應予中止；如有雨，應停止閱讀一晝夜。

107. 「欲盡善盡美履行其職務者，要在村、莊、城市和惡臭充斥的地方，中止其閱讀。

108. 「在殯儀隊通過的村莊，在壞人面前，在有人哭泣時，在稠人廣眾間，閱讀吠陀要中止。

109. 「在水中，午夜，便溺，口中含有餘食，或參與斯羅陀祭時，腦海中甚至不得對吠陀有所思考。

110. 「被邀參加獨一人②的葬儀的婆羅門有識之士，應該在三天的時間內不學習聖典，國王生子或羅睺 (Râhou) ③出現時亦然。

111. 「婆羅門學者參加對某人的斯羅陀祭，身上染有香料氣味和油污時，不應該閱讀聖典。

---

①原文是：日光延續時（如早晨現象發生），或星光延續時（如夜間現象發生）。
②見第三卷第 247 節。
③羅睺是人格化的上部或龍頭。它是一種阿修羅或泰坦 (Titan)，當攪拌乳海產生神膏時（見第 2 卷第 162 節注），它雜在諸神間，欲染指長生不老的仙液。在它張唇啜飲時，日神和夜神發現了它，告於毗濕奴天，毗濕奴天使用圓盤，一舉將其頭顱削下。但神液卻使這阿修羅長生不死，它的頭顱不時向日月衝擊，想吞掉它們，以圖報復。根據印度神話，這就是日月食的來源。這個故事記述在《摩訶婆羅多》史詩有關神膏產生的一段有趣的軼事中。學者威爾金斯 (Wilkins) 曾將其譯為英文，刊載於《薄伽梵歌》(*Bhagavad-Gîtâ*) 之後，波雷 (Poley) 則轉載於他的 *Dévi-Mahâtmya* 版本的注釋中。阿修羅的軀幹，叫做 Kétou，是人格化的下部，或龍尾。在天文學上，羅睺和 Kétou 是兩個行星。

112. 「臥床時，兩腳搭在椅子上時，兩腿交叉坐，腰和膝上纏著上衣時，吃肉食、米飯或人家在生子或死人時所給的其它食品後；

113. 「降霧時，聞箭響或琴聲時，黎明或薄暮時，新月之日，太陰月第十四天，滿月之日，太陰月第八天，都不要學習聖典。

114. 「新月之日殺害教師，太陰月第十四天殺害學生；第八天和滿月之日不利於聖典的記誦；因而要在這些太陰日中，避免一切誦讀。

115. 「婆羅門在塵砂飛揚，空間四方起火，狼嚎，犬吠，驢鳴，駱駝嘶叫之聲相聞時，不應該誦讀吠陀，又當和人相伴時亦然。

116. 「墓地附近，村莊附近，牝牛牧場上，穿和妻子性交時的衣服時，方在斯羅陀祭中接受饋贈時，不要閱讀。

117. 「斯羅陀祭中的贈品不論是生物或無生物，接受它的人不應閱讀吠陀；因為據稱這時他的口在他的手中。

118. 「村莊被盜匪攻擊，或莊內有火災警報時，婆羅門要知道閱讀應推遲到第二天，一切異常現象發生時亦然。

119. 「欲盡善盡美完成其任務者，在優鉢伽爾摩和優多婆爾伽後，應中止閱讀三夜；同樣，在十──十二月的滿月後，在隨後三個晦冥半月的第八太陰日，以及每一季節末的一晝夜，應該停止閱讀一晝夜。

120. 「婆羅門在馬上，樹上，乘象，坐船，騎駱駝，處不毛之地，或乘車時；

121. 「口角時，或激烈爭吵時，行伍間，戰役中，食事初罷手還濕的時候，不消化時，嘔吐，吞酸時；

122. 「有礙於禮遇客人時，風狂吹時，身體出血或爲武器所傷時，不要閱讀。

123. 「如果〈娑摩吠陀〉①的歌聲，襲耳而來，這時就不要誦讀〈梨俱吠陀〉或〈耶柔吠陀〉；學完一部吠陀或叫做《森林書》(*Aranyaka*) 的吠陀分後，不要馬上開始另外一種閱讀。

124. 「梨俱吠陀用敬諸神，耶柔吠陀用敬人類，娑摩吠陀用敬祖靈，因而娑摩吠陀的聲音似有不純。

125. 「有學識熟知此道的婆羅門，要在依次頻頻念誦吠陀的精華，即單音聖言、三言和咒文之後，隨即在一切許可的日子裡閱讀吠陀。

126. 「如果有牝牛或其他動物，青蛙、貓、狗、蛇、獴或老鼠，在師生之間通過，須知閱讀應停止一晝夜。

127. 「遇兩種情況，即，應該學習的場所不潔和自己本身未淨化時，再生族應始終極端注意避免誦讀。

128. 「新月之夜，第八天，滿月之夜和第十四天，再生族家長雖在適於夫婦歡愛的時節，亦應純潔如學生②。

129. 「飯後，病中，午夜，穿著好幾件衣服時，在不知底的水池中，不可入浴。

130. 「不要故意踏過神像、父親或教師、國王、家長、導師、紅髮或銅色皮膚的人和行過祭祀的人的影子。

131. 「中午、夜半，或在斯羅陀祭中食肉後，黎明或薄暮時，不可久留十字路口。

132. 「要避免故意同擦過人體的油脂，沐浴過的水，糞尿，

---

① 〈娑摩吠陀〉的經文係用詩體寫成，以供歌詠；〈梨俱吠陀〉亦用詩體，但僅應朗誦；〈耶柔吠陀〉一般係用散文寫成（《亞洲研究》，第八卷，第 381 頁，八開本版）。
② 見第三卷第 45 節。

血液，粘液，咳出物，嘔吐物等的一切接觸。

133.「不要憐愛敵人，敵人的朋友，壞人，盜匪，或人家的妻子。

134.「因爲世間沒有任何事物比取悅人家婦女，更有害於延年益壽的。

135.「欲增加其財富的婆羅門，絕不要輕視一個刹帝利，一條蛇，一個熟諳聖典的婆羅門，無論他們有什麼困難。

136.「因爲這三者可以促使輕視他們的人死亡，因而有識之士絕不應該對他們加以蔑視。

137.「絕不可爲以前的失敗而自暴自棄；要終生追求幸運，不要設想它難於取得。

138.「要說實話，要說引人愉快的事情；不要宣布不愉快的事實，不要說應酬人的謊言：這是永久不渝的法律。

139.「要說：『好，好』，或說；『好』①，不要無故結怨，或無故尋釁於人。

140.「出門旅行時，清晨勿過早，晚上勿過遲，不要在中午時分，不要與生人爲伍，不要單獨一人，不要和奴隸種姓的人在一起。

141.「不要侮辱少一個肢體的人，或由於畸形而多一個肢體的人，或無知的人，上年歲的人，貌醜的人，窮人，或出身微賤的人。

142.「婆羅門食後或便溺後，未盥洗，不可用手來接觸牝牛、婆羅門或火；身體雖好，未淨化，絕不可注視空中的發光體。

---

①我對這句子的意義不了解。

143. 「如果遇到身體不潔而對它們有所接觸時，要進行盥漱，要常以掬在手心的水澆洗其諸感官，諸肢體和臍部。

144. 「無病時，絕不可無故接觸身體的孔竅①；要避免接觸身體上應該保持隱蔽的有毛部分。

145. 「要嚴格遵從吉祥的習慣，和規定的處世之道；要身心純潔，抑制感官，低聲誦經，經常維持火祭不絕。

146. 「對於遵從吉祥習慣和規定的處世之道，完全純潔，低聲反覆誦經和維持火祭的人，不怕任何災禍。

147. 「婆羅門要在適當時間，非常精確地誦讀每天應該誦讀的以單聖言『唵』、三言佛爾、佛波、斯跋爾和娑毗陀利讚歌組成的吠陀分；這一義務被賢者宣示為主要的，其它一切義務都被宣布為次要的。

148. 「婆羅門由於專心誦讀聖典、完全純潔、嚴格的苦行，注意於不傷生而憶起前生。

149. 「憶起前生，重又專心誦讀聖典，並由於經常專心誦讀聖典而達享受在於最後解脫的永久幸福。

150. 「要經常在新月和滿月之日，舉行由咒文祝聖的祭祀，和贖罪的供獻；要在十一──十二月滿月後三個晦冥半月的第八、第九太陰日，完成規定儀式②，經常敬禮祖靈。

151. 「要將糞便、洗腳水、殘食、洗澡水，倒在遠離聖火的地方。

152. 「要在夜盡和白天的第一部分便溺、穿衣、洗浴、刷牙、敷眼膏和敬禮諸神。

---

①見第二卷第 53 節。
②第八太陰日的儀式叫做 Achtakâ，第九日叫做 Anwachtakâ。見瓊斯在《論印度太陰年》中所發表的《印度曆法》(《亞洲研究》第三卷)。

153. 「要在新月之日和其它規定的太陰日禮敬諸神像、婆羅門的有德之士,欲從之得到保護的國君和應予尊敬的親族。

154. 「要對來訪的貴賓謙虛施禮,獻以自己的座位;合掌侍坐其側,離去時徐行其後。

155. 「啓示的經書和法典內完美宣示的,與個人習慣有聯繫的和作爲宗教義務與公民義務基礎的良風美習,要不懈地遵守。

156. 「因爲遵守這些習慣可得長壽,可得所希望的子孫和用之不竭的財富;遵守這些習慣可消滅凶兆。

157. 「有壞習慣的人,在世成爲衆矢之的;經常不幸,爲疾病所苦,短命。

158. 「有好習慣、信仰之心純潔,不詆毀任何人的人,雖無吉祥徵兆,也應壽至百歲。

159. 「要注意避免一切依賴人家幫助的行爲,要與此相反,熱心從事一切依靠自己的職務。

160. 「一切依靠人家的事情招致痛苦,一切依靠自己的事情帶來快樂;須知大體上這就是苦樂的道理。

161. 「應該急於履行旣未規定又未禁止,而可以使履行者感到內心愉快的一切活動;但不要做會產生相反效果的事。

162. 「再生族要避免給教師,給爲自己講授吠陀的人,給父母,給導師,婆羅門,牝牛,以及一切從事苦行的人造成任何痛苦。

163. 「要避免無神主義①,避免輕視聖典及諸神,避免仇恨,僞善,傲慢,憤怒,及性行苛刻。

---

①無神主義指否認來生的行爲。

164. 「絕不可因盛怒而舉杖打人，除兒子和學生外，絕不可責打任何人；可為教育他們而加以懲罰。

165. 「再生族衝向婆羅門，意圖加害，但未進行打擊者，被罰在多密斯羅地獄徘徊一百年。

166. 「因盛怒而故意打擊他的人，哪怕只用一根草，也要在低賤的動物腹內輪迴二十一次。

167. 「由於對律法無知，而使未向其格鬥的婆羅門流血者，死後要身受最劇烈的痛苦。

168. 「滴落地上的血吸染了多少粒塵埃，造成這種流血的人，在來生也被肉食動物吞噬同樣多的年。

169. 「因此，通曉律法的人絕不應該攻擊婆羅門，或者哪怕是用一根草來打他，或使他身上出血。

170. 「邪惡的人，以偽證取得財富的人，以不斷害人為樂的人，絕不能在世間享受幸福。

171. 「修德行道無論有任何困難，絕不可心向不義；因為邪惡不正的人，立場改變之快，有目共睹。

172. 「在此世間所行不義，好像大地，不立即結果；但漸漸發展，它就侵蝕和傾覆此行不義的人。

173. 「懲罰不留給他，就留給他兒子；不留給他兒子，就留給他孫子，反正所行不義，對其作孽者，肯定從來不會沒有果報。

174. 「靠行不義，可以成功於一時；此時他可以取得各種繁榮幸福，戰勝敵人；但隨後他和他的家庭以及屬於他的一切就滅亡。

175. 「一個婆羅門要經常愛好真理，正義，良風美習和純潔，適當地懲罰學生，抑制其言談，腕力和食欲。

176. 「不合法的財富和快樂，以及即使合法，但足以招致來生不幸，使人苦惱的行為，都要放棄。

177. 「不要貿然行事，貿然行路，貿然相視；不要走邪僻的道路；不要言語輕浮，不要做也不要盤算害人的事。

178. 「要走父、祖所走的善人之道，走這條道，無害於人。

179. 「絕不要和祭僧、導師，教師，舅父，賓客，被保護人，兒童，老人，病人，醫生，父系親族，姻親族，母系親族，

180. 「父母，家中婦女，兄弟，兒子，妻子，女兒和奴僕們發生任何口角。

181. 「家長避免和上述人等口角時，免去一切不經心犯的罪惡；戒除一切爭論時，成功地取得以下各界。

182. 「教師是梵界之主①；父親是造物主界之主；賓客是天王界之主；祭僧是諸神界之主：

183. 「雙親支配天女世界；母系的堂兄弟支配一切神的世界；姻親族支配水的世界；母親和舅父支配大地：

184. 「兒童，老人，被保護的窮人和病人應被認爲是太空之主；長兄等於父親，妻子和兒子有如自己的身體：

185. 「衆奴僕好像他的影子，女兒是最值得疼愛者；因而，如果這些人中的一個人得罪他，他要經常忍受而無慍怒。

186. 「儘管由於他的學識和虔誠，有資格接受禮品，但要抑制接受的偏好，因爲接受太多時，聖典學習輸送給他的力量迅即消失。

187. 「明理之士對於律法規定有關接受饋贈的規則無所知

---

①即，避免和教師發生一切爭論並設法使其滿足，取得梵天世界。（注疏）

時，雖餓死，也不接受任何東西。

188.「不學聖典的人，接受金銀，土地，馬匹，牝牛，米飯，衣服，芝麻粒和酥油時，有如放火於薪，被化為灰燼。

189.「金錢和米飯燒盡他的生命；土地和牝牛燒盡他的身體；馬匹燒盡他的眼睛；衣服燒盡他的皮膚；酥油燒盡他的精力；芝麻燒盡他的子孫。

190.「不修苦行，不學吠陀，而貪求饋贈的再生族，如乘石舟，和饋贈人一起沉沒水中。

191.「因此，無知者應以接受任何東西為可怕，因為最小的饋贈可使他陷於絕境，有如牝牛陷在泥淖中。

192.「知法者就是水也不要給於作風如貓的偽善的再生族，或習慣如蒼鷺的婆羅門，或不知吠陀的人。

193.「每一件東西，雖係合法取得，但如給予這三種人，在來生授受雙方同受其害。

194.「有如欲乘舟渡河者之沉於河底，同樣，無知的贈予者和無知的受贈者也沉淪在地獄的深淵中。

195.「打美德的幌子，始終貪得無厭，行詭譎，惡意欺人，殘暴，誹謗眾人者，被認為作風如貓。

196.「目光始終低垂，生性邪僻，只圖私利，無信實，偽裝德容道貌的再生族，被稱為作風如蒼鷺。

197.「行徑如蒼鷺，作風如貓者，墮入俺陀多密斯羅地獄中，以懲罰他們這種惡行。

198.「一個人絕不可借苦行來贖罪，以求利用苦行，隱藏過犯，欺騙婦女和首陀羅。

199.「這樣的婆羅門，在今生和來世，被精通聖典的人們所輕視，凡他以偽善所作的敬神行為，都歸於羅剎。

200.「沒有權利佩帶某一住期徽誌，而佩帶之以爲生的人，承擔該徽誌所屬人所犯的罪惡，轉生到畜牲腹內。

201.「一個人絕不要在人家水池內入浴；因爲，他如這樣做，要沾染水池主人所能犯下的一部分罪惡。

202.「未經所有主許可而使用人家馬車，床鋪，椅子，水井，園圃，住室者，承擔該人四分之一的過犯。

203.「應常在河內，在爲敬諸神而開鑿的池塘內，在湖泊內，在小溪和急流內入浴。

204.「賢者要始終對倫理義務 (yamas) 比對宗教義務 (Niyamas) ①更注意遵守；其守好一切義務而忽視倫理義務者不免墮落。

205.「婆羅門絕不應在未讀過吠陀的人舉行的祭祀中，或在一村莊內的公祭僧、婦女或閹人所獻的祭祀中用食。

206.「這般人所獻的酥油供物，嫁禍於善人，而爲諸神所不悅；所以這樣的祭供，應予避免。

207.「絕不要吃狂人，憤怒的人，病人所進的食物。

208.「也不要吃經打胎的人②看過的，經期婦女摸過的，鳥兒啄過的，和狗接觸過的食物；

209.「牝牛嗅過的，特別是叫賣過的食物；一伙婆羅門騙子的食物，娼婦的食物，以及精於聖學的人所輕視的食物；

---

①以倫理義務和宗教義務譯 Yamas 和 Niyamas 兩字，不絕對準確。以下是著名立法家耶撳那跋基耶 (Yadjnavalkya) 關於兩種義務所列舉，注釋家鳩魯伽和羅伽跋南陀所援引的事項。Yamas 有十項，即梵行，憐憫，忍辱，內觀，信實，方正，戒殺，戒偷，溫和，抑制。Niyamas 是沐浴，沉默，齋戒，供養，學習吠陀，禁欲，服從經師，清淨，不動心，嚴正。
②原文作：殺胎兒者，又據另一意見：殺婆羅門者。

210.「盜賊，公開賣唱者，木工，高利貸者，新近完成祭祀者，吝嗇人，被剝奪自由的人，戴鎖鏈的人的食物；

211.「眾人嫌棄的人、閹人、不貞的婦女、偽善者的食物；不要接受變酸的甜食，過夜的東西，首陀羅的食物，或人家的殘食；

212.「醫生，獵人，壞人，吃殘食的人，凶暴的人，產婦，先於人家離席盥漱的人，和產後淨化未過十天的婦女的食物；

213.「不以適當尊敬給與的食物，未經祭供的肉食，無夫無子的婦女的食物，敵人的，城市的，墮姓人的食物，上面打過噴嚏的食物；

214.「誹謗者，偽證人，出賣祭祀報酬的人，跳舞者，裁縫，恩將仇報的人的食物；

215.「鐵匠，尼遮陀①，伶人，金工，竹工，兵器工的食物；

216.「飼犬人，酒商，洗衣商，染布商，壞人，自己不知而家中妻子有情夫的人的食物；

217.「容忍其妻不貞、或萬事聽憑婦女支配的人的食物；給與死去尚不滿十天的亡人的食物②，以及最後，一切使他不快的食物。

218.「國王給與的食物，毀滅精力；首陀羅的食物，毀滅聖學的光輝；金銀工的食物，毀滅壽命；皮革工的食物，毀滅令名；

①尼遮陀，墮姓人，生於婆羅門男子和首陀羅婦女。
②俄譯本作：由於家有不滿十日的死人而不清潔的食物。──漢譯者

219. 「匠人如廚師給與的食物，消滅一切子孫；洗衣商的食物，消滅體力；狩獵之徒和娼婦之流的食物，排斥人於神界之外。

220. 「吃醫生的食物，就是吃膿；吃不貞婦女的食物，就是吃精液；吃高利貸者的食物，就是吃糞便，吃兵器工的食物，就是吃污穢的東西。

221. 「除上面依次列舉的人以外，仍不應嘗其食物的其他一切人的食物，被賢者看做是皮、骨和毛髮。

222. 「由於不注意而吃其中一種人的食物時，應齋戒三日；但若故意吃時，就如吃了精液、糞尿一樣，應從事一種苦行。

223. 「每一個有學識的再生族，都不要吃不舉行斯羅陀祭的首陀羅烹製的米飯；但在必要時，可以接受數量僅夠一夜的生米。

224. 「諸神將吝嗇的神學生和慷慨的理財家詳加比較後宣稱，這兩種人給與的食物有同樣性質。

225. 「但梵天來對他們說：『不要把不同的東西等同起來；慷慨人的食物為信仰所淨化，而另一種人的食物則因缺乏信仰而被玷污。』

226. 「富人要虔誠不懈地舉行祭供和舉辦慈善事業①；因為以正道取得的財富來舉辦這兩種事業，提供不滅的果報。

227. 「他應經常完成慷慨施與的義務，祭獻時，祭室內外有值得布施的人，要經常竭盡所能，欣然完成布施的義務。

228. 「不吝惜的人，人求其施與，總要給一些東西；他的施

①這些慈善事業指：挖池塘或鑿井，修建公共水泉，栽植花園樹木等。

與必會遇到一個足以解除其一切罪惡的受施者。

229. 「與人水者得到滿足；與人食物者得到不變的快樂；與芝麻者得到所希望的子孫；與燈火者得到卓越的視力。

230. 「與土地者得地；與黃金者得長壽；與房屋者得廣廈；與銀錢者得無上之美。

231. 「與衣服者抵達月神的住所①；與馬匹者抵雙阿斯毗②住所，與牡牛者得大幸運；與牝牛者升至太陽神世界③。

232. 「與車或床者得匹偶；與避難所者得最高主權；與食糧者得永久的滿足；與聖學者得與梵結合。

233. 「在以水、米飯、牝牛、土地、衣服、芝麻或酥油及其他物品構成的施與中，以聖學與人最為重要。

234. 「人不論以何種意圖進行某種施與，他將按照此意圖以相當的榮譽來接受果報。

235. 「敬贈禮物與敬受禮物的人同升天界 (Swarga)；反是以行，兩者都墮入地獄 (Naraka)。

236. 「人不要以其苦行自豪；祭祀後，不要說謊言；雖為婆羅門所苦，也不要對他侮辱；有所施與，不要到處宣揚。

237. 「祭祀被謊言消滅；苦行的功德被虛榮消滅；壽命被侮辱婆羅門之舉消滅；施與的果報被宣揚的行為消滅。

238. 「要避免傷害任何生物，以免孤身進入來世，要漸次積累功德，有如白蟻增高其蟻冢。

239. 「因為父、母、妻、子、親族，都不是注定要伴他進入

---

①抵達月神住所，可享有超人的權力。（注疏）

②雙阿斯毗 (Aswis)，太陽神和女仙阿斯毗尼 (Aswini) 之子，是諸神的醫生。

③太陽神 (Soûrya)，迦息耶婆和阿底底的兒子，所以有阿底底耶之名。阿底底耶共 12 名，是太陽在一年中每一個月的形象。

來世的，只有功德與他同在。

240. 「人獨生、獨死、獨膺善行的果報，獨受惡業的懲罰。

241. 「人的親族將其屍體棄置於地，有如木屑和土塊一樣，以後就掉頭遠去；而功德卻與其靈魂相伴不離。

242. 「要不停地漸次增加其功德，以免只身進入來世；因爲有功德伴隨他，就可以穿越地獄間不能通行的黑暗。

243. 「人以功德爲主要目的，其罪爲苦行所消弭者，即可被功德帶入天界，燦然生輝，具有神的形體。

244. 「欲使其門庭昌盛者，要常和最卓越的人士結交，絕對摒棄卑不足道的人。

245. 「一個婆羅門最常和高貴人士結交，避免卑不足取的人，就升至前列；反是以行，就淪爲奴隸種姓。

246. 「在事業上不屈不撓，溫和，忍讓，不和壞人交遊，又不傷生者，如果堅持這些善行，將因其抑制和施與得升天界。

247. 「可以從任何人接受薪木，水，根，果物，不求而給予的食物，蜜，以及免於危險的保護。

248. 「以先前未經要求，未經許諾而獻來的銀錢布施，雖來自做壞事的罪人也可以接受；這是梵的意見。

249. 「輕視這種布施的人，其祖靈在十五年內不享其任何祭供；聖火在十五年內不將其酥油供物上薦於諸神。

250. 「不應傲慢拒絕臥床，住室，鳩婆草葉，香料，水，花，寶石，乳酸，燒大麥，魚，牛奶，肉和野菜。

251. 「家長欲贍養父母及其他應予尊敬的人，妻子及應予保護的人，欲敬諸神及賓客，可從任何人接受不論任何東西；但不要將其所受，用於私人享受。

252. 「但如父母已故，或在家內分居時，本人在尋求生計之際，只可從善人處接受東西。

253. 「農民，家庭友人，牧人，奴隸和理髮匠，自薦工作的苦人，是奴隸種姓中可以吃其所屬主人給予食物的人。

254. 「自薦的窮苦人應該聲明他是何人①，希望做何事，能被雇傭於何種服務。

255. 「關於自己的情況不如實告訴善人者，是世間最有罪的人；他把自己所沒有的資格竊據為己有。

256. 「語言決定一切事物，語言是它們的基礎，它們都出自語言，語言不實，利用它奸詐行騙的狡猾之徒，在一切事物上都是虛偽的。

257. 「家長可以按照規定，讀聖典以清償對諸大仙的債務，生子②以清償對祖靈的債務，獻祭以清償對諸神的債務後，要將照料家務委於其子，住在家裡，完全不問俗務，將其思想凝注於最高的存在。

258. 「要獨處僻靜的地方，經常冥想他的靈魂未來的幸福；因為作此冥想，他可以抵達梵我一如的最後解脫。

259. 「這是婆羅門家長的日常生活方式；這是對學習期滿的人規定的守則，增加善性的良規。

260. 「認識聖典的婆羅門，按照這些規定行事，解脫一切罪惡，取得永遠神我一如的光榮。」

---

①即，家庭如何，性情如何。
②如人未生子以供在其身後舉行葬禮，則其先世祖靈將自天界淪入地獄。

第五卷

齋戒和淨法的規定　婦女的義務

1. 諸聖仙聽取有關家長的法令的宣示後，對出自聖火和心胸豁達的跋梨求說了這些話：

2. 「尊者啊，對於奉行宣示的義務和熟知聖典的婆羅門，死亡為什麼會在吠陀規定的年齡以前行使它的權力呢？」

3. 於是，摩奴之子道德高尚的跋梨求對這些赫赫聖仙說道：「你們可以聽一聽，由於什麼錯誤，死亡要毀滅婆羅門的生命：

4. 「當他們忽視學習吠陀，拋棄規定的良風美俗，怠慢地履行宗教義務，違犯食戒的規定時，死亡就打擊他們的生命。

5. 「蔥、蒜、韭菜、香蕈和一切生在不淨物質中的植物，再生族不應該吃。

6. 「樹木滲出凝結的紅樹膠，切傷取出的樹膠，錫盧樹 (Sélou) ①的果實，剛生犢的牝牛的奶用火加濃者，婆羅門應力求忌避。

7. 「和芝麻煮在一起的米飯，桑耶婆②和牛奶、麵粉糕點燒在一起，未先祭供諸神的米飯，誦經時未經接觸過的肉，供祭諸神用尚未祭供過的米飯和酥油；

---

① Sélou 的學名是 Cordia myxa。

② 桑耶婆 (Samyâva)是用奶油、牛奶、糖和小麥粉製成的食品。

8. 「產後未過十天的牝牛的鮮奶，牝駱駝或牝單蹄四足獸的奶，羊奶，交尾期或喪失牛犢的牝牛的奶，

9. 「除牝水牛外一切林棲野獸的奶，婦女的奶，和一切性甘而變酸的食物都應忌食。

10. 「酸味東西中，可以吃乳酸，和一切用酸乳製成的東西，以及從花、根和果實中抽出、性質無害的一切酸質物。

11. 「一切再生族要無例外地戒食猛禽，棲居城市的鳥類，聖典許可以外的單蹄四足獸，和叫做低低巴①的鳥類；

12. 「麻雀，潛水鳥，紅鶴，紅鵝②，公雞，印度鶴，羅遮柔婆羅鳥③，啄木鳥④，鸚鵡，和婆利迦鳥⑤。

13. 「以咀叩食的鳥類，蹼足鳥類，鳧類，以爪尖撕食的鳥類，潛水食魚的鳥類；要戒食擺在屠宰商店的肉和乾肉。

14. 「蒼鷺肉，巴羅迦鶴肉⑥，烏鴉，鶺鴒，兩棲食肉動物，家畜豬，以及最後，不准食用的一切魚類。

15. 「吃一個動物的肉者，叫做吃此動物者；吃魚者是吃各種肉者；所以應該戒魚。

16. 「叫做鉢底那⑦和羅喜多⑧的兩種魚，可在敬諸神或祖靈

---

① 低低巴 (Tittiba) 學名是 Parra Jacana 或 Parra Goensis，係鶺鴒的一種。

② 紅鶴 (Hansa)，梵語 tchakrarâka，學名 Anas casarca。

③ 梵語 Radjjouvala，一種不知名的鳥。

④ 梵語作 Dâtyoûha，科爾布魯克認為是鷸鳥 (Gallinule)。

⑤ 梵語 Sârika，學名 Gracula religiosa，性極馴良，善學一切聲調，說話較鸚鵡更為清晰。見印度劇本《Ratnâralt》。

⑥ 巴羅迦 (Balâkâ)，鶴的一種。

⑦ Pâlhîma，尼羅河魚名，學名 Siturus pelorius。

⑧ Rohita，學名 Cyprinus denticulatus。

的供食中吃，羅遮婆①，欣訶都多魚②和各種娑娑迦蝦③亦然。

17.「不要吃非群棲動物，野獸和自己不認識的鳥類（雖然它們不在被禁食之列），或有五爪的動物。

18.「立法家宣稱，在五爪動物中，刺蝟，豪豬，恒河鱷魚，犀牛，烏龜和野兔，可以吃，又除駱駝外具有一列牙齒的四足獸亦然④。

19.「再生族故意吃香蕈，家畜豬肉或公雞肉，大蒜，韭菜或洋蔥者立刻成為墮姓人；

20.「但若無意中吃過上述六種食物之一，要做桑多波那的苦行⑤，或苦行僧的旃陀羅衍那苦行⑥；至於其它東西，要齋戒一整日。

21.「再生族應該每年進行一次叫做普羅遮帕底亞⑦的苦行，以便清除自己無意中吃禁食所感染的罪污；但明知故犯，應該進行在此情況下特定的苦行。

22.「准予食用的野獸或鳥類，可由婆羅門屠殺以供祭祀，或供他應該扶養的人食用。因為過去阿伽底耶⑧曾這樣做過。

---

① Râdjîva，學名 Cyprinus niloticus。

② Sinhatouda，一種不知名的魚。

③ Sasalka，海蝦。

④ 這段文字很難理解，因為不存在僅具一列牙齒的動物。在第一卷第 39 節中，立法家曾談到動物的創造，但談的是具有兩列牙齒的動物；注疏家舉獅子為例；肉食動物的各種牙齒都是銳利而上下交錯的；但草食反芻動物的臼齒，上列是平的，上下交合。本段所指動物齒型，或者應該在這種動物齒型所表現的區別上求得解釋。

⑤ 見第十一卷第 212 節。

⑥ 見第十一卷第 218 節。

⑦ 見第十一卷第 211 節。

⑧ 阿伽底耶 (Agastya)，一位著名聖仙的名稱。

23. 「因爲在古代祭祀中，在由婆羅門和刹蒂利所獻的供物中，曾將法律准吃的野獸和鳥類的肉薦於諸神。

24. 「一切易於吃下或吞嚥而未沾染任何污穢的食物，雖保留過一整夜，上面加油，仍舊可吃；殘餘的酥油亦然；

25. 「一切用大麥或小麥做的，或牛奶調製的各種食品，雖不澆油，再生族仍然可吃，又雖經保存過一些時間亦然。

26. 「一切允許或禁止再生族食用的食物，已列舉無遺；現在我再將關於食肉或戒食肉應該遵守的規則宣示給你們。

27. 「已獻祭過的肉或密咒祝聖過的肉，再生族可以吃，或者當婆羅門願意的時候，或在宗教儀式中規定要求吃的時候，或生命瀕危的時候，可只吃一次。

28. 「梵天爲維持生靈創造了這個世界，一切存在物，無論動物或不動物，都做爲生靈的食品。

29. 「不動物是動物的食餌；無牙齒物是有牙齒物的食餌；無手物是有手物的食餌，怯懦者是勇敢者的食餌。

30. 「准吃的動物肉，雖每天吃，不犯罪，因爲梵天創造了某些生物是被吃的，另一些動物是吃它們的。

31. 「諸神的規定宣稱：吃肉只是爲了行祭；但反其道而行之，叫做羅刹的規定。

32. 「自購，自養，或自他人接受的動物，其肉只有在薦給諸神和祖靈之後才吃的人，無罪。

33. 「知法的再生族，除急需情況外，不按照這一規定，絕不要食肉；因爲違反這一規定，將在來生爲他非法吃過其肉的動物所吞噬，而無法抗拒。

34. 「由利欲吸引殺害野獸者的過犯，和不先薦諸神而吃肉的再生族的過犯，在來世不被等同看待。

35. 「但是一個人在宗教儀式中拒絕吃法律規定他必須吃的祭肉，死後繼續不斷輪迴轉生動物二十一次。

36. 「婆羅門絕不要吃未經咒文淨化的肉，但按照永久的規定，經咒文淨化時可以吃。

37. 「想吃肉時，要用奶油或麵粉製成動物形象；絕不要想不用於祭祀而殺害一個動物。

38. 「非法殺死動物的人，那個動物身上有多少毛，他就在以後歷次出生中，經受同樣數目的暴死。

39. 「自存神出自己意創造了萬物以供祭祀；祭祀是此世萬物增生的原因；因此，爲祭祀而犯的殺生，不是殺生。

40. 「以祭祀而結束生存的植物，家畜，樹木，兩棲動物和鳥類，轉生在較高的地位中。

41. 「以特別儀式待客時，行祭時，獻供於祖靈和諸神時，可以動物爲犧牲；但在其它情況則不然：這是摩奴的決定。

42. 「熟知聖典本意和眞諦的再生族，在上述情況下殺死動物，使本人和犧牲的動物，一起到達幸福的去處。

43. 「每一個心胸豪放的再生族，或居家，或從師，或林棲①，雖在困難時，無吠陀許可，不應犯殺動物戒。

44. 「人們在這個由動物和不動物組成的世界中所造成的傷害，凡聖典所命令和規定的，不被認爲是傷害；因爲法律出自聖典。

45. 「殺害無辜動物以爲樂者，無論生前或死後，都看不到幸福的增加。

46. 「但不是自願使動物強受役使或死亡的痛苦，並願一切

---

①即無論在居家期，梵志期或比丘期。

物類幸福的人，享受無盡的快樂。

47.「不加害於任何生物者，無論考慮、從事、專心致志於任何事情，都順利成功。

48.「只有傷害動物，才能獲得肉食；而殺害動物閉塞上天的門徑；所以應該避免犯戒食肉。

49.「仔細考慮到肉的由來和動物的死亡與受制，再生族要戒各種肉食，即准吃的肉食亦然。

50.「遵守規定，不像吸血鬼一樣吃肉的人，今生博得人家愛戴，不爲疾病所苦。

51.「同意殺死一個動物的人，殺死它的人，切碎它的人，買者，賣者，烹調者，上肉食者，吃肉者，都被認爲參加了殺生。

52.「不先祭祖靈和諸神，而欲借其他生物的肉來增加自己的肉的人，沒有比他更有罪的。

53.「百年內，每年舉行馬祭①的人，和終生不食肉的人，取得同樣的功德果報。

54.「人以清淨的果、根，和林棲者充當食物的穀粒爲生，得不到和完全戒食動物肉同樣大的果報。

55.「『我』在今生食其肉，『它』在來生吞噬『我』！②根據賢者意見，『肉』這一個字，眞正是從這一意義派生出來的。

---

①馬祭 (Aswamédha) 是一種最高級的祭祀；一個王侯舉行過一百次這種祭祀，就使他取得代替天王統治諸神的權利。這一祭祀開始是象徵性的（行祭時只將馬拴縛而不加殺害），以後變成現實。

②「我」、「它」兩字，在原始梵文中，mam，sa 兩字結合在一起，構成一個 mâmsa 字，其義為肉。

56. 「在許可的情況下，食肉，飲酒，戀愛，都不是罪過；因爲人傾向於這些事情；但戒絕它們則是很有功德的。

57. 「現在我要適當地將有關四種姓對死者淨化和對無生物淨化的規則，順序宣示給你們。

58. 「如果小兒生滿牙齒時，在生齒後舉行剃髮式和束紐式時死去，其一切親族都是不淨的；小兒出生時也有同樣規定。

59. 「法律宣布，撒賓陀親族死屍所造成的不淨，延續十天十夜，或直至骨骸被收集的時刻①，即四天的時間，或按照死者的婆羅門親族功德的大小，僅只三天的時間，或僅一天的時間②。

60. 「撒賓陀親族③或由糕點供獻互相聯繫的人們的親族，至第七代，或尊卑親屬的第六級而終止；撒摩諾陀迦親族或由同一奠水式互相聯繫的人們，到他們的出身或家族名稱不復爲人所知時而終止。

---

①燒屍體時，節制用火，使殘留一些骨骸，而後加以收集（《亞洲研究》雜誌第七卷第 242 頁）。

②維持梵天啟示所規定的聖火的婆羅門，學習吠陀以及咒文和禮儀書的婆羅門，淨化一日；僅有上述兩種功德之一的人，淨化四日；又，無一長可取的人淨化十日。（注疏）

③尊親屬中父親、祖父，及祖父以上的四位祖先，共六代，稱爲撒賓陀親族，撒賓陀親族的身分至第七世祖先而終止。卑親屬中，兒子，孫子等亦然。這種撒賓陀親族的身分係由供獻糕點所建立的關係得來。因爲糕供是獻給父親、祖父、曾祖父和高祖父的；高祖父以上三祖先則享受製糕點用剩的稻米。第七代祖先就不來享受糕供。由於獻糕供所建立的聯繫，一個人，他的上述六代祖先是撒賓陀親族時，他本人也是祖先的撒賓陀親族。所以撒賓陀親族的身分共包括七代。

撒摩諾陀迦親族的身分在人們的記憶中沒有親族關係的蹤影時才終止。（注疏）見第三卷第 215-220 節；又，《印度法匯編》，第三卷第 531 頁。

61. 「如同親族死亡時對撒賓陀親族所宣布的不淨①，對於尋求完全潔淨的人在小兒出生時所遵守的不淨亦然。

62. 「由死亡所造成的不淨，對所有撒賓陀親族是共同的；但小兒出生的不淨僅及於父母；尤其是母親，因為父親一經沐浴就淨化。

63. 「泄精的男子經過一次沐浴而淨化；如果他和一個有夫之婦②交合而生子，經過三日淨化可償贖其罪。

64. 「接觸了屍體的撒賓陀親族，不管他的功德如何，三夜的三倍加上一晝夜就清淨；撒摩諾陀迦親族則需三天。

65. 「行完教師葬儀而非其親屬的學生，滿十個夜而淨化，在這種情況下，抬屍體的親族亦然。

66. 「婦女妊娠後經過多少夜，她流產後的淨化也經過多少夜；又行經婦女，經止時，以沐浴而淨化。

67. 「未受剃髮式而死去的男兒，根據律法，淨化一晝夜；但如舉行剃髮式後死去，淨化需三夜。

68. 「不滿兩歲未舉行剃髮式而死去的小兒，應由親族抬出城外，飾以花冠，放置在清淨的地方，以後不要收集其骨骸。

69. 「不應該對他舉行火祭③和奠水，把他像木片一樣丟在森林後，親族淨化三日。

70. 「親族對不滿三歲的小兒不應舉行奠水式；但如已生滿牙齒，或已經命名時就可以舉行。

---

①撒賓陀親族不應梳洗打扮，而應任其污穢，又禁用香水等物。同樣，他們也要略去每天的盥洗和敬神事宜（《亞洲研究》第七卷第 248 頁）。

②英俄譯都作：性交後三日淨化，全無「有夫之婦」的意思。——漢譯者

③即不應焚燒其屍體。維持聖火的婆羅門的柴火堆應放火點燃（《亞洲研究》第七卷第 241-243 頁）。

71. 「一個再生族，他的梵志期同學死去，不淨期是一晝夜；小兒出生時，對撒摩諾陀迦親族的淨化規定爲三夜。

72. 「姑娘訂婚而尚未結婚就死去，姻親族淨化三日；如果死亡發生在婚後，父方親族同樣淨化。

73. 「他們要吃未用人工鹽調味的米飯，沐浴三日，戒食肉，孤宿在地面上。

74. 「這是由於親族死亡時，恰好在場，所造成的不淨的規定；但在遠離的情況下，撒賓陀和撒摩諾陀迦親族應該遵守如下的規定：

75. 「在十日不淨期滿以前，聽到一個親族死在遠方，他在這十天的下餘時間是不淨的。

76. 「但如已過第十天，則他不淨的時間是三夜；又，如已過去一年，一經沐浴，就淨化了。

77. 「如果十日期滿後，聽到一個親族死去，或一個男兒出生，和衣跳入水中，他就潔淨。

78. 「牙齒未生齊的小兒，或撒摩諾陀迦親族死在遠方，其親族和衣入浴，就立時潔淨。

79. 「如果十日中，又發生新的死亡和出生，則婆羅門僅只在這十天未滿期間是不淨的。

80. 「教師死去時，學生的不淨，被宣布爲延續三夜；教師的兒子或妻子死去，則爲一晝夜：這是規定。

81. 「讀完全部聖典的婆羅門死去時，同屋住的人，三夜不淨；而對於舅父，學生，祭司和遠方親族，兩天一夜不淨。

82. 「一個人和死去的王族的國王住在同一地方，視事件發生在日間或夜間而定，在日光或星光延續時爲不淨；一個住同屋而沒有讀過一切聖典的婆羅門死去，或僅知道吠陀的一部分和吠

陀分的教師死去時，他在一整天內不淨。

83. 「一個為人和學識都無可取的婆羅門，在行過入門式的撒賓陀親族死去時，以及一個到分娩期的小兒出生時，十日而淨；一個剎帝利十二日，吠舍十五日，首陀羅①一月。

84. 「任何人也不應該延長不淨的日期，或中止聖火祭；舉行聖火祭時，雖係撒賓陀親族，也不能不淨。

85. 「接觸過旃陀羅，行經婦女，因大罪而墮姓的人，剛生產的婦女，死屍、或接觸過其中之一的人，以沐浴淨化。

86. 「盥洗已畢，變得十分清淨的婆羅門，見到不淨的人，應經常向太陽神低誦咒文和消除不淨的禱詞。

87. 「婆羅門接觸過尚帶油脂的人骨時，以沐浴淨化；如果骨頭不帶油脂，可汲水於口，接觸牝牛、或注視太陽而淨化。

88. 「學神學的學生，學習期滿前，不得在葬儀中舉行奠水式；但當期滿時，如舉行奠水式，應淨化三夜。

89. 「對於忽視義務的人，生於不淨的種姓雜婚的人，異教徒乞食者，故意輕生者，不應舉行奠水式；

90. 「對於崇奉異教風習，或生活放蕩，或實行流產，或殺害親夫，或飲燒酒的婦女亦然。

91. 「一個學生在穿聖紐前抬教他學習咒文集②、或吠陀分的教師的屍體，抬教他念吠陀分或吠檀伽的副教師的屍體，抬對他解釋聖典意義的尊者的屍體，不犯他的住期的誓戒。

92. 「應將死去的首陀羅屍體，從南門抬出城外；而再生族的屍體，則按照種姓高下，從西門、北門和東門抬出。

---

①對首陀羅來說，婚禮代替入門式。
②《咒文集》(Sâkha) 是由若干《本集》(Sanhitâs)，即每一吠陀中的《咒文集》組成的吠陀分支或再分支。

93.「種姓高貴又接受過國王塗油式的國王，學生，從事苦行的人，獻祭的人，都不能感染不淨；他們有些人占有天王座位，另外一些人經常清淨如梵。

94.「對於登上君主寶座的國王，淨化被宣布為立時發生；應該將這一特權歸於委託給他只是為了使他不斷照顧人民的利益這一崇高的地位。

95.「對於奉國王號令退卻後陣亡，或由雷電擊斃，或被王命所殺，或因保護牝牛或婆羅門而喪失生命的人，以及國王為不延誤事機而欲其清淨的人，如宗教顧問官，淨化同樣立時發生。

96.「國王的身體是由世界八位主要守護神蘇摩①，阿格尼②，蘇利耶③，阿尼羅④，因陀羅⑤，鳩吠羅⑥，跋魯那⑦和閻摩⑧流出的微粒組成的。

97.「既然國王身上寓有世界的諸守護神，所以律法認為他不能不淨；因為這些守護神產生或摒棄人類的淨或不淨。

98.「履行剎帝利的義務，在戰鬥中被刀劍擊斃⑨的人，當即完成最有功德的犧牲，而淨化立即形成：這是律法。

99.「不淨的日期終了時，行斯羅陀祭的婆羅門，以觸水而

---

①蘇摩或旃達羅，月神，亦為祭祀之君，婆羅門之王，司藥用植物。
②阿格尼，火神，司東南。
③蘇利耶和阿爾迦 (Arka)，太陽神。
④阿尼羅，又稱伐優和鉢跋那，風神，司西北。
⑤因陀羅或撒克羅，天王，司東方。
⑥鳩吠羅，水神，司北方。
⑦跋魯那，水神，司西方。
⑧閻摩，地獄之神。
⑨原文是：人家揮動武器的一擊。

淨化；剎帝利以觸其馬、象或武器而淨化；吠舍以觸其牡牛的刺棒或韁繩而淨化，首陀羅以觸其手杖而淨化。

100. 「再生族的領袖們，關於撒賓陀親族的淨化方式已經宣示給你們，現在你們可以學習較遠親族死亡時的淨化方法。

101. 「一個婆羅門，以其對親族的愛，抬運一個非其撒賓陀親族的婆羅門屍體，或其母親近親族中某一個人的屍體後，淨化三夜；

102. 「但如接受了死者的撒賓陀親族獻給的食物，淨化必需十日；如果什麼都沒吃，只要沒和死者同處一室，淨化一日；因為在那種情況下，淨化要求三日。

103. 「在自願對父系親族或不論其他任何人送殯後，如隨即和衣入浴，就以接觸聖火，或吃酥油而淨化。

104. 「如有婆羅門種姓的人在，則婆羅門的屍體，不應該使首陀羅抬往墓地；因為喪供由於和首陀羅接觸而被污染，不利於死者升入天界。

105. 「聖學，苦行，聖火，清淨的食物，土，神靈，水，塗布牛糞，風，祭儀，太陽和時間：這些都是對生物實行淨化的媒介。

106. 「一切使人清淨的事物中，在取得財富上的清淨是最好的；致富而保持清淨的人是真正清淨的，只以土和水淨化的人則不然。

107. 「有學識的人，以恕過而淨化；忽視義務的人，以布施；有過而人不知的人，以低聲誦咒文；洞悉吠陀的人，以苦行。

108. 「土和水淨化不淨的東西；溪河被其流水所淨化；心污的婦女被其經水所淨化；婆羅門以脫離凡世之愛而淨化。

109. 「人身肢體的污濁,用水去掉;心靈的污濁,用真理去掉;聖學和苦行清除真我的髒污;智力以知識而淨化。

110. 「關於身體清淨的準確規定,已經宣示給你們。現在可學習如何對人們使用的各種物品妥善淨化。

111. 「金屬,寶石和一切石製品,賢者規定用灰、土和水淨化。

112. 「沒有盛過油質的金器,只用水清淨;類如珊瑚、貝殼、珍珠等一切生在水中的東西,出自天然的東西,如石頭和未經鏤刻的銀器亦然。

113. 「水火交而生金銀;因而這兩種東西最好的淨化方法,是使用產生它們的元素。

114. 「銅、鐵、黃銅、錫、鐵葉和鉛製的壺,以灰、酸和水擦洗為宜。

115. 「一切液體,規定用鳩婆草葉來清除其不淨的表面;縫在一起的布製品,淨化時用很清潔的水來澆洗;木製家具用刨子刨。

116. 「祭祀用器皿,如飲蘇摩汁液的杯子,和放置酥油的杯子,祭祀時應用手擦和水洗。

117. 「烹製供物用的鍋,向火內投擲酥油用的各種匙,鐵製器皿,簸箕,車輛,杵臼①,應該用熱水清洗。

118. 「食糧和衣服,超過一個人的負荷量時,用水澆洗;但數量少時,法律規定用水洗。

119. 「皮革,蘆葦莖編的籃子,和衣服同樣清洗;荣蔬、根、果、和食糧同樣淨化。

①木製臼,用以脫穀殼。

120. 「絲織品或毛織品，用鹽鹼土清洗；尼泊爾羊毛地毯，用搗碎的櫟樹實；內衣和外衣，用毗跋①果實；麻織品用搗碎的白芥子清洗。

121. 「應由有學識的人將貝殼，角，骨或象牙製品，象毛織品一樣加以清洗，同時攙上牝牛尿或水。

122. 「淨化草、木柴、麥稭，用水澆；淨化房屋用掃除，拂拭，和塗布牝牛糞；淨化瓦罐，使它再煮燒一次；

123. 「但當陶器和酒、尿、糞、痰、膿、血發生接觸時，雖煮燒也不能淨化。

124. 「淨化土地用五種方式：掃除，塗布牝牛糞，澆洗牛尿，刮地皮，使牝牛住留一晝夜。

125. 「鳥兒啄過的，牝牛嗅過的，腳動過的，上面打過噴嚏的，接觸虱子污染的東西，以上面撒土來淨化。

126. 「不淨的物質造成的氣味和潮濕留在髒東西上未去時，在這一整個階段內，對無生物的一切淨化應該用土和水。

127. 「諸神曾對婆羅門指定他們特有的三件清淨的東西，即，他們不知道被污染的東西，他們懷疑時用水澆過的東西，和他們發出命令『願此物品於我為淨』的東西。

128. 「足以使牝牛止渴的水，流在淨地上，未被任何污物弄髒，色香味宜人時，是淨的。

129. 「技工的手工作時常是淨的，為出賣而陳列的商品亦然；給予乞食學生的食物絕不受污染：這是規定。

130. 「婦女的嘴常是淨的；鳥兒在使果實墜落時；小動物在吃奶時；狗在捕捉野獸時，是淨的。

---

①毗跋 (vilva)，學名 *Ægle marmelos*。

131. 「狗弄死的野獸的肉，被摩奴宣布是淨的；其他肉食動物或畋獵爲生的人，如旃陀羅弄死的野獸的肉亦然。

132. 「臍以上的一切孔竅是淨的，臍以下的是不淨的，從體內出來的一切排出物亦然。

133. 「接觸不淨物品的蒼蠅、唾出的液滴，不淨的人影本身，牝牛，馬，太陽光線，塵埃，土，風，火，在接觸它們時，應始終視爲是淨的。

134. 「淨化排泄大小便器官，應該使用必要量的土和水；清除體內十二不淨物亦然。

135. 「油質滲出物，精液，血液，頭垢，尿，屎，鼻涕，耳垢，痰，淚，眼眵，汗，是人體十二不淨物。

136. 「希望清淨的人，對尿道應該和水一起使用一個土塊，對肛門使用三塊；對應該用來進行這種淨化的左手，十塊，對兩手，七塊，或必要時更多的塊數。

137. 「這種淨化，是家長的淨化；學生的淨化應加倍；林棲者的淨化，三倍；苦行乞食者的淨化，四倍。

138. 「大小便已畢，做完上述淨化後，應該漱口，以後再灌洗身體諸竅；行將誦讀吠陀時也要這樣；吃飯時要經常這樣。

139. 「再生族如要身體清淨，應先漱水三次，以後拭口兩次；婦女和首陀羅只做一次。

140. 「遵從律法規定的首陀羅，應每月剃髮一次；他們的淨化方式和吠舍一樣，又，婆羅門的殘飯應該是他們的食物。

141. 「唾液滴從口內落到肢體上，不使人不淨，鬚毛進入口內，或東西進入牙縫亦然。

142. 「端水於人，使其盥漱，水點流到他腳上，應被認爲和流在淨地上的水一樣；它不會被腳所髒。

143. 「負重的人，不論怎樣被不淨的人或物接觸，可以不放下負擔，而漱水淨化。

144. 「嘔吐或瀉後，應該沐浴，而食酥油：食後嘔吐時只應漱口；沐浴是對和婦女性交的人規定的。

145. 「睡眠後，打噴嚏後，食後，咳後，說謊言後，飲酒後，誦讀聖典時，雖淨，亦應漱口。

146. 「關於一切種姓淨化的規定，和使用物品的去污方法，我已全部宣示給你們，現在你們可以學習關於婦女的法律。

147. 「小姑娘，青年婦女，老年婦女，雖在自己家內，絕不應隨己意處理事情。

148. 「婦女少年時應該從父；青年時從夫；夫死從子；無子從丈夫的近親族，沒有這些近親族，從國王，婦女始終不應該隨意自主。

149. 「婦女絕不要尋求脫離父親、丈夫和兒子；因為脫離他們，她要使兩家都被人輕視。

150. 「婦女應該經常快活，巧妙地處理家務，特別注意家具，節約支出。

151. 「婦女由父親，或經父親同意由弟兄賜給某人，應該在他生時敬謹侍候他，在他死後，不應該行為不貞或疏於對他應有的祭供而有愧於他。

152. 「婚禮中的祝詞，和對造物主的祭祀，要保證新婚夫婦的幸福；但丈夫對妻子的支配權建築在訂婚時父親以自己女兒賜予他這一點上。

153. 「由通用咒文祝福的婚姻，丈夫今世在適當時機或其他時機，不斷給妻子帶來快樂，並在來世使她取得幸福。

154. 「丈夫操行雖有可指摘，雖另有所歡和品質不好，但有

德的妻子，應經常敬之如神。

155. 「沒有特別關於婦女的祭祀，修行和齋戒；妻子恩愛和尊敬丈夫，將在天界得到尊敬。

156. 「期望得到和丈夫一樣幸福居處的有德婦女，無論丈夫生前和死後，都不應該做任何足以使他不愉快的事情。

157. 「婦女可隨意以清淨的花、根、果爲生而消瘦其身體；但在喪偶後，其他男子①的名字提都不要提。

158. 「她要終生耐心，忍讓，熱心善業，貞操，淡泊如學生，遵守關於婦女從一而終的卓越規定。

159. 「有幾千名婆羅門，從最小的時候起就摒絕性欲而無後，但他們業已上升天界。

160. 「丈夫死後完全堅守貞節的有德婦女，雖無子，卻和這些戒色的男子一樣，逕往天界。

161. 「但欲得子而不忠於丈夫的寡妻，今世遭人輕視，將來被排斥在丈夫所在的天界之外。

162. 「凡婦女與非丈夫的人野合所生的兒子都不是她的嫡子；同樣，男子和人家妻子野合所生的兒子也不屬於他；對一個有德的婦女，本法典中，任何地方都沒有規定嫁二夫的權利。

163. 「拋棄低種姓的丈夫，而親暱一個高種姓的男子，在今生被人輕視，稱爲養漢婆。

164. 「不忠於丈夫的婦女生前遭詬辱；死後投生在豺狼腹內，或爲象皮病和肺癆所苦；

①《摩奴法論》中找不到任何允許強使婦女在丈夫死後走上焚屍台的殘酷習慣法；但有一些其他立法家責成她們自焚，許給犧牲者可得升天的果報。見科爾布魯克著關於貞節婦女義務的論文（《亞洲研究》第四卷），《印度法律匯編》，第二卷第 451 以下諸頁。又雷穆薩著《亞洲雜錄》第一卷第 386 頁。

165. 「反之，不背叛丈夫，思想，言論和身體純潔的婦女，和丈夫同升天界，被善人稱爲節婦。

166. 「在思想、言論和人格上如此持守高尚的婦女，今世取得崇高的聲譽，死後得與丈夫同處。

167. 「知法的再生族，看到遵守這些規定的和自己同種姓的妻子先死時，應該用祭火和祭具焚燒她。

168. 「如此用祭火完成先妻葬儀後，他可再結婚，重燃婚禮之火。

169. 「始終不要停止按照規定舉行五大祭供；擇偶後，其生活的第二階段期間，要住在自己家裡。」

第六卷
林棲和苦行的義務

1. 「先已學習期滿的再生族，在按規定如此住滿家住期後，應即下定決心，斷然抑制其感官，生活在山林中。

2. 「家長看到自己皮皺髮蒼，子孫繞膝時，要退隱山林間。①

3. 「要放棄他在家鄉所吃的食物，放棄一切所有，把妻托給兒子們，單身引去，或攜妻同行。

4. 「攜帶祭火和一切祭供用家具，離開鄉井，退隱山林，同時抑制著自己的欲念感官。

5. 「要按照規定，以牟尼食用的各種清淨食糧，如野生稻米，用蔬荣、根、果來舉行五大祭供。

6. 「要穿羚羊或樹皮衣；早晚沐浴；常蓄長髮②，留鬍鬚、體毛和指爪。

7. 「要盡力對生物行祭供，並用供自己吃的食物的一部分行布施。來草庵的人，要敬以清水和根果。

8. 「應該不斷專志於誦讀吠陀，忍受一切，親切，凝神，常予而不取，對一切物類表示同情。

9. 「要定期舉行按照毗那多③方式規定的祭火，及時舉行新

---

① 這時他就成為跋那普羅斯多，譯言林棲者。
② 原文是：要拖一個髮辮。見第二卷第 219 節。
③ 毗那多 (Vitâna) 方式是，從為稱為迦羅缽底耶火挖的坑內取火，移到為稱為阿訶底耶、達撤那火挖的兩坑內。

月、滿月祭而不懈。

10.「也要祭供月宿，舉行新穗祭，間四個月舉行一次的祭祀，冬至祭和夏至祭。

11.「要用自己採集的，春季或秋季①生長和供牟尼吃的清淨食糧，按照規定，分別製成用於祭供的糕點或其他食品：

12.「將這山林所產最清淨的供物祭過諸神後，要和以自己拾取的鹽，食其殘餘。

13.「要吃地上或水內生長的蔬菜，淸淨樹木生的花、根和果實，以及果實內長出的油。

14.「要戒食蜜、肉、地面生長的香蕈，鉢斯陀利那②，悉格盧伽③和斯離俱摩多伽④的果實。

15.「九、十月中，應該將以前拾取的野生食糧，舊衣服，和自己採集的草、根、果拋棄。

16.「耕地雖被業主所拋棄，而其上面生長的東西絕不要吃⑤，或雖苦於飢餓，村莊出產的根、果絕不要吃。

17.「可以吃火燒的食物，或時日使之成熟的果實；可使用石塊擊碎果實，或以牙代杵。

18.「要採取僅夠一日用的食糧，或蓄積一個月、六個月、甚或一年用的食糧。

19.「在盡力準備好食物後，可在晚上或早晨用食，或僅在第四餐或第八餐⑥時間到來的時候用食；

---

①春季包括三、四月和四、五月；秋季包括九、十月和十、十一月。
②學名 Andropogon schaenanthus。
③一種不知名的草。
④學名 Cordya myxa。
⑤英譯本和俄譯本作：不應吃土地上的產物，即使是被拋棄的。——漢譯者
⑥即，斷食到第二天或第四天的晚上。一般每天用兩餐，一在早晨，一在晚間。
　（注疏）

20. 「或在晴明與晦冥的兩半月中，遵守太陰月苦行的規定①，或在此兩個半月之末，各吃熟粥一次；

21. 「或嚴格遵守林棲者的義務，完全地僅以花、根和經時成熟自然墜落的果實爲生。

22. 「要蜷縮地上，或整日兩足站立；要有起有坐，並每天沐浴三次。②

23. 「熱季③要忍受五火④的炎熱；雨季要赤條條地置身於雲雨的傾注；冷季要穿濕衣，漸次增加苦行。

24. 「每日三次沐浴時，要對諸神和祖靈奠水；要從事愈來愈嚴峻的苦行，以枯槁其凡軀。

25. 「這時要按照規定將聖火蓄在自己體內，吞食其灰，不再要家庭用火和住所，絕對嚴守沉默，以根、果爲生。

26. 「擺脫一切肉感快樂的偏好，純潔如學生，不計居處的樂趣，棲息樹下，席地而臥。

27. 「要從婆羅門隱者，和其他林棲的再生族家長處接受必要的布施，維持生活。

28. 「或者，可用樹葉做的盤子，或赤手，或用破碗片接受食物後，從村中帶回，吃它八口。

29. 「這些，再加上其他，就是婆羅門退隱山林後，應該遵守的戒行；又，爲成就梵我一如，應該學習啓示聖典的各神學分支 (Oupanichads)。⑤

---

①見第十一卷第 216 節。

②三次指早午晚；梵語叫做三次撒跋那 (Savanas)。

③見第三卷第 273 節。

④五火中，四火放在四方，太陽為第五火。（注疏）

⑤見第二卷第 140 節注。

30.「這些分支，是被苦行家，退隱山林的婆羅門家長，爲增加學識與苦行，並爲淨化肉體所曾敬謹學習過的。

31.「或者，如得某不治之症，欲與梵結合，要向東北方不可被征服的地方走去，以空氣與水爲生，穩步前進，直至身體寂滅。

32.「由於這些爲諸大仙所曾實踐的苦行之一而脫離肉體的婆羅門，可無憂無懼，體面地進入梵界。

33.「林棲者這樣在山林間度過其第三階段生活後，其第四階段，可完全戒絕各種欲累，從事苦修的生活。

34.「經過一個住期又一個住期①，對聖火舉行所要求的祭獻，經常控制感官，疲於布施與祭供的人，獻身苦行，死後得到最後解脫。

35.「清償了對聖仙，祖靈和諸神②的三債後，要專心致志於最後解脫 (Mokcha)③；但在償債以前希望解脫的人，沉淪到地獄中。

36.「依律法規定的方式學完吠陀，按照合法的方式生子，並盡力祭供，償還三債時，可專意於最後解脫。

37.「但不曾學習吠陀，不曾生子和舉行祭供而希望解脫的婆羅門，墮入地獄。

38.「婆羅門按照吠陀的指令，完成對造物主的祭祀，以其一切獻作供品，並將聖火蓄入自身後，可棄家過苦行生活④。

39.「一個人精研聖典的神學分支，使一切生物免於恐懼，

---

①即依次做過梵志、家長、林棲者的人。

②見第四卷第 257 節。

③最後解脫 (Mokcha)，即梵我一如。見第一卷第 98 節。

④即不經林棲期，而進入第四住期，即苦行期。（注疏）

脫離家住期而走向苦行生活時，天界輝映著他的光榮。

40. 「未使具有感覺的物類受到任何恐怖的再生族，脫離死滅的軀體後，對無論何物都無所恐懼。

41. 「可持淨具，如手杖、水瓶等，離家，守沉默，不為物誘，過苦行生活。

42. 「為得到最後解脫，要孤身無伴，視孤獨為取得此幸福的唯一途徑；因為不拋棄也不被拋棄，絕不感到由此而來的憂傷。

43. 「不要有火，也不要有家，當飢餓苦人時，可到村落中乞食；要恬淡，有決心，默觀，全神貫注於梵。

44. 「土鉢，以大樹根為家，敝衣，絕對孤獨，一視同仁，是區別婆羅門最後解脫的標誌。

45. 「不要求死，不要貪生；要等待給他規定的時刻，有如僕人等待報酬。

46. 「要注視放腳的地方，使步履清淨，怕踏在毛髮、骨頭和其他一切不淨之物上；要將應喝的水，用布濾過，使它淨化，怕傷亡裡面可能存在的小生物；要用真理淨化語言；要經常保持心神清淨。

47. 「應該忍受侮辱性語言，不輕視任何人，不要為這衰弱有病的身軀對某人銜恨。

48. 「不要以憤怒對憤怒的人；被人辱罵，可和言以對，不要說牽涉到屬於七根①（五覺根，意識和慧根）對象的空話；要只說梵。

49. 「要樂於思考最高我，坐禪，不需要任何物品，摒棄一

①原文作：不要說包括在七門中間的空話。

切肉欲，惟與靈我為伍，在期待永遠解脫中活於下界。

50. 「絕不可利用解釋變異和預兆①，或借占星術，手相術，或利用解決道德律疑難，解經，來求取生計。

51. 「切勿走進林棲者、婆羅門、鳥、犬，或其他乞食者頻繁出入的家庭。

52. 「要剪去頭髮、爪、鬚，攜帶鉢、杖和水瓶，專心致志地不斷遊行，避免傷害任何生物。

53. 「使用的鉢不要金屬製的，不要破損的，和祭祀用杯一樣，宜用水來淨化它。

54. 「瓢，木鉢，陶壺，竹籃；按照出自自存神摩奴的規定，這就是苦行家②的用具。

55. 「要每日乞食一次，不要貪多；因為苦行家而貪得施物，終不免陷身於肉欲的快樂。

56. 「晚上，不見炊煙，杵停，炭火滅，人已飽食，收拾完杯盤，正是此時苦行家應經常去乞討。

57. 「如果毫無所得，不要苦惱；如果得到些許東西，不要歡喜；只求維持生活，不要憑空遐想而斤斤於選擇用具。

58. 「要不屑於卑躬屈節地接受施物，因為如此接受施物，

---

①印度人迷信很深，非常相信預兆，在劇本中隨時可以見到這種偏見的痕跡。如右眼跳動，認為對婦女是凶兆，對男子是吉兆（見《沙恭達羅》劇本，第五幕；又《印度戲劇》第一卷，第104、124頁，法譯本）；左眼跳動對男子是凶兆（同書，第117, 149, 350頁），左臂振動亦然（《印度戲劇》第一卷第149頁）。右臂振動對男子是吉兆（同書第112頁）。見到一條蛇和一隻不祥的鳥，即為凶禍的預兆（同書，第149頁）。

②苦行家梵語作Yati，Sannyâsi，和Parivrâdjaka，指第四住期的修行家。Yati意為「控制自身者」；Sannyâsi 意為「拋棄一切者」；Parivrâdjaka，意為「過雲遊生活者」。

使即將得到解脫的苦行者，陷入托生的羈絆。

59. 「要少食，退居靜處，控制其不免受到肉欲誘惑的感官。

60. 「要控制自己的欲念，斷絕愛憎，避免傷生，為自己準備永生。

61. 「要注意思考人們由於罪孽而招致的輪迴，墮落地獄，在閻魔殿遭受的拷打；

62. 「與所愛離別，與所憎會合；使人感到體衰多病的老年，和惱人的疾病；

63. 「靈魂出離此肉體，往生人胎，和此靈魂在億萬①母胎的輪迴；

64. 「生物由於罪孽所遭受的災禍，以及由於美德所感到的、由於對梵默觀所產生的無窮幸福。

65. 「要摒除一切、專心致志地反覆思考最高我微妙而不可見的本質，思考它在最高的和最低的軀體內的存在。

66. 「凡人無論處何住期，雖被人誣告，並被非法剝奪其住期的標誌，仍要繼續不斷地履行義務，對一切物類一視同仁；而且有住期標誌並不等於完成其義務。

67. 「譬如，雖伽多伽之實②有使水澄清的功效，但只呼其名，不能使水澄清。

68. 「苦行家為不致傷害一個生物，雖可使身體不適，也要不分晝夜，常注視地面行走。

---

①原文作千億。

②伽多伽 (Kataka)，學名 Strychnos potarum。用此植物的一粒種子摩擦盛水甕的內部，可使散布在水內的塵埃沉澱下去。

69. 「因為無論日夜，總不免要無意識地傷害一些小生物，所以，應該沐浴並屏息六次來淨化自己。

70. 「按照規定只作三次屏息，同時念聖言：佛爾，佛波，斯跋爾①，單聖音『唵』，娑毗陀利和息羅②贊詞，應該被認為是婆羅門最大的苦行。

71. 「有如金屬的雜質，經火燒毀，同樣，感官所能犯的一切過失也被屏息除去。

72. 「要屏息除去罪過；絕對凝神償贖過失；抑制感官，祛除情欲；應以深入內觀去毀滅與神性相反的特質③。

73. 「從事最抽象的內觀時，要觀察靈魂經過各種身體，從最高級到最低級的進程，其精神未因誦讀聖典而達圓滿的人難以識別的進程。

74. 「具有這種真知灼見④的人，不再做業的俘虜，而沒有這種完備見解的人注定要重返世界。

75. 「不傷生，控制欲念器官，完成吠陀規定的宗教義務，從事最嚴峻的苦行，在今世就達到梵我一如的最高目的。

76. 「此寓所以骨為架，以腱相連，塗以血肉，覆以皮毛，惡臭，充斥糞尿。

77. 「困於衰老與悲傷，苦於疾病，遭受各種痛苦，纏於情欲，注定滅亡的這個人體住所，要由住持者愉快地加以拋棄。

78. 「有如樹木被急流引拔離開河岸，又如飛鳥任意離開樹

---

①見第二卷第 76 節。

②息羅 (siras) 一字一般指「頭部」。這裡恐應理解為〈太陽頌〉的頭一節，但不敢確定。見第二卷第 77 節注。

③如憤怒，貪婪，誹謗。（注疏）

④真知灼見，即對他來說，到處皆梵的人。（注疏）

木，同樣，由於不得已，或出於自願拋棄此肉體的人，脫離一個可怕的怪物。

79. 「苦行家將善業讓給朋友，惡業讓給敵人，自己則從事深入的內觀，超生到永遠存在的梵。

80. 「當他由於對罪孽有深刻認識，不為欲樂所動時，就在今生取得幸福，在他生取得永久解脫。

81. 「如此漸次解脫一切俗世欲累，對所有相反事態，如榮與辱等，無動於衷，他就常常凝神於梵。

82. 「上述一切①都是從對於梵性的內觀取得的；因為不提高到認識最高我，任何人都不能採集努力的果實。

83. 「要經常低誦關於祭祀、諸神和以最高我為對象的吠陀分，以及在吠檀多②內所宣示的一切。

84. 「聖典，對於即使不了解它的人，對於了解而又誦讀它的人，對於希求天界的人，以及對於謀求永久幸福的人，都是安全的歸宿。

85. 「婆羅門按照上面依次敘述的規定從事苦行生活，今生脫免一切罪惡，而結合於梵。

86. 「關於克制自己的四種苦行者③共通的義務，已如上述；現在你們可以認識，何者為吠陀規定的關於第一種即放棄祭祀的人必須遵守的特別義務。

87. 「梵志生，已結婚者，林棲者，苦行者，構成來源於家長的四個截然不同的住期。

---

①即解脫一切俗欲，對所有相反事態無動於衷。（注疏）
②見第二卷第 160 節。
③四種苦行者，根據注疏是 Koutîtcharas，Bahoûdakas，Hansas 和 Paramahansas。

88. 「按照律法，依次進入所有這些住期，並按照規定行事的婆羅門，達到最高，即梵我一如的境界。

89. 「但四個住期的人員中，遵守啓示與傳承規定的家長，被認爲是主要者，因爲是由他來維持其他三者的。

90. 「有如百川歸海，同樣，其他住期的一切人員都在家長處尋求保護。

91. 「屬於這四住期的再生族，應常兢兢業業實踐構成義務的十德。

92. 「忍讓，以德報怨，節制，正直，清淨，抑制諸根，認識法論，認識最高我，求實，戒怒；這些是義務由之構成的十德。

93. 「學習過關於義務的十德，學習後履行它的婆羅門，達到最高境界。

94. 「再生族十分注意實踐這十德，按照律法規定聽講吠檀多，又三債已完時①，可以完全遁世。

95. 「消除一切罪過，抑制諸根，徹底了解吠陀眞義後，停止家長的一切宗教義務，可在兒子的守護下和平幸福地生活。②

96. 「放棄各種宗教活動後，全神貫注於思想的唯一目標，即對梵的內觀，排除其它一切願望，通過苦行償贖罪過後，達到最高目的。

97. 「關於婆羅門的四種爲人處世的規定，產生他生不滅果報的神聖規定，已對你們宣示，現在可以學習國王的義務。

---

①見第四卷第 257 節。
②這裡特指 Koutitcharas 苦行者。

第七卷

國王和武士種姓的行為

1. 「我要宣示國王的義務，國君應該採取的行為；我要說明他的由來如何，以及如何可以取得最高果報。

2. 「刹帝利按照規定接受入門式後，應致力於以正義來保護屬於他能力範圍內的一切。

3. 「因為，這個世界曾因為沒有國王，到處為恐怖所攪亂，所以，為了保存萬有，梵天

4. 「才從天王、風神，閻摩、太陽神，火神，水神，月神和財神①等的本體中，取永久的粒子，創造出國王。

5. 「正因為國王是抽取主要諸神本體的粒子造成的，所以光輝超越眾生。

6. 「他有如太陽，灼人心、目，世界上沒有人能夠正視他。

7. 「以威力而論，他就是火神，風神，太陽神，月神，司法神，財神，水神和天王。

8. 「君主雖在沖齡，也不應該意存輕視，說：『他不過是個凡人』；因為他是一個寓於人形的偉大神明。

9. 「火只燒妄自接近它的人；而國王的怒火，將整個家族，連同牲畜和其它財產一併燒掉。

10. 「國王為使正義獲勝，對事情的時機，自身的力量，時

---

①見第五卷第 96 節。

間和地點，深思熟慮後，陸續採取種種形式；根據情況決定自己為敵為友或中立。

11.「惻隱時，博施濟衆，以勇武取勝，憤怒時，致人於死的人，無疑集中了世界衆守護神的一切威嚴。

12.「人因迷誤對他表示仇恨，當必滅亡；因為國王會立即設法毀滅他。

13.「國王對待許可事項與禁止事項，絕不可違離據以決定何者合法何者非法的規定。

14.「為幫助國王執行職務，梵天從太初時就創造了作為萬物的保護者、執法者，親兒子，純粹神質的刑罰之神。

15.「畏懼刑罰，才使動與不動的物類得以享受其所有，而制止他們逃避義務。

16.「國王在對時間、地點、處罰方法與法律規定深思熟慮後，方可對罪犯用刑。

17.「刑罰就是充滿力量的國王，就是精幹的行政官，就是英明的執法官；它被認為是完成四住期義務的保障。

18.「刑罰支配人類，刑罰保護他們，萬物皆睡時，刑罰獨醒。賢者說，刑罰就是正義。

19.「審慎恰切地用刑，給人民帶來幸福；濫施刑罰，就徹底毀滅他們。

20.「如果國王不堅持不懈地懲罰應受懲罰的人，最強者就會像用烤叉烤魚一樣來烤最弱者①；

21.「小鳥就會來啄食米供，狗就會來舐食酥油，所有權就不復存在；地位最低的人就會代替地位最高的人。

---

①或根據另一解釋：最強者將使最弱者成為他們的掠奪物，就像在他們手下的魚類一樣。

22. 「刑罰支配整個人類，因為生來有德的人難得；只是由於恐懼刑罰，人類才可以取得給予他的享受。

23. 「諸神，惡魔，天界樂師，羅刹，蛇類，都被恐懼刑罰所節制而克盡其特殊的職務。

24. 「如果刑罰不復發揮其作用①，各種姓就敗壞，一切防範就被推翻，世界就一片混亂。

25. 「如果用刑者判斷健全，則黑皮膚紅眼睛的刑罰到處消滅罪過，而民不驚懼。

26. 「賢者認為愛說真理、遇事審慎、掌握聖典、在道德、快樂和財產上見長的國王適於用刑。

27. 「國王用刑得當者，擴大幸福的三源；但多欲、易怒、詭譎的國王，則以刑罰取滅亡。

28. 「因為刑罰就是最強大的威力；對於心靈未因學習法律而堅強起來的人，是難於經受得住的；它會將背離義務的國王，連同親族，一併毀滅；

29. 「它要將城堡，領土，居住地區，連同動與不動的物類在內，一併破壞；即使天界②諸神諸聖，也因缺乏其應享受的供品，而為其所苦。

30. 「刑罰不能為缺乏謀臣的，愚蠢的，貪婪的，其智慧未因學習法律而臻於圓滿和耽於欲樂的國王妥善執行。

31. 「只有由完全純潔、重盟約、守法、有賢能輔佐、判斷英明的國王，刑罰才能得到公正施用。

32. 「他應在自己國家內根據法律行事，嚴懲敵人，以真誠對待親友，以滿腔和善對待婆羅門。

①即停止用刑，或用刑不當。（注疏）
②原文是：在大氣中，在中間地帶。

33. 「這樣行事的國王，雖以落穗①為生，但他的聲譽會遠及全球，如同芝麻油滴在水內。

34. 「和前者恰恰相反，沒有克服情欲的國王，他的名譽會在世界上趨於縮小②，如同水內沖淡了的酥油。

35. 「國王被創造為致力於依次完成特殊義務的各種姓、各住期③的保護者。

36. 「因此，我要將國王及其大臣們為保護人民應做的事情，適當和順序地昭示你們。

37. 「國王於黎明即起後，應向通曉三聖典和倫理知識的婆羅門致敬，根據他們的教益立身行事。

38. 「要經常尊敬年高有德、掌握吠陀，身心純潔、令人尊敬的婆羅門，因為敬老人者人恒敬之，甚至羅剎也尊敬他。

39. 「雖其行動賢明有節，但仍應不斷地向他們學習謙讓；因為作風謙讓有節的國君，絕不會滅亡。

40. 「很多國君由於操行不正，和他的財產一起滅亡；而山林隱士則以賢明、謙遜得國。

41. 「吠那以缺乏賢知而滅亡，國王那睺闍④，修陀娑⑤，耶

---

① 謂財富不多。
② 原文作：凝結。
③ 各住期是：梵志、家住、林棲、苦行期四者。
④ 那睺闍，太陰朝君主，普羅底什閭那的國王。哈密爾頓 (Francis Hamilton) 將此王朝列在公元前第十九世紀中。根據神話，因陀羅天王失掉天朝後，那睺闍以進行百次馬祭，代天王為君。他貪享一切權利，欲求歡於失位的天王之妻婆退喜。如果他在鹵簿車馬隨從上的豪華上勝過前任天王，婆退喜就同意接受他的愛。那睺闍認為讓婆羅門用肩膀抬著自己最為豪華不過。因為他們走得太慢使他急躁，他忘乎所以，竟打擊阿伽斯底耶的聖頭，說：娑爾鉢，娑爾鉢，即前進！前進！聖者怒，重複了同樣的話，但意義不同；聖者口中的話，係指，滾吧，蛇蟲！結果，那睺闍變為蛇。（朗格魯瓦 (Langlois)：《印度劇本》第二卷第436頁）
⑤ 修陀娑 (Soudasa)，阿鉢底耶 (Avodhyâ) 的國王，哈爾米頓把他列在公元前十七世紀。又哈氏認為密底羅 (Mithila) 的國王儞彌 (Nimi) 應在公元前十九世紀為王。

婆那，修车訶和儞彌亦然。

42.「反之，普利都①和摩奴以作風賢明而得王權；鳩吠羅則得財富權，迦底②之子得婆羅門的地位。

43.「國王要向掌握三吠陀的人學習三吠陀所蘊藏的三重學識，要學習關於遠古時代用刑的法律。要取得論理的知識，對最高我的認識，並諮詢經營各行各業的人，學習各行各業，如農業，商業，畜牧等的工作。

44.「要日夜盡心竭力克服諸根，因為只有已克服諸根的人，才能臣服人民。

---

① 普利都 (Prithou)，印度古王，據說他比印度人認為起源於蘇摩和太陽神的那兩個古代著名王朝還早。蘇摩之子佛陀，水星攝政王，被認為是太陰家族的第一位國王。伊柯伐鳩(Ikchwâkou) 是摩奴吠伐斯伐多之子，亦即太陽神之孫，人們推定他大約生在公元前兩千年頃，是太陽家族第一任國王。這一王朝諸王，統治喬娑羅地區，以阿育底耶 (Ayodhyâ) 為首都，城係伊柯伐鳩所建。太陰朝諸王首都，最初是俺陀吠底的城市普羅底什闥那 (Pratichthana)，位於恒河與遮那 (Djemna) 河（即 Yamouna）合流處附近，今天在恒河左岸，面對阿拉哈巴德 (Allahâbâd) 處尚可見其遺址。隨後太陰家族諸王擴張到鳩盧提娑地區，並陸續建造了因陀羅普羅斯闥 (Indraprastha)，訶斯底那普羅 (Hastinâpoura) 和柯桑比普羅 (Kosâmbipoura) 諸城市。

② 迦底 (Gadhi) 之子毗斯跋密陀羅，太陰家族的一位國王，以與车尼跋息什多的爭端著稱於古代印度神話史中。有一隻憑己意產生一切的牝牛，毗斯跋密陀羅欲從车尼手中攫為己有，因而發生戰爭。戰鬥中，车尼得力於其牝牛所產生的蠻子軍，消滅對方軍隊而獲勝。毗斯跋密陀羅認識到婆羅門力量的優越，於是從事嚴峻的苦行，以使自己從剎帝利的地位上升到婆羅門之列，而梵天終不得不賜給他這一優遇，一些學者認為應該將牝牛理解為印度或其富饒的一部分，它的統治權是兩個國王或兩個敵對種姓，即婆羅門與剎帝利戰爭的起因。婆羅門求救於外族，卒以外族之助而獲勝。毗斯跋密陀羅反跋息什多的戰爭，和他用以取得婆羅門地位的苦行，記述在《羅摩衍那》詩篇中，並構成這動人詩篇中最饒有興趣的插曲之一。

45. 「要十分注意避免引起不幸結果的惡德，惡德中有十項出於逸樂，八項出於憤怒。

46. 「因為，國王陷於由逸樂而產生的惡德，喪失財富和美德，陷於由憤怒所招致的惡德，因臣民報復，甚至喪失其生命。

47. 「狩獵、賭博①、晝寢、閒話是非、好色、酗酒、唱歌、跳舞、奏樂及無益的出遊，是逸樂產生的十惡德。

48. 「好揚人之惡、強暴、中傷、妒忌、誣陷、霸占他人財產、罵人或打人，構成憤怒產生的八種惡德。

49. 「要特別努力克服貪求無度，所有聖賢都認為，貪求無度是兩種惡德的根源，因為兩種惡德都由它所出。

50. 「上面依次列舉的酗酒、賭博、好色和狩獵，應該被國王認為是逸樂所產生的惡德系列中最不祥者。

51. 「要始終將打人、罵人和侵犯他人財產的行為視為憤怒所產生的惡德系列中最有危害的三事；

52. 「在上述人們到處易犯的七惡德系列中，每一心胸豁達的國王應視列在前面的較列在後面的更為嚴重。

53. 「將惡德和死亡比較，惡德被認為是更可怕的東西；因為，多行惡德的人墮入地獄最深處；無惡德的人，死後升入天界。

54. 「國王應該選擇其先世效忠國王、本人精通法律、勇敢、巧使兵器、家世貴顯、以在神像前宣誓而精忠可靠的大臣七、八人。

55. 「一件本身很容易的事情，一人獨幹就變為困難；何況

---

① 原文做骰子戲。

無人輔佐去治理一個收入巨大的國家！

56. 「應該經常和這些大臣們考究需要共同討論的問題、和平與戰爭、國勢①、歲入、人身與國家安全，以及確保既得利益的方法。

57. 「先分別、後集中地聽取他們的不同意見後，在處理事務時，可採取認爲最有利的措施。

58. 「關於六項大事②的重要決策，要和學識卓越和所有謀臣中最爲精幹的一位婆羅門商討。

59. 「要抱著信任態度，將一切事務叫他知道，並和他一起做出最後決定後付諸實施。

60. 「也應該甄選一些清廉、宏博，勤勉、熟諳財政和經過考驗的其他謀臣。

61. 「適當執行各種職務需要多少人，國王就應該任用多少勤勉、有爲和老練的人。

62. 「要任用其中勇敢、聰明、出身好和清廉的人，從事開採金銀或寶石礦，徵收耕地產品，並將宮內守衛委託給膽小的男子，因爲有勇氣的人，受敵人唆使，見到國王往往孤身或他的衆妻環繞時會殺害國王。

63. 「要選取一位精通各種法律知識、善於察言觀色，作風方正廉潔，精幹，出身顯赫的人爲使節。

64. 「國王的使節，和藹，廉潔，機敏，強記，熟知天時地利，威儀堂堂，大膽且雄辯時，爲大家所推重。

65. 「軍隊繫於將領，秩然有序繫於正確用刑；國庫和領土

---

①國勢在於軍隊、財寶、城市和領土。（注疏）

②見本卷第 160 節。

繫於國王，戰爭與和平繫於使節。

66. 「因爲和睦敵人的是使節，離間盟國的也是使節；決定破裂或和好的大計由使節來處理。

67. 「使節和外國國王發生交涉時，要根據其某些表現，根據其態度和行動，並借助其個人密使的表現和態度來猜測他的意圖，又通過和貪婪或不滿的謀臣們的接觸了解他的計劃。

68. 「國王通過自己的使節，充分獲悉外國君主的一切計劃企圖後，要採取最大的防禦措施，使其絕不能爲害自己。

69. 「國王要定居在有田園，穀物豐饒，有良民居住，衛生，宜人，與愛好和平者爲鄰，居民易於謀生的地區。

70. 「要定居在邊界四周有乾燥的荒漠延伸，或磚石堡壘，或盈水的水溝，或不能深入的樹林，或武裝人員，或山脈圍護和山有要塞的地方。

71. 「要盡可能僻處一山岳阻隔、人不能到的地方；因爲如此要塞，由於它所具有的優點，極爲人所推重。

72. 「難於接近的前三處地方：荒漠，城牆和溝塹，用以保護野獸、鼠類及水棲動物；後三種防禦措施：樹林，士兵和山岳，依次用以保護猿猴、人類及諸神。

73. 「有如此等物類躲處它們不同的巢穴，敵人對之不能加以危害，同樣，國王僻處不能接近的地方，對敵人毫無所恐懼。

74. 「部署在堡壘上的射手對敵時可一以當百，百以當萬，這就是所以重視堡壘的理由。

75. 「堡壘要具備武器、錢、糧、馱獸、婆羅門、工兵、機械、水草。

76. 「國王要使人在中央爲自己建築一所包括一切必要建築

物，布置匀稱，有溝、牆防護，宜人，漆飾輝煌，繞以水流和樹木的宮殿。

77.「在這裡定居後，可娶同種姓，有吉相，出身名門，嫵媚可愛，美艷，品質高貴的女子為配偶。

78.「可甄選一位宗教顧問 (Pourohita) 和一位祭司 (Ritwidj) 代他主持家庭祭事和用三火舉行的祭事。

79.「國王要舉行備有很多布施的各種祭祀；為充分完成義務，要對婆羅門提供各種享受和財物。

80.「要派遣忠實員吏在全國徵收年賦；處世要守法，像父親般地對待臣民。

81.「應該在各部門設置有才幹的監察人員，擔任考核臣事國王的官員的行動。

82.「要尊敬學習神學已畢離開師家的婆羅門，給以饋贈，因為國王放在婆羅門手內的財寶，被宣示為不可磨滅的。

83.「它不會被盜賊或敵人奪取，不會丟失；因而國王應將這不滅的財寶托給婆羅門①。

84.「傾在婆羅門口內或手中的供物遠勝於祭火；它絕不會墮地、枯乾和被焚毀。

85.「施給非婆羅門的布施，功德尋常；施給自稱婆羅門的人，有兩倍功德；獻給深通吠陀的婆羅門，有十萬多倍功德；獻給精湛的神學士，有無限功德。

86.「以純潔信心獻給當之無愧的人的施物，在施者死後提供大小不等的果報。

87.「保護人民的國王，被勢均力敵的，優勢的或劣勢的敵

---

① 即，應饋贈他們。

人挑釁時，不可迴避戰鬥；要記取武士種姓的義務。

88.「絕不能臨陣脫逃，要保護人民，尊敬婆羅門：這些是履行了它們就可以帶給國王幸福的卓絕的義務。

89.「在戰鬥中，互欲取勝，奮戰而不退卻的諸國王，死後逕赴天界。

90.「戰士在戰鬥中絕不應該對敵使用奸詐兵器，如內藏尖錐的棍棒，或有鉤刺的，塗毒的箭，或燃火的標槍①。

91.「自己乘車時，不要打擊徒步敵人，也不要打擊弱如女性或合掌求饒，或頭髮蒼蒼，或坐地，或說『我是你的俘虜』的敵人。

92.「或在睡眠，或無甲胄，或裸體，或解除武裝，或旁觀而未參加戰鬥，或與他人廝鬥的人。

93.「或武器已壞，或苦於憂傷，或負重傷，或怯懦，或逃走的敵人；要記取勇兵的義務。

94.「臨陣脫逃，為敵所殺的懦夫，承擔其將領所作的任何罪業。

95.「又，如果此被殺之逃卒，曾為來生積過若干善業，其一切利益全部為其將領取得。

96.「戰車，馬匹，象，傘，衣服，食糧，牲畜，婦女，各種物品，金屬，除金銀外，理應屬於戰爭中奪取它們的人所有。

97.「應該在戰利品中先挑取最寶貴的部分獻呈國王，這是吠陀的規定；其共同取得的東西，應由國王在所有士兵間進行分

---

① 人們認為這裡所說的是含有類似希臘火硝或炮藥等起火裝置的火箭；但這不大可靠，《摩奴法論》原文所謂燃火標槍，恐係僅僅具有適於燃火的材料。古人曾經使用過類似的東西。

配。

98. 「這就是關於武士種姓無可非議的和首要的律法；剎帝利在戰鬥中殺敵時，絕不可違犯它。

99. 「他可以期望取得不曾取得的東西，精心保持既得的東西；保持它時，要利用它使它增大，增大的東西，要給予值得給予的人。

100. 「須知遵守這四項規定，可使人取得人生希求的對象——幸福；因而應該經常不倦地嚴格遵守它。

101. 「國王可以利用軍隊，試圖取得他所渴望的東西；以警惕保持他既得的東西；保持它時，以合法的方式增大它，增大它時，慷慨布施。

102. 「軍隊要經常操練，經常發揮其勇武，應保密者要嚴格保密，要經常窺伺敵人的弱點。

103. 「其軍隊訓練有素的國王爲全世界所畏懼；因而應該經常以武力使人民敬服。

104. 「要經常以誠相見，從不求助於欺騙；要經常保持警惕，發現敵人的欺騙伎倆。

105. 「不可使敵人知道自己的弱點；而要設法察知敵人的致命點；像烏龜一樣，將王室一切成員吸引到自己身邊，彌補國家的一切缺陷。

106. 「要深思熟慮所能取得的利益如蒼鷺，發揮其勇武如獅；突擊如狼；善退如兔。

107. 「如此做好征討準備時，可以通過談判和其他三種方法，即收買、離間、使用武力，①使敵臣服。

---

① 見本卷第 198 節。

108. 「如通過最初三種方法不足以使其臣服，可用武力公開打擊，漸次迫使他們就範。

109. 「四種有效措施，以條約為首，識者為國家利益著想，始終更加重視和平談判與戰爭。

110. 「有如農民為保護穀物而除惡草，同樣，國王應消滅敵人，保護國家。

111. 「倒行逆施壓迫臣民的昏君，不久就喪失其國家、生命和一切親族。

112. 「有如身體的疲憊可以毀滅生物的生命，同樣，國王的生命也由於國力疲憊而致毀滅。

113. 「為維持國內良好秩序，國王要始終遵從以下規定；因為，國家郅治的國王，可看到自己的幸運逐趨增長。

114. 「要根據村莊的重要性，每兩個，三個，五個，甚或百個村莊設置一個由親信軍官統率的警備隊，負責警衛地方安全。

115. 「每一公社 (grâma) ①，要設社長一人；要設十社長一人，二十社長一人，百社長一人，千社長一人。

116. 「社長應該將轄區內發生而他不能鎮壓的如偷竊、搶奪等不靖事件，立即親身報告十社長；十社長應該報告二十社長；

117. 「二十社長應該報告百社長，百社長應該轉報千社長。

118. 「公社居民每天應交給國王的東西，如米糧、飲料、薪木等，應由社長收下，作為薪俸。

119. 「十社長享受一鳩羅②的產品；二十社長享受五鳩羅的產品；百社長享受一公社的產品；千社長享受一城鎮的產品。

---

①梵語 grâma 一詞，我認為應譯為公社。此處應該理解為包括其周圍領地在內的村或鎮。

②鳩羅 (Koula) 是可以被兩張犁耕作的土地面積，每張犁使用六頭牡牛。

120. 「這些公社的公私事務要由另一名勤懇正直的國王使臣進行監督。

121. 「要在每個大城市中，任命地位高、有威儀的總監，就像眾星中的行星一樣。

122. 「總監應經常親身監視其他官員；國王應該令密使如實探報其派往各省的一切使臣的行動。

123. 「因為，國王委任警衛地方安全的人，多係性喜巧取豪奪之輩；國王要採取保護人民抵制此輩的措施。

124. 「當權者相當邪惡，榨取有事相託者的金錢，應由國王剝奪其全部財產，流放國外。

125. 「國王要發給使女和全部奴僕適合其地位與職務的日薪。

126. 「對最低級奴僕每天應給一個銅鉢那①，每年兩次各給一套衣服②，每月給一陀羅那③食糧；而對最高級奴僕則給六鉢那，每年兩次各給六套衣服，每月六陀羅那食糧。

①一鉢那 (Pana) 等於 80 個叫做 Cauris 的小貝殼貨幣。見第 8 卷第 136 節。

②一件上衣和一件下衣。

③一干俱 (Kountchi) 等於八牟什底 (Mouchtis)，或八把食糧；一菩什伽羅 (Pouchkala) 等於八干俱；一阿陀伽 (Âdhaka)，四菩什伽羅；一陀羅那 (Drona)，四阿陀伽 (Adhakas)。（注疏）。根據威爾遜《梵語字典》，阿陀伽等於英國度量衡制七磅十一唡重（3 公斤 486 克）；因而，根據同一計算，一陀羅那等於 30 磅 12 唡重（13 公斤 943 克）。豪同先生 (M.Haughton) 在其對瓊斯譯本所做的一個附注中指出，這種薪給似很微薄，而陀羅那的重量在往昔應為更大。根據凱萊先生 (M.Carey) 在其《孟加拉辭典》中所作的另一估計（豪同先生曾加以引用），阿陀伽在加爾各答附近等於 160 磅（72 公斤，546 克）；因而，陀羅那就等於 640 磅（290 公斤 185 克）。又，按陀羅那是坎巴 (Cumbha) 的二十分之一，根據威爾遜《梵語字典》是三個蒲式耳多一些：三蒲式耳等於一公石。根據這一估計，陀羅那只不過是坎巴的二十分之一，才等於五公升，顯然太微薄。

127. 「國王在對商品的買賣價格，運輸遠近，食物與佐料的開支，安全運輸的必要預防措施加以考慮後，使商人納稅。

128. 「國王經過考慮後，可在國內不斷徵稅，使自己與商人都從他們的勞務中取得適當的報酬。

129. 「有如水蛭、牛犢、蜜蜂點滴攝取食物，同樣，國王應該在國內小量徵收年賦。

130. 「國王可予先徵收家畜和每年利息金或銀的五十分之一；根據土壤性質和所需照管，徵收食糧的八分之一，六分之一，或十二分之一。

131. 「要徵收樹木、肉、蜜、酥油、香料、藥草、植物汁、花、根、果實、

132. 「葉子、蔬菜、草、竹製用具、皮革、陶器、以及一切石製品的年收益的六分之一。

133. 「國王即使窮得要死，也不要向精通聖典的婆羅門徵稅；絕不許一如此婆羅門為飢餓所苦。

134. 「國王領土內有一個精通聖典的婆羅門苦於飢餓時；此國王的國家不久要遭受飢餓。

135. 「國王在確悉其神學知識和清廉作風後，可保證給他一個高尚的地位，並防範一切人加害於他，有如父親對其嫡出子之所為。

136. 「此婆羅門在國王保護下每天完成的宗教義務，使國王延年益壽，並增加其財富，擴充其國土。

137. 「國王要使國內屬於最低種姓、以利薄入微的商業為生的人納很少的年賦。

138. 「至於工人、匠人和靠自己勞苦為生的首陀羅等，可使他們每月勞動一日。

139. 「不要過度慈善，拒絕收稅，斬斷自己根柢，或貪得無厭，徵收過苛，斬斷人家根柢。因為斬斷自己和人家的根柢，自己和人家都要陷於最悲慘的境地。

140. 「國王要根據情況，表現寬大或嚴厲，寬嚴得體的國王，大抵受人尊敬。

141. 「國王疲於考察人事，可將此職委於精通法律、非常有識、克制情欲並出身名門的首相。

142. 「國王應如此按規定形式履行對自己規定的義務，熱誠謹慎地保護人民。

143. 「國王坐視其臣民在自己和大臣眼前呼號求救而被強盜擄往國外時，是死屍而非生物。

144. 「剎帝利的主要義務是保護人民，而享受上述利益的國王必需完成這一義務。

145. 「他在每夜末更時分起身，淨化後，要祭火，向婆羅門致敬，並走上裝飾得體的朝堂。

146. 「抵達該處後，要以親切宜人的語言和目光，使臣民歡悅，隨後就辭退他們，他們去後，可和大臣們共商國是。

147. 「上一山頂，或秘密登上高地，或走向森林的僻靜去處，和他們共商國是而不為人發覺。

148. 「其秘密決議不為其他彼此勾結的人所獲悉的國王，雖無財寶，而擴充其勢力於全世界。

149. 「商議時，應使白痴，啞子，盲人或聾子，饒舌鳥類如鸚鵡和薩利伽鳥，老年人，婦女，蠻夷，病人，殘廢人等遠離左右。

150. 「由於前世罪孽而今生遭到不幸的人會泄漏秘密決議，饒舌鳥類，尤其是婦女亦然；因此，應該注意排斥他們。

151. 「日中或夜半，心身安逸時，可和大臣一起或孤身一人就道德、快樂和財富問題；

152. 「就同時取得這些大抵互相牴觸的事物的方法，就女兒的婚姻，兒子的教育；

153. 「就派遣使節的時機，事業成功的機遇加以深思熟慮。要注意後宮婦女的行動，和密使的動態。

154. 「要就國王的八事，包括收入，支出，派遣使節，國防，決疑，訴訟案件，用刑，膺懲；就應該秘密使用五種間諜，即膽大敏銳的青年，墮姓的隱修者，不幸的農民，破產的商人，偽裝的苦行者；就鄰國的善意與敵意和周圍國家的行動；

155. 「就兵力中常的外國國王的行為（以國王與敵國和野心國家為鄰，這些國家合則難禦，分則易敵）；就意圖征略的國王的備戰活動；就守中立（但可抗禦敵人，抗禦侵略者，抗禦沒有聯合起來兵力就中常的）國王的情況；並特別就本國敵人的情況，加以深思熟慮。

156. 「這四種力量通稱為鄰國的根基，其他八種力量稱為『枝葉』，合稱十二主力，它們可成為不同的盟友或敵人。

157. 「其他五種次要力量，即，大臣，領土，要塞，財寶和軍隊，各加上述十二種主力，共構成應該考察的七十二種力量①。

158. 「國王應將每一緊鄰國王看做敵人，此國王的朋友亦然；將敵人的鄰王看做朋友，將不屬於此兩種情況之一的每一國王看做中立者。

159. 「要借助談判，以及其他三種方法②的分用或合併使

---

①此節文字數字似不符。據英譯本鳩魯伽跋多注：5 事各 12，則 5×12 = 60，外加國王之 12，共得 72。──漢譯者

②見上面第 107 節。

用，尤其是勇武和方略，對所有這些國王取得優勢。

160. 「要不斷考慮六方略，六方略為：締結和約或盟約，作戰，進軍，駐屯，分兵，依靠強大國王的保護。

161. 「在對事態加以考慮後，要分別情況決定等待敵人，進軍，締和或作戰，分兵或求援。

162. 「國王應該知道，結盟和戰爭有兩種，駐屯、進軍、和求援於其他國王也各有兩種方式。

163. 「應該認別兩種其目的在於當時或隨後取得利益的結盟：兩國國王約定共同行動、共同進軍的結盟，和應分別行動的結盟。

164. 「戰爭被宣布有兩種：即為本身利益而戰，或為報復朋友所受侵害而戰。目的在於戰敗敵人，時機可在當時或其它時節。

165. 「有時為了隨意殲滅敵人，國王單獨行動，有時則與盟國聯合，所以，進軍被認為有兩種。

166. 「駐屯被宣稱出現於兩種情況：當被宿命打擊①或遭遇多乖②以致漸次衰弱時，或欲使朋友有利時。

167. 「為保證事業成功，軍隊和國王應該分作兩軍。鑒賞六方略利益的人稱此為雙重分兵制。

168. 「在下列兩種情況中，國王置自己於其他強大國王保護下：受敵壓迫，欲避免其攻擊時；預防敵人侵襲，使有強大保護的風聲傳播開來，令敵人望而生畏時。

169. 「當國王知道將來確有優勢，目前不免小受損害時，可

---

①即，為懲罰前生所犯罪孽。（注疏）
②或更恰當地譯作：為懲罰今生所犯罪孽。

求助於和平談判；

170.「但當看到群情振奮，自己力量盛極一時時，可以一戰。

171.「當確悉軍心歡悅，給養充足，而敵人情況恰恰相反時，可進軍擊敵。

172.「但如裝備不足，兵力微弱，可注意選擇有利陣地，漸次誘敵談和。

173.「當國王認為敵人各方面都比自己強大時，可分兵為二，自引一軍，退處要塞，以達阻敵前進的目的。

174.「但當本國四面八方都會遭敵進攻時，要立即請求公正、強大的國王的保護。

175.「能使臣民敬畏，同時又能控制敵軍的人，應該像教師一樣，經常受到他極大的尊敬。

176.「然而，如在此情況下，發現這種保護諸多不便，則雖如何困難也應該作戰而毫不動搖。

177.「深謀遠慮的國王，應該運用上述一切方法，使友邦、中立國和敵國都不能對自己取得優勢。

178.「要考慮一切事情的假定結局，事物的現狀，以及一切過去事件的利害得失。

179.「可預見一項措施在將來的得失、並當機立斷，在事變發生後可判斷其究竟的國王，從不會被敵人推翻。

180.「要使友邦、中立國王和敵人都不能取得對自己的優勢，要之，這就是全盤策略。

181.「國王為侵入敵人國境而進軍時，應指向敵人首都，以下述方式漸次前進。

182.「車、象雜遝，阻礙行軍時，可在有利的十一、十二月

份出征，或者，如果馬兵多，可根據從征部隊的情況，在二、三月和三、四月份出征，以便在被侵入的國境內得到秋季或春季收穫的食糧。

183.「當看到必操勝券和敵人遭遇災難時，雖在其它季節，亦可進擊。

184.「已採取確保本國安全的必要預防措施，做好進取的一切準備工作；供應好駐軍敵國的一切必需品，及時派出間諜；

185.「已開闢通過平原、森林和河水泛濫地帶的三種道路，組織好象隊、馬隊、戰車、步隊、將校和輜重等六軍後，可根據戰略原則，向敵人首都挺進。

186.「要警惕暗通敵人的假朋友，警惕曾經離去又回來爲他服務的人；因爲他們是最危險的敵人。

187.「進軍時要將軍隊布置成杖形①、車形②、母豬形③、海怪形④、針形⑤，或伽虜羅形⑥序列。

188.「哪一方面怕有危險，就在哪一方面增加兵力，自己要像蓮花一樣常在軍隊的中央。

189.「各方面都要安排一個司令和一個將官；一旦某一方面

---

①即，成縱隊形，布置如下：將領先驅，國王居中，司令殿後；象在兩翼，馬靠近象，再次是步兵：這是四面受敵時應該運用的行軍法。（注疏）
②怕被敵人從後面襲擊時，使前隊延長，後隊放寬。（注疏）
③前鋒和殿後薄弱，中軍雄厚，是敵人可能從兩翼側擊時必不可少的部署。（注疏）
④預防敵人前後夾擊，將主力集中在前方和後方，使中軍薄弱。（注疏）
⑤預防敵人從前面進擊，將最好的軍隊放在縱隊的前部。
⑥類似第三種行軍法的部署，兩翼較雄厚。（注疏）——迦虜羅或伽虜多是迦息耶婆和毗那多的兒子日神馭者阿虜那的弟弟，生有羽翼和鳥頭，被認爲是鳥類之王。

怕受攻擊，就向這方面轉移。

190. 「要在各方面建立熟悉各種信號、善於攻守、勇敢、不會投敵的忠誠士兵組成的崗哨。

191. 「可使人數不多的士兵，集中成為一支隊伍來戰鬥，可隨意分散兵力，並將軍隊排成針形或雷電形①來從事戰鬥。

192. 「平原地帶，要用戰車和馬隊作戰；有水地區用象隊和戰船；樹木叢雜地帶用弓；開闊地區用刀劍、盾牌和其他武器。

193. 「應將鳩羅劫陀羅，摩佉，潘查拉，修羅息那迦②等省生的人，以及魁偉敏捷的其他地區生的人布置在第一線。

194. 「擺好陣式後，要鼓舞士氣，細心調查士兵；了解他們和敵人交手時的態度。

195. 「封鎖敵人時，要部署野營，不斷破壞敵人的牧草、兵糧、用水和燃料。

196. 「要破壞水塘、堡壘、溝塹；白天困敵，夜間突襲。

197. 「要爭取對自己計劃有幫助的人，如敵國中覬覦王位的王親國戚，或心懷不滿的大臣等，引為己用；了解他們的一切行動；一旦天賜其便，可毫無恐懼地從事征討。

198. 「要努力通過談判、收買、離間來瓦解敵人；可並用或分用這些方法；不必訴諸戰鬥。

199. 「因為絕不能預先斷定戰鬥中兩軍孰勝孰敗，國王應盡可能避免終於打起仗來。

200. 「但，當他不能使用上述三策略中任一策略時，他應奮

---

①即，排成長線形或分做三軍。

②見第二卷第 19 節。

勇戰鬥，擊敗敵人。

201.「征服一個國家後，國王要敬禮當地所敬諸神，和婆羅門的有德之士；施惠人民，發表安民文告。

202.「當充分獲悉被征服人民的心意時，可在這一國家內任命一個王族的國王，強使他接受若干條件。

203.「要使他遵守戰勝國原先公布過的法律；並獻珠寶禮物於國王及其侍臣。

204.「沒收財產，此舉產生仇恨，或以之贈人，此舉取得好感，兩者可褒可貶，視情況而定。

205.「世間一切事情的成功，取決於受人們前生行為所支配的宿命律和人的行為；宿命律玄妙莫測，所以，應該依靠取決於人的方法。

206.「考慮到遠征的三種果實是朋友、金錢，和開疆拓土，戰勝者也可以和敵人締約，或親切相待，使之成為盟邦。

207.「首先，要考察會乘自己出國之機而入侵的國王的意圖，和敬畏此國王的其他國王的意圖，其次，不管和被征服的敵人締結盟約與否，要從中取得征討的果實。

208.「國王取得財富，擴張領土，不如結交一個今雖弱小，而有一天會強大起來的忠實朋友，更能增加富源。

209.「不大可怕，但有德、知恩、施惠人民、為朋友獻身、在事業上堅忍不拔的盟邦，值得高度尊重。

210.「賢者將有識、出身貴顯、勇敢、能幹、慷慨、對為其效過勞的人知恩不盡，執行計劃堅定不搖的人，看做不可戰勝的敵人。

211.「仁善、知人、剛勇、同情、好施不倦，此乃裝飾中立國王的美德。

212. 「國王爲挽救自身，土地雖宜人、肥沃、非常適於增殖家畜，也應該無猶豫地放棄。

213. 「國王爲醫治不幸，可細心保持財富；爲挽救妻子，可犧牲財富；爲挽救自己，可犧牲妻子與財富。

214. 「英明之主，見到各種災禍同時紛紛襲來時，應該同時或分別採取一切適當對策。

215. 「要專心致志思考三個事項，即：領導事業的人，亦即自己，給自己提出的目標，和成功的方法，要求達到其所希求的目的。

216. 「國王在按規定形式就有關國家的一切事宜和大臣們商議後，在從事適於武士的鍛煉和午浴後，可入內廷用膳。

217. 「可在該處吃由忠於他、知道時宜、忠實不渝的臣僕烹調好的食物；這種食物應該極其細心地加以試驗①，並通過念中和毒劑的咒文加以祝聖。

218. 「要將解毒劑混合在一切食物內，身邊常注意攜帶有破壞毒物效果的寶石。

219. 「要使受到細心監視、其首飾、衣服事先都經過檢查以免藏有武器和毒品的婦女，以極大的用心爲國王搧風，往身上灑水和香料。

220. 「乘車、入寢、就坐、用食、入浴、裝束打扮時，都應該採取同樣的預防措施。

221. 「食後，可在後宮和婦女們一起從事消遣，並在娛樂適當時間後，重新處理公務。

222. 「要在整裝後，檢閱軍隊、馬隊、象隊、戰車、武器和

---

①這種試驗可利用竹雞來進行；竹雞見到含毒食品，眼即變紅。（注疏）

服裝。

223.「晚上，宗教義務完成後，要全副武裝到宮內密室聽取間諜的秘密報告。

224.「隨即辭退他們到宮內他處，然後由侍女左右圍繞轉入宮內用晚膳。

225.「在那兒再次用一些食物，聽樂器聲以自娛，然後及時就寢，去除疲勞後即起身。

226.「此乃國王康健時所應遵守的規定；但在身體違和時，可將國事委託大臣們照管。

第八卷

法官的任務　民法與刑法

1.「國王欲調查訴訟案件，應該以謙虛的態度，由婆羅門和有經驗的顧問伴同，到法庭去。

2.「可在那兒或坐或站立，舉右手，服飾樸素地，調查訴訟兩造的事件。

3.「要每天根據從地方、種姓、家族特有的習慣法和法典引出的原理，對以下列十八個主要項目的案件逐一審理。

4.「這些項目中的第一項包括債務；其次是寄託；第三是無所有權物品的出賣；第四是合夥經營商業；第五是贈與物品的收回；

5.「第六是不付薪資；第七是拒不履行契約；第八是解除買賣；第九是主僕間的爭執；

6.「第十是關於邊界的爭執；第十一和第十二是虐待和侮辱；第十三是偷竊；第十四是搶奪與暴行；第十五是姦淫；

7.「第十六，夫婦的義務；第十七，遺產分配；第十八，賭博與鬥獸：此十八事項乃世間訴訟案件的基礎。

8.「人們的爭訟一般涉及這些事項以及上面未述及的若干其他事項；國王要根據永久法律審理他們的案件。

9.「國王不親身審案，可委任一個有學識的婆羅門代行職務。

10.「此婆羅門可審理屬於國王裁決的案件；他要伴同三個

陪審官到最高法庭去，在該處可或坐或立。

11. 「三個精通吠陀的婆羅門由國王遴選其中一位非常淵博的婆羅門任首席，不管在何處開庭，他們這一團體被賢者稱爲『四面梵天法庭。』

12. 「法庭上遇到正義爲不義所傷，法官不能拔掉其芒刺時，法官本身亦爲所傷。

13. 「應該或不入法庭，或照實說話；一言不發或僅說謊言的人同屬有罪。

14. 「凡在法官眼前正義被不義所毀滅，眞實被虛僞所毀滅之處，法官亦同歸於盡。

15. 「損害法，法即予以打擊，保護法，法即予以保護；因此，『我們切戒侵害法，以免侵害法時，法予我們以懲罰』。這是法官們看到主審官有意破壞法律時應該對他說的話。

16. 「可敬的法神表現爲牡牛形相；侵犯它的人，諸神稱之爲『牡牛的敵人』；所以不應該侵犯法。

17. 「法是人死後與人爲伍的唯一朋友；因爲其他一切友誼都和肉體一起同歸於盡。

18. 「判決的不公，四分之一歸咎於造成不法爭訟的兩造；四分之一歸咎於僞證人；四分之一歸咎於一切法官；四分之一歸咎於國王；

19. 「但當罪犯受到懲處時，國王無罪，法官免咎，罪過歸犯者本人。

20. 「國王如果願意，可選擇一個未完成義務，除出身外別無可稱述的僧侶種姓的人，或者被認爲是婆羅門的人來解釋法律，或者，如無此婆羅門時，可以選擇一個刹帝利或一個吠舍來解釋法律，但絕不要奴隸種姓的人。

21. 「當國王容忍首陀羅在他眼前宣讀判案時，他的國家陷入困境，有如牝牛陷入泥淖。

22. 「首陀羅大量聚居，無神派頻繁來往，而且沒有婆羅門①的國家，很快被飢饉、疾病全部毀滅。

23. 「國王或國王任命的法官，向世界守護神致敬後，要裝束嚴整地坐在審判席上，聚精會神，著手審理案件。

24. 「可依種姓順序審查當事人的一切案件，考慮利害得失並主要應設法辨明合法與非法。

25. 「要利用外部表現，利用聲音、面色、態度、姿勢、眼神和動作來發現人內心的思想。

26. 「根據姿勢、態度、舉止、動作、言語、眼睛和面部的變化來猜測人內心的思想活動。

27. 「如果兒童沒有保護人，其繼承財產應該置於國王保護之下，直到他完成學業，或達到成人期，即達到十六歲時為止。

28. 「對不妊、無子、無親族的婦女，忠於離家的丈夫的婦女，寡婦，及疾病纏身的婦女，應給予同樣保護。

29. 「主持正義的國王，對於在這些婦女健在期間謀占其財產的親屬，處以盜匪之罪。

30. 「物主不明的任何財產，應該擊鼓宣布，然後由國王保管三年；三年期滿前，物主可以收回，逾限，國王得判歸己有。

31. 「有人聲稱：『此物屬於我』，應詳加究問，只有使他說明形狀、數目及其他情況後，才可物歸原主。

---

①英譯本作沒有再生族的國家。——漢譯者

32. 「不能完全指出物品遺失的時間、地點，以及物品的顏色、形狀、體積者，應被處同等價值的罰金。

33. 「國王想到善人的義務，可根據物品已保管三年、兩年、或僅一年，提取其所保管某人丟失物品的六分之一、十分之一，或僅十二分之一。

34. 「某人遺失的物品被國王侍從發現，應託付給特選的保管人員；國王捕到盜竊該物品的人時，可使象踐踏他們。

35. 「有人來實說：『此財寶屬於我』，又，財寶被本人或他人發現後，他能證明其所提出的事實時，國王應該根據該人的身分，取得其六分之一，或十二分之一。

36. 「但冒認者，應處以其所有財產的八分之一的罰金，或者，最低限度，處以相當於該財寶估價的一小部分的罰金。

37. 「一有學識的婆羅門發現昔日埋藏地下的財寶，可全部據爲己有，因爲他是一切存在物的主人；

38. 「但當國王發現古代埋藏地下的無主財寶時，可以其一半給與婆羅門，以另一半入己庫。

39. 「國王以保護人資格，又由於是大地的主人，有權利取得地下埋藏古物及貴金屬的一半。

40. 「國王應將盜賊竊取的財物，歸還各該種姓本人；因爲國王據爲己有時，使自己成爲盜竊犯。

41. 「有德的國王，在研究各種姓、各地方的特別法律、各商會的章程和各家族的習慣法之後，如果這些法律、章程和習慣法無悖於啓示的聖典的規定時，可賦予法律效力。

42. 「遵守有關規定，悉心完成義務的人，雖居處遙遠，但見愛於人。

43. 「國王和大臣要避免興訟，對提到面前的訴訟，絕不可

由於貪婪而加以忽視。

44.「有如獵人追蹤血滴，可達受傷的森林野獸的巢穴，同樣，國王利用英明的推理，可以達到法律的真正目的。

45.「要根據訴訟手續的規定，對事實、物品、本人、證人、地點、方式和時間，詳加考慮。

46.「再生族學者和有德之士所遵循的實踐活動，如無悖於地方、種姓和家族的習慣法，可付諸實施。

47.「債權人為索取債務人所欠金額，向其申訴時，可使債權人提供債務證明，令債務人清還。

48.「債權人為強制債務人還債，可使用各種收回債務的例行手段。

49.「債權人可利用符合倫理義務的手段①，利用訴訟，詐術②，危難③，以及最後第五，利用強暴措施④，使人歸還欠債。

50.「債權人強制債務人歸還借給他的東西，是為了收回自己的財產，不應被國王責難。

---

①②④下述各節，係引自立法家波利訶斯波底，它們曾在《梵文注疏》和《印度法匯編》中被人引用過，它們已完全闡明本節的意義。

通過朋友、親族的斡旋，通過善言譴責，到處追隨不離或待在他家裡不走，可以迫使債務人還債。這種收回債務的方式叫做符合倫理義務的方式。

債權人利用詐術向債務人借來一件東西，或扣留其寄存的物品，以此迫使他還債。這種方式叫做合法的欺詐。

拘留其兒子、妻子或牲畜，或經常夜間不離其門口，以強制其還債，叫做合法的強制。

捆綁債務人，將他帶到自己家裡，打擊他，並以其它類似方法，迫使他還債，叫做強暴的方式。

③從注文看來，條文中的「危難」(détresse) 即注文中合法的強制 (Contrainte légale)。
——漢譯者

51. 「一個人否認債務時，由債權人提具證明，國王可使債務人清償欠款，並科以適應其財力的小額罰金。

52. 「在法庭要求債務人還債，債務人否認時，原告可召請借款時在場的人出庭作證，或提出借券等其它證明。

53. 「召請未在場的人出庭作證的人；聲明一件事情又加以否認的人；未覺察到所陳述的理由前後矛盾的人；

54. 「提出一些細節後修正原話的人；問到確鑿事實未給予滿意答覆的人；

55. 「在不應該交談的地方和證人交談的人；對於幾次提出的問題拒不答辯的人；離開法庭的人；

56. 「令其發言，保持緘默，或不證明其所提出的事項，以及最後不知道何者可能，何者不可能的人：這一切人的要求都要被批駁。

57. 「一個人來說『我有證人』，但要他提供證人而不提供時，法官應該為這一理由而宣判其敗訴。

58. 「原告不陳述起訴的理由，應該按照法律分別情況，處以體刑或罰金；被告不在三個十五天的期限內答辯時，依法制裁。

59. 「妄自否認債務的人，妄索人家不欠的債務的人，作為有意違法的人，應由國王科以兩倍於該項款額的罰金。

60. 「一個人被債權人帶到法庭，經過法官訊問，否認其債務時，應該至少有三人在國王任命的婆羅門面前作證，澄清問題。

61. 「我要告訴你們債權人和其他起訴人，在訴訟中應該提供何種的證人，以及證人應該如何說明真相。

62. 「家長，有兒子的人，同鄉，不論屬於武士種姓或商人

種姓，或奴隸種姓，被原告請其出庭時，均得爲證人，除必要場合外，並非任何人均得爲證人。

63. 「應在各種姓中選擇值得信任，知道一切義務，廉而不貪的人作爲訟訴的證人；其性格相反者應予摒棄。

64. 「不應該要唯利是圖的人、以及僕人、敵人、心懷惡意爲衆所周知的人、病人和罪犯。

65. 「不能以國王、下級工匠（如廚師）、演員、精幹的神學家、學生、脫離一切塵緣的行者、

66. 「完全不能獨立的人、聲名狼藉的人、從事殘暴職業的人、從事犯禁職業的人、老人、兒童、孑然一身的人、種姓混雜的人、官能衰退的人、

67. 「遭受憂苦的不幸者、醉漢、狂人、苦於飢渴的人、過度疲勞的人、陷身情欲的人、憤怒的人爲證人。

68. 「婦女應該爲婦女作證；同種姓再生族爲同種姓再生族作證；正直的首陀羅爲奴隸種姓的人作證；屬於種姓混雜的人爲生於種姓混雜的人作證。

69. 「但如果有發生在內室或森林間的事件、或殺人事件時，目擊事實的人無論是誰，應在當事人間提供證據。

70. 「遇此情況，沒有適當證人時，可聽取婦女、兒童、老人、學生、親族、奴隸或僕人的供述；

71. 「但因爲兒童、老人和病人所述情況可能不實，法官應該將他們的證據看做是無力的，精神失常者的證據亦然。

72. 「凡涉及暴行、盜竊、姦污、侮辱和虐待時，不應該過分苛求證人的資格。

73. 「證人有分歧時，國王應該採用最大多數人的供述；如果兩者數目相等時，應該傾向功德素著的人；如果他們人品都

好，應該傾向最高尚的再生族。

74.「證據視情況而定，應為耳聞或目睹的，才能成立；在這種情況下說明真相的證人，道德、財富都不喪失。

75.「在聚集的高貴人面前，其證詞與其所見所聞的事實不符的證人，死後失去天界，頭向下墮入地獄中。

76.「一個人看到或聽到一件事情，雖未被召請作證，但在以後被人問到有關這一問題時，應該按照所聞據實供述。

77.「沒有貪心的男子的孤證，有時也可以採用；但很多婦女的作證，即使她們是正直的也不行（因為婦女心性無恒），犯有罪惡的男子也不行。

78.「證人出於自動的供述，在訴訟中應該被採納；但因受某種動機影響，一切可能與此相反的供述，不能為法官所採納。

79.「證人都出庭時，法官要當原告、被告之面，以下列方式，一面溫言勸說，一面訊問證人：

80.「『在此案件中，兩造相互間所發生的一切，要就你所知，誠實地供述，因為這裡需要你作證。』

81.「供述中說實話的人抵達最高處所，在今生取得最高的榮譽；他的證言為梵天所尊重。

82.「作偽證的人，歷百度輪迴墮入水神①的縲絏中而無法抵抗；因為只應該說實話。

83.「證人由於說實話而淨化，實話使正義昌盛；因此，一切種姓的證人都應該說實話。

84.「真我是自己的證人，真我是自己的歸宿；絕不要輕視你的真我這一人們最卓越的證人。

---

①見第三卷第 87 節，第九卷第 245 和第 308 節。

85. 「壞人自謂：『沒有任何人看見我們』，但諸神則在注視他們，寓在他們身上的神我亦然。

86. 「保衛天、地、海洋、人心、月球、太陽、地獄之火、風、夜、黎明和薄暮以及司法的守護神都知道眾生的行動。

87. 「早晨，法官淨身後，要當諸神像和婆羅門之面，面向北方或東方，請已淨身的再生族，供述實情。

88. 「訊問時應該對婆羅門說：『講吧』；對剎帝利說：『說明真情吧』；對於吠舍則提示他，作偽證類似偷人牲畜、穀物和金錢，同樣是犯罪行為；對於首陀羅，則在以下斷言中給他們指出偽證的一切罪惡：

89. 『原供收容殺害婆羅門的人，殺害婦女和小兒的人，損害朋友的人，恩將仇報的人的痛苦的所在，也是對作偽證的人設置的』。

90. 『誠實的人哪，如果不說實話，你自有生以來所能做的一切好事要全部喪失，而歸於犬。

91. 『高尚的人哪，當你說：『只有我獨自一人』時，無言地、專心致志地觀察一切善惡的最高我就無時不住在你心中。

92. 『這位寓居你心靈中的神，是一位嚴厲的法官，不屈不撓的懲罰者，是一位大神①；如果你從來不和他抵觸，可不必到恒②河或鳩魯平原去巡禮。

---

① 原文作：「這是閻摩，這是吠伐斯伐多」。閻摩是死人的法官；吠伐斯伐多是閻摩的別名，是就其懲罰的特性說的。閻摩是太陽神神吠伐斯伐陀之子，故稱吠伐斯伐多。

② 恒伽 (Gangâ)，喜馬拉雅山神和山村女神美娜 (Ména) 的女兒，在印度神話中，是管理恒河的女神。她原居天界，應聖王跋吉羅閣的請求下凡。下凡的經過具見《羅摩衍那》軼事。軼事曾由什雷該爾 (M. de Schleger) 在《印度叢書》中譯為德文詩，譯筆甚佳。

93. 『做偽證言者，要落到裸體、禿頭、忍受飢渴、奄奄一息地、手持破缽，乞食於敵人之家的地步。

94. 『訊問時，被訊問而作偽供的罪人頭部向下墮入地獄最黑暗的深淵中。

95. 『在法庭上提供不確實的情況，說沒有見到的事實，可比作連同魚骨一起吃魚的盲人，不是感到所期待的快樂而是感到痛苦。

96. 『其靈心知道一切、在作證時不感到任何不安的人，諸神認為世界上沒有比他再好的。

97. 『高尚的人哪，現在你可以通過準確的計數，順序地學習，一個偽證人殺害多少親族，視其供述的事項而定。

98. 『關於牲畜的偽證，殺害五名親族①，關於牝牛的偽證殺害十名，關於馬的偽證，殺害百名，關於人的偽證，殺害千名；

99. 『關於金錢的偽證，殺害已生和未生的人，關於土地的偽證，殺害一切物類；所以，切戒在關於土地的案件中作偽證。

100. 『賢者宣稱，關於井水或池塘水的偽證，和關於同婦女交合的偽證，相當於關於土地的偽證；關於珍珠及其他水產貴重物品以及一切石質物品的偽證亦然。

101. 『你已經知道作虛偽證詞使人成為罪犯的一切罪惡，可就你所知、所見、所聞據實陳述』。

102. 「對看管牲畜、經商、從事低賤工作、演雜技、執行僕從職務，或放高利貸的婆羅門談話，要和對首陀羅談話一樣。

---

① 即，他成了殺害五名親族的罪犯，或者說，他使五名親族墮入地獄。（注疏）

103. 「在某些情況下，由於虔誠的動機，所說和所知不符，不被排除天界；其供述叫做諸神的證言。

104. 「當過犯由於一時昏迷而非預謀如盜竊、破壞等，凡據實陳述會置首陀羅、吠舍、刹帝利或婆羅門於死地時，應該說假話；在這種情況下，假話勝於眞話。

105. 「如此爲可稱許的動機而說謊言的證人，要把獻給雄辯女神的奶製米糕祭獻於娑羅斯跋底神①，以完全償贖這一僞證罪。

106. 「或者按規定，把獻給咒文女神的酥油供品投在火內，同時念誦耶柔吠陀或敬禮水神而以伏陀 (Oud) 開始的贊歌，或敬禮水神的三詠。

107. 「一個人沒有疾病而不在被傳喚後三個十五天內，爲關於債務的訴訟事件出庭作證，要負責償還全部債務，並另處罰金十分之一。

108. 「證人作證七日後，患病，被火災，或親族逝世者，應該清償債務，繳付罰金②。

109. 「在沒有證人的案件中，法官不能徹底了解眞理在訴訟兩造中哪一造時，可利用宣誓取得認識。

110. 「七大仙③和諸神曾爲澄清懷疑事件而宣誓；跋息什多被毗斯跋密陀羅④控告吃掉一百個小兒時，亦曾親自在比耶跋那

---

①娑羅斯跋底 (Saraswati)，司雄辯、技藝和音樂的女神；她是梵天的配偶。

②法譯本 108 節闕漏，今據伯內爾 (A. C. Burnell) 英譯本補入。——漢譯者

③七大仙是司北斗七星的聖者。它們的名稱是：摩利俱，阿多利 (Atri)，俺吉羅，弗羅斯底耶 (Poulastya)，弗羅訶 (Poulaha)，柯羅都 (Kratou) 和跋息什多。這些名稱具見十大仙名單中（第一卷第 34 節），由此可知七大仙列在十大仙的數目內。

④見第七卷第 42 節。注疏家提到的關於毗斯跋密陀羅的歷史事實，筆者不清楚。

(Piyavana) 之子蘇陀摩 (Soudâmâ) 國王前宣誓。

111.「明理的人即使對無關重要的事情，也絕不要做僞誓；因爲僞誓者不論今世後世都遭到毀滅。

112.「然而，涉及到情婦，涉及到對之求婚的少女，或涉及到牝牛的食物，祭祀所必需的燃料，或涉及對婆羅門的救濟時，作此種宣誓是無罪的。

113.「法官可使婆羅門以其眞誠宣誓；刹帝利以其馬、象與武器；吠舍以其牝牛、穀物與金錢；首陀羅以各種罪惡宣誓。

114.「或者，根據情況的嚴重性，可使他要考驗的人以手持火，或叫他潛入水中，或使他分別接觸其每一個兒子和妻子的頭部。

115.「火不燒其人的人，水不使其漂在水面的人，災禍不迅即突然襲擊的人，應該被認爲是宣誓眞誠的人。

116.「過去跋多娑 (Vatsa) 仙曾被其異母弟妄控，他指控仙者是首陀羅婦女的兒子，仙者宣誓說這是假的，於是他穿過火內，以證所誓不虛，火作爲一切人有罪與無辜的考驗者，由於他宣誓眞誠，對他毫髮未傷。

117.「凡提供僞證的訴訟，應被法官重新審理，而其判決的案件應視爲無效。

118.「由於貪欲、迷妄、恐懼、友誼、色欲、憤怒、無知和輕忽所作的證詞，被宣告無效。

119.「由於這些動機之一而作僞證，我要依次列舉他們將受的各種懲罰：

120.「由於貪欲而作僞供者，處千鉢那罰金；由於心神錯亂者，處一等罰金，即 250 鉢那①；由於恐懼者，處中等罰金五百

----

① 見第 138 節。

鉢那的兩倍；由於友誼者，處一等罰金的四倍；

121.「由於色欲者，處一等罰金的十倍；由於憤怒者，處另一罰金，即中等罰金的三倍；由於無知者，處整二百鉢那的罰金；由於輕忽者，僅處百鉢那罰金。

122.「這些是古賢所宣示，而由立法家所規定的對於偽證的處罰，使人不致背離正義，而壓抑不義。

123.「後三個種姓的人做偽證時，正義的國王應該以上述方式使其繳付罰金後，處以流放；但如果是婆羅門，則只處流放。

124.「出自自存神的摩奴指定對後三個種姓的人用刑的十個地點；但婆羅門可以安然無恙地出國。

125.「這十個地點是：生殖器官、腹部、舌頭、兩手和位居第五的兩足、眼睛、鼻子、兩耳、財產及全身（罪當處死刑時）。

126.「國王在充分查明如累犯等加重情況，以及時間地點後，在考查罪犯的財力和罪惡後，使刑罰施加於罪有應得的人。

127.「用刑不公，生前破壞名譽，死後毀滅光榮，杜絕來生上天的門路；因而，國王應該注意加以避免。

128.「處罰無辜，對應該用刑者不用刑的國王，蒙受恥辱，死後墮入地獄。

129.「他開始可僅處以譴責；然後嚴斥；再則處以罰金；最後施加體刑；

130.「但當體刑也不足以壓制罪犯時，可四刑並施。

131.「對於世人商業往來一般通用的金銀銅重量的各種名稱，我要毫無遺漏地講給你們。

132.「陽光通過窗戶時所見到的微細塵埃是最起碼的可見

量；叫做塵埃粒 (trasarénou)。

133．「八個塵埃粒在重量上應該被認爲等於一個罌粟粒；三個罌粟粒被認爲等於一個黑芥子粒，三個黑芥子粒等於一個白芥子粒；

134．「六個白芥子粒等於一個中等大小的大麥粒；三個大麥粒等於一個柯利什那羅①；五個柯利什那羅等於一個摩剎②；十六個摩剎等於一個修波爾那③。

135．「四金修波爾那爲一鉢羅；十鉢羅爲一陀羅那；一銀摩剎伽應該被認爲有兩個柯利什那羅合起來的價值；

136．「十六銀摩剎伽爲一銀陀羅那或一銀菩羅那；但銅伽爾什伽應該叫做鉢那或迦爾剎鉢那。

137．「十銀陀羅那等於一婆多摩那，四修波爾那的重量叫做尼什伽。

138．「二百五十鉢那被宣布爲一等罰金，五百鉢那應該被認爲中等罰金，一千鉢那被認爲是最高罰金。

139．「債務人被債權人帶到法庭，承認了自己的債務，應繳

---

①克利什那羅 (Krichnala)，亦稱 ractika，或訛作 ritti，是一種叫做 gourdja（學名 Abrus precatorius）的小灌木結的黑紅色珠果。這種珠果構成首飾商和金銀工計重的最小單位；它約重一古克又十六分之十五；但人們規定的重量叫做克利什那羅，重約兩古克又十六分之三，或兩古克又四分之一（見威爾遜《梵語辭典》），此兩古克三又四分之一等於 146 毫克。

②摩剎的重量，根據這種計算，是十一古克三又四分之一（729 毫克）；但根據威爾遜，摩剎有十八個克利什那羅的重量，而通行的摩剎則等於 17.3 古克（1克 101 毫克）。

③金子的重量，按五克利什那羅等於一摩剎計，相當於 180.3 古克左右（11 克 659 毫克），但有變化。見《威爾遜辭典》修波爾那 (Souvarna) 和柯剎 (Karcha) 兩辭條。又威爾遜《Mrichchhakati》譯本 50 頁。

百分之五的罰金與國王；如果他否認而被人證實了，加倍：這是摩奴的命令。

140. 「放銀人如有抵押品，應在本金外收跋息什多規定的利息，即每月收百分之八十分之一的利息，或一又四分之一的利息。

141. 「或者，沒有抵押品，想到善人的義務，逐月收百分之二；因為，收百分之二者，不犯取得非法利潤罪。

142. 「可按照種姓的正順序，每月收婆羅門百分之二（絕不可再多），剎帝利百分之三，吠舍之四，而首陀羅之五。

143. 「但如果抵押品，如土地或牝牛，交付他准予利用時，不應該對款額再收其它利金，經過一個長時間或利潤上升到和債務等值時，則此抵押品不能贈予或賣掉。

144. 「不應違反物主的意願去使用僅僅是存放的、由衣服、裝飾品及其它類似物品構成的抵押品；使用者應該放棄利金：如果物品用舊或弄壞，應按物品完好狀態時的價格，賠償物主，否則，就會成為抵押品的盜竊犯。

145. 「物主不能因時間漫長就失掉抵押品或寄存物品；物品雖在被寄存人處長久存放，但仍應物歸原主。

146. 「出奶的牝牛，駱駝，乘馬，送來供訓練做活用的牲畜（如牡牛），以及由於友誼關係物主准予使用的其它物品，物主絕不應該失掉它們。

147. 「除上述情況外，當物主親眼看著人家在十年內使用屬於自己的任何動產而不要求歸還時，就不應該收回該動產的所有權。

148. 「如果不是白痴，不在十六歲以下，或不是未滿十六歲者，在他眼前發生別人使用其動產的情況時，根據法律，這一動

產對他就喪失了，使用之者可以保有它。

149.「抵押品、地界、兒童的財產、打開的或封閉的寄存物品、婦女、國王的財產和神學家的財產，不因人家享用了它而喪失掉。

150.「未經物主同意，擅用寄存抵押品的不慎者，應放棄半數利息，來抵償擅用。

151.「一次收取而非逐月逐日收取的債息不得超出債務的兩倍，即不應高於人家同時歸還的本金；對於食糧、果實、羊毛或鬃毛、負荷牲畜等要以等值物品償還的借出物，利息最高可達債務的五倍。

152.「超過法定利率而違反上述規定利息的無效；賢者稱之為高利手段；貸款人最多只應取利百分之五。

153.「貸款一月、兩月或三月並收取一定利息的人，超過一年時，不要收取同樣利息，或不被認可的利息，或經過預約的複利，或最終會超過本金的月息，或向處於困境①的債務人勒索的利息，或使用抵押品代替了利潤而仍收取的非法利潤。

154.「不能在規定日期清還債務，欲重新訂立契約者，可徵得貸款人同意，繳付所欠一切利息後，再訂契約。

155.「但，遭受某種命運打擊，無力繳付債息時，可將應繳利息，作為本金，寫在新訂契約內。

156.「憑事先規定的利潤，承擔在某一規定時間將某種貨物運往某地，未履行關於時間、地點的條件者，不得收受協議的報酬，但可收受鑒定人規定的報酬。

---

①或根據瓊斯的意見，作：「或沒有衆所周知的危險或急難時向債務人作為危難費索取的利息。」見《匯編》第一卷第 50 頁。

157.「精於海陸運輸業務並善於按照時間、地點之長短相應確定利潤的人，對某些貨物的運輸確定任何利潤時，這一關於確定利潤的決定有法律效力。

158.「在今世擔保使債務人出庭而不能使其出庭的人，應該以自己財產償付債務；

159.「但兒子沒有義務清償父親作保所欠的款項，或父親沒有理由許給娼妓或樂師的款項，或賭輸的金錢，或飲酒的欠款，或罰金、稅金欠交的餘額。

160.「這是關於擔保出庭事件的規定；但擔保還債人故去時，法官應使其繼承人清償債務。

161.「然而，作擔保，但並非擔保還債，其事為眾所周知者，此人死後，債權人在何種情況下可要求繼承人還債呢？

162.「如果擔保人接受了債務人金錢，並擁有相當財產可以還債，接受這種金錢者的兒子，要破費其繼承財產，清償債務，這是法律。

163.「凡醉人、狂人、病人、完全不能獨立的人、小兒、老人、或無權訂立契約的人所訂立的任何契約，完全無效。

164.「一個人為做某事而訂立的契約，如果有悖於規定的法律和古來的習慣，雖證據確鑿，仍屬無效。

165.「法官在抵押、出賣、贈與、接受中發現欺詐情況、以及無論在何處發現欺騙情況，應該宣布該事務無效。

166.「如果債務人死去，金錢已為其家族消費時，其欠款應由無論已否分居的親族以自己財產償付。

167.「即使是奴隸為主人家族辦一項交易，如借債事項，無論主人在場與否，不應該拒不承認。

168.「強制給予人家不能接受的東西，強制占有的東西，強

制立字的東西，像一切強制實行的事情一樣，都被摩奴宣布爲無效。

169. 「三種人爲他人受苦：證人，保證人，監察官；而四種其他人由於對人有用而致富：婆羅門、債主、商人和國王。

170. 「國王無論如何貧困，也不要取所不宜取；無論如何富裕，也不要棄所宜取，雖最小的物品亦然。

171. 「國王取不宜取，或棄所宜取，則示人以柔弱，今世後世遭滅亡。

172. 「國王取所宜取，預防種姓混淆並保護弱小，則取得勢力，今世後世都昌盛。

173. 「因此，國王應該像閻王一樣，摒除好惡，克服憤怒，抑制諸根，遵循這個人類最高法官的行爲準則。

174. 「但心術不正，昏憒而未能秉公斷案的國王，迅即爲敵人所征服。

175. 「反之，國王克服情欲和憤怒，公平審案，則民衆歸心，有如百川之匯海。

176. 「債務人自信對國王有很大影響，向國王訴說債權人要設法通過許可的方法收回欠債時，國王應迫使他交欠款的四分之一作爲罰金，並將欠款歸還債權人。

177. 「債務人和債權人如屬同一種姓，或債務人種姓較低時，可利用勞動抵債；但如種姓較高，可按照財力漸次還債。

178. 「這些就是國王在證人及其它證據澄清疑難後，據以公正判決兩造訴訟事件的規定。

179. 「有識者應該將寄托物品寄存於家門高尙、品行端正、知法、誠實、親族衆多、殷實、正直的人家。

180. 「無論以任何方式將任何物品寄存人家手內，亦應以同

樣方式收回此物品；怎樣寄托就怎樣收回①。

181.「人家要求歸還寄托物品而不將該物品歸還寄托人者，雖原告缺席，也應由法官加以審訊。

182.「沒有證人時，法官可遣已達成人年齡、風采可人的密使，巧使藉口，將黃金或其它一切貴重物品寄托在被告人手內。

183.「此時，如果被寄托人將寄托物品原樣歸還，就沒有受理對他提出訴訟的理由；

184.「但是，如果他不按照協議將寄托黃金歸還這些代理人，就要將他拘捕並強制他歸還兩種寄托物品；法律是這樣命令的。

185.「寄托物品無論已封未封，絕不得在寄托人生存期間，歸還其推定繼承人；因為如果受托人歸還物品於繼承人，而繼承人在未將該項物品轉交物主之前死去，這兩種寄托物品就丟失了，受托人必須對此加以考慮；但是，如果他不死去，就不丟失；因此在事情拿不準的情況下，只應該將寄托物品歸還寄托人。

186.「但是，如果受托人在寄托人死後主動將物品歸還死者的繼承人時，國王或死者的親族就不得對他提出要求。

187.「索取寄托物品時，應該率直而友好，在確悉受托人的個性後，應該以兩相情願的方式了結其事。

188.「這是索還一切寄托物品應該遵守的規定；寄托物品貼有封條時，受托人只要不曾偽造封印，從中抽取任何東西，就絕不應使之遭受煩惱。

---

①原文作：怎樣完成寄托，就怎樣完成收回的行動。

189. 「寄托物品被盜賊竊取，被水沖走或被火燒毀時，只要受托人沒有從中取用任何東西，就不必折價償還。

190. 「對霸占寄托物品和索取並未寄托的物品的人，國王要通過種種方法，以及通過吠陀規定的諸試罪法加以考驗。

191. 「不歸還寄托物品和要求並未寄托的物品者，如涉及重要物品如黃金、珍珠等，兩者都應以盜竊論罪；或者，如果價值不大，處以與該項物品價值相等的罰金。

192. 「不歸還寄托物品，以及抽取貼封寄托物品者，一律由國王處以繳付與該物品等價的罰金。

193. 「以假效勞取得人家金錢者，應根據情況，當眾遭受各種刑罰，乃至處死，對其從犯亦然。

194. 「由某人當某些人之面交付的由某些物品構成的寄托物品，應以同一方式原樣交還本人；從中欺騙者應受懲處。

195. 「私下接受的寄托物品，應私下交還；怎樣交付，怎樣收回。

196. 「國王要這樣判決有關寄托物品和友好借貸物品的案件，而無傷於受托人。

197. 「未經物主同意出賣人家財產的人，如同自以為沒有行竊的盜賊，法官不應容許他為人作證。

198. 「如為物主的近親族，應被判處六百鉢那的罰金；如非物主親族，又無任何理由可提者，就是犯盜竊罪。

199. 「真正物主以外的其他人的贈予或出賣，應認為無效；這是訴訟手續的規定。

200. 「對於凡屬已經享用而不能提供任何證件的任何物品，只有證件，而不是享用行為，構成所有權；法律是這樣規定的。

201. 「在市場上當大多數人之面買到任何財產，即使賣者並非物主，但買者因已付該財產的代價，理應取得其所有權；

202. 「但是，如果買者雖提不出非物主的賣者的名字，但能證明其買賣契約係當衆訂立者，國王可將其放回，不處罰金，喪失財產的原物主可付半價於買主來收回它。

203. 「不可將攙有其它物品的任何商品，充作純粹商品，將質量壞的商品充作質量好的商品出賣，或者，出賣小於議定分量的商品，不在手頭的商品或隱瞞其缺點的商品。

204. 「如果將一個姑娘引見給求婚者，女子的手已通過饋贈授給他，又將另一姑娘作爲配偶給與他，他就以同一代價變做兩者的丈夫；這是摩奴決定的。

205. 「嫁女者先將她的缺點告訴人家，聲明她精神異常，或染有象皮病，或曾和男人發生過關係時，不受任何處罰。

206. 「被選任舉行祭祀的祭司，拋棄其任務時，其助祭可參照其作爲的多寡只給予他部分謝禮。

207. 「謝禮分配後，如果因病而非假借藉口，必需離開祭禮時，可取走全份謝禮，使其他祭司完成其業已開始的祭禮。

208. 「在宗教典禮中，其儀式各部分的特別謝禮都已規定好，完成某部分儀式的人只取該部分的謝禮呢，還是由祭官們大家分領呢？

209. 「在某些典禮中，誦耶柔吠陀者取車，婆羅門（祭司）取馬，誦梨俱吠陀者取另外一匹馬，唱娑摩吠陀者取裝運祭祀用品的車。

210. 「十六個祭司中間分配一百隻牝牛時，四個主要祭司可得半數左右，或四十八隻；其次四人可得此數之半；第三組，三分之一；第四組，四分之一。

211.「當多數人各以自己勞動合作經營同一企業時，其各份額的分配方式應該如此。

212.「當爲舉行宗教儀式而向人家要求的金錢被給予或承諾時，如果儀式沒有舉行，贈予無效。

213.「但如由於傲慢或貪婪，拒絕在這種情況下歸還已受金錢，或強取人家承諾的金錢時，可由國王判處一修波爾那①的罰金，以懲罰他這種盜竊。

214.「以上所說是取回贈品的合法方式；以下我再對你們說明可以不發給工資的情況。

215.「雇用人員無病而因傲慢拒不執行協議的工作時，處以八金柯利什那羅②的罰金，其工資亦不得發付。

216.「但如生病後恢復健康時又按照前約執行工作，雖經過很長時間，也應該取得工資。

217.「然而，無論其有病或健康，如果沒有由他本人或另外一個人完成協議工作時，即使任務接近完成，也不應該發給他工資。

218.「這是關於從事薪給工作的規定；以下我要對你們說明關於破壞契約者的法律。

219.「和商人或村鎮、地方的其他居民締結了宣誓遵守的契約，而因貪婪爽約者，國王可將其逐出國外；

220.「又，國王將這個失信的人逮捕後，根據情況，處罰金四修波爾那或六尼什伽，或一銀娑多摩那③，乃至三罰並施。

221.「以上就是一公正國王在一切公民和各種姓之間，處罰

①見本卷第 134 節。
②見本卷第 134 節。
③見本章第 133 及以下各節。

不履行義務者時所應遵循的準則。

222.「買賣一件有固定價格且經久不壞的東西，如土地或金屬等，後又反悔者，可在十天以內歸還或者取回該物品；

223.「但超過十天後，就不能歸還或強人歸還：強制取回，或強使人取回者，應由國王處六百鉢那罰金。

224.「嫁一有缺陷的姑娘而未事先說明者①，國王可親自處以九十六鉢那的罰金。

225.「但出於惡意聲稱『這姑娘不是處女』而不能證實姑娘已被污辱者，應處百鉢那罰金。

226.「婚禮咒文專用於處女，而絕不適用於此世喪失貞操者；因為這樣的婦女，被排除在法定儀式之外。

227.「婚禮咒文是對婚姻的必要的認可，有教養者應該知道，由咒文祝聖的婚約，當新娘前去將手授給丈夫，走到第七步②時就算完成和不可取消。

228.「一個人締結任何一項契約後感到懊悔時，法官可依照上述規定，使其回到正道上去。

229.「現在我要按照法律原則，適當地裁決當發生某種事故時，在牲畜所有主與牧人中間所起的爭端。

230.「日間，關於牲畜安全的責任在於牧人；夜間，如果牲畜在主人家，安全責任在主人；反之，牲畜日夜托給牧人時，由

---

①見本卷第 205 節。

②最初我認為本節中的「步」(pada) 字可能有「首」和「詩句」的意義，因而我曾認為是「念到禱祝的第七首時婚約便完成了」。但以後我曾在科爾布魯克關於印度宗教儀式的論文中發現有利於瓊斯譯文的一節，於是我保持了他的這一譯法。（見《亞洲研究》第七卷第 303 頁，又《印度法匯編》第 2 卷第 484，488 頁。）

牧人負責。

231.「以定量牛奶爲工資的牝牛牧牛人，應經主人同意，擠取十隻牝牛中最好的牝牛的奶；這就是無其它薪金的牧人的工資。

232.「當一隻牲畜失掉，被爬行動物①或狗弄死，或墮入深谷，由於牧人疏忽所致時，牧人必須賠償另外一隻；

233.「但當牲畜被盜賊竊取，而他曾大喊有賊偷竊，並注意及時及地報告主人時，就不必賠償。

234.「家畜死時，要將耳朵、皮毛、尾巴、腹皮、腱、牛黃②帶到主人處，並將肢體給他看。

235.「牝山羊或牝綿羊群被狼襲擊，而牧人不跑上前去，如果有狼擾去牝山羊或牝綿羊並將其弄死時，咎在牧人。

236.「但如看守羊群並在森林集中放牧，狼突然來襲，殺其一隻時，遇此情況牧人無罪。

237.「村莊周圍，可留寬四百肘或棍棒的三次投距的荒地作爲牧場，城市周圍空地可三倍之。

238.「如果這種牧場上放牧的牲畜損害田間無籬笆圍護的作物時，國王不可處牧人以任何刑罰。

239.「田地業主，要將田地圍以駱駝不能從上面看到裡面的荊棘籬笆，並杜絕豬狗可以探進頭去的一切入口。

240.「牲畜有牧人跟隨，在大路旁或靠近村莊有籬笆圍護的地方造成某種損害時，應被處百鉢那罰金；如無牧人跟隨，田地業主可逐之遠去。

---

①我從瓊斯意見，原文所說爬行動物係指昆蟲或寄生蟲 (crimis)。

②梵文作 rotchanâ，牝牛的膽汁，或根據其它說法，是在牛頭中找到的一種物質，可作香料、藥品和顏料之用。

241. 「在其它田地，牲畜主人應付一又四分之一鉢那罰金；但不管在什麼地方，被損害穀物的價格應交給業主，這是規定。

242. 「產後十天以內的牝牛，留作育種用的牡牛，和獻給諸神的牲畜，不論有無牧人跟隨，被摩奴宣布豁免罰金。

243. 「田地被農民本人的牲畜所毀，或忽略及時播種時，應被處等於交給國王的收穫部分（這部分由於其疏忽而喪失掉）的十倍的罰金，或者，過失來自其雇佣工人，而自己並無所知時，只被處此罰金之半。

244. 「這些是在所有主方面、牲畜方面、牧人方面犯了過失的一切情況下，公正的國王應該遵照的規定。

245. 「兩村社間發生關於邊界問題的爭執時，國王可選擇五、六月①間來劃界，因為這時太陽將草完全曬枯，界線易於分辨。

246. 「邊界既定，應在該處栽種大樹，如尼耶格羅陀樹②，阿斯跋陀樹③，金修伽樹④，娑爾摩利樹⑤，娑羅樹⑥，多羅樹⑦，和富於奶汁的樹木，如優冬跋羅樹⑧；

247. 「叢生灌木、各種竹子、娑密⑨、蔓草、娑羅⑩、茂密

---

① 梵文作 Djyaichtha。

② 學名 Ficus Indica.

③ 學名 Ficus religiosa.

④ 學名 Butea frondosa.

⑤ 學名 Bombax heptaphyllum.

⑥ 學名 Shorea robusta.

⑦ 學名 Borassus flabelliformis 或 Corypha taliers.

⑧ 學名 Ficus glomerata.

⑨ 學名：Mimosa suma 和 Serratula antelmintica.

⑩ 學名：Saccharum sarra.

的鳩勃遮伽①；此外還要堆一些土丘：這樣，邊界就不會毀滅了。

248.「湖泊、井、水塘、小河溝，以及奉獻諸神的寺廟，都應該設立在共同的邊界上；

249.「鑒於確定邊界時不斷發生疑難，還應給邊界做出其它秘密標識。

250.「大石塊、骨頭、牝牛尾、稻草屑、灰、破瓦片、乾燥牛糞、磚、炭、石子、沙粒，

251.「以及最後，土壤不能在漫長時間中腐蝕的各種物質，都應該放在瓶內並埋藏在交界處的地下。

252.「國王應該利用這些標誌並按照占有的久遠，按照溪流的河道來決定訴訟兩造的地界。

253.「但在檢驗標誌本身中只要有一點疑問，則證人的陳述對於裁判邊界之爭就是必要的。

254.「就邊界標誌訊問證人，應該當村民和訴訟兩造之面進行。

255.「就邊界問題被訊問的人都提了一致而明確的陳述時，要用文件將邊界確定下來，文件寫上所有證人的名字。

256.「這些人頭上應放些土，並戴紅花的花冠，身穿紅衣服，以其善業的未來果報宣誓後，準確劃定邊界。

257.「陳述時按法律規定說實話的證人免去一切過失；但作偽供述者應處二百鉢那罰金。

258.「沒有證人時，應該延請發生爭執的村莊的四鄰村莊中的四人，當國王之面，決定已作適當調整的邊界；

---

① 學名：Achyranthes aspera.

259. 「但，如果沒有鄰居，也沒有自村莊建立以來其祖先世居其地的人們可以就邊界問題作證時，國王可召請以下在森林間過生活的人：

260. 「獵人、捕鳥人、牝牛牧人、漁人、掘根人、捕蛇人、拾遺穗人，及其他生活在森林間的人。

261. 「經過訊問後，國王應該根據他們就共同邊界標誌所做的答覆公正地規定兩村間的邊界。

262. 「對於田地、水井、池塘、園地和住宅，鄰村的證明是裁決其有關邊界問題的最好方法。

263. 「當人們對產業的邊界發生爭執時，如鄰人陳述不實，應由國王各處中等罰金①。

264. 「威脅所有主而占有其房屋、池塘、園圃、田地時，應處五百鉢那罰金；如由於失誤所致，僅處二百。

265. 「如果沒有標誌和證人，邊界不能以其它方式確定時，公正的國王，為關懷兩方利益起見，可親自確定地界。這是規定。

266. 「我已將有關劃定邊界的法律充分說明。現在我要將關於語言傷人的決定告訴你們。

267. 「剎帝利辱罵婆羅門應處一百鉢那罰金；吠舍處一百五十或二百，首陀羅處體刑。

268. 「婆羅門辱罵武士種姓的人處五十鉢那罰金；辱罵商人種姓處二十五；辱罵首陀羅處十二。

269. 「再生族侮辱同種姓人處十二鉢那罰金；講人壞話，一般應加倍處罰。

---

①即五百鉢那。

270. 「最低種性的人以駭人聽聞的壞話，辱罵再生族，應割斷其舌；因為他出自梵天的低下部分。

271. 「如果他以污辱方式提到他們的名和種姓，可用十指長的刺刀，燒得通紅，穿入他的口內。

272. 「如果他厚顏無恥，對婆羅門的義務提出意見時，國王可使人將沸油灌在他的口內和耳朵內。

273. 「對於因傲慢而妄自否認聖學，誕生地，種姓，入門式，以及其它適應其種姓的淨法的人，應強制繳付二百鉢那罰金。

274. 「如責斥旁人為目眇、跛子、或患類似疾病，雖係實話，亦應處以一迦爾刹鉢那的小額罰金。

275. 「咒罵父母、妻子、兄弟、兒子或教師者，應處一百鉢那罰金，拒絕給師長讓路者亦然。

276. 「善斷的國王對互相辱罵的婆羅門和刹帝利應處以下罰金；婆羅門應處較低罰金①，刹帝利處中等罰金。

277. 「同樣處罰應該根據種姓②準確實施於互相辱罵的吠舍與首陀羅間，而不割斷其舌。這是法律規定的。

278. 「語言辱罵的處罰方式已備述如上，現在我要向你們宣講關於虐待的法律。

279. 「出生低賤的人無論用哪個肢體打擊出身高尚的人，這一肢體應被切斷。這是摩奴的命令。

280. 「舉手或舉棍打擊出身高尚的人，應割斷其手；如動怒而以腳踢者，應割斷其腳。

---

①較低罰金250鉢那；中等罰金500鉢那，見本卷第138節。
②即吠舍處較低罰金，首陀羅處中等罰金。

281. 「種姓低的人竟敢和種姓最高的人同席者，應在其臀部打烙印，然後加以驅逐，或者，國王使人切傷其臀部。

282. 「如果他向婆羅門傲慢吐痰，國王可使人切去他的兩唇，如果他向婆羅門放尿，切去其陰莖，如果他在婆羅門面前放屁，切去肛門。

283. 「如果他抓人（婆羅門）頭髮，抓人兩腳、鬍鬚、脖頸或陰囊時，國王可無需躊躇使人斷其兩手。

284. 「如果一個人抓傷同種姓人的皮膚，或使其流血者，應處百鉢那罰金；傷在肉內時，處六尼什伽①；骨折時，處流放。

285. 「傷害大樹，應該繳付與其用處和價值相應的罰金；這是規定。

286. 「給人或畜以引起劇烈痛苦的打擊時，國王應該按照打擊造成痛苦的大小來處罰打擊者。

287. 「打壞肢體造成創傷或出血時，肇事人應該繳付治癒費用；或者，如果他拒不繳付，應處以繳付費用並罰金。

288. 「損壞人家財產者，無論有意無意，應該賠償，並向國王繳付與損害相等的罰金。

289. 「損害皮革或皮袋，木製或土製家俱，花，根或果實時，罰金應該五倍其價值。

290. 「對於車、車夫、車主，賢者認為有十種情況可免處罰金；此外其它一切情況規定處罰金。

291. 「鼻勒②偶然破壞，軛折斷，車由於地勢崎嶇傾斜行③，或觸碰某東西時；車軸斷或車輪破碎時；

---

① 見第 137 節。

② 鼻勒，直譯鼻繩。在牡牛鼻內施行切除後，使繩穿過鼻孔來牽它。

③ 可能是：『當車子顛覆時』。

292.「肚帶、馬絡、或韁繩折斷時；車夫喊：『當心！』時，摩奴宣布遇有此十種情況中的這種或那種情況時，不應該對事故處任何罰金；

293.「但，由於車夫笨拙，車離正道，發生某種不幸事故時，車主應處二百鉢那罰金。

294.「如果車夫善於駕馭而疏忽大意，應處罰；但如車夫笨拙，乘客應各繳一百鉢那罰金。

295.「如果車夫在路上和牲畜或其它車輛相撞，由於自己的過失而致有傷生物時，毫無疑問，應該按照以下規定判處罰金：

296.「如果死人時，應該立即處以相當於盜竊立即繳付的罰金①；如果是大牲畜，如牝牛、象、駱駝、馬等，罰金減半；

297.「如為價值小的牲畜，罰金二百鉢那；野獸如鹿和羚羊，悅目鳥類如天鵝、鸚鵡，罰金五十鉢那。

298.「驢、雄山羊、雄綿羊，罰金應為五銀摩剎，殺死一條狗或一口豬只處一摩剎。

299.「妻子②，兒子，僕人，學生，較小的胞弟犯了某種錯誤時，可以繩或竹杖責打。

300.「但常要打在身體的後部，絕不可打在重要器官上，不如此打，處與盜竊同樣的處罰。

301.「關於虐待的法律，已全部加以說明；現在我要將處罰盜竊的規定宣示給你們。

302.「國王要以最大努力從事鎮壓盜匪；由於鎮壓盜匪，他

---

①即一千鉢那的罰金。

②另有一位立法家有相反的命令：「一個婦女雖犯百過，即使用一朵花打擊她也不可。」（《匯編》第二卷，第209頁）

的聲譽和國家得到最大的發展。

303. 「使善人免於畏懼的國王，當然應常受尊敬；因為他可以說是完成了一種永久的祭祀，永久祭祀的祭品是防止危險的保證。

304. 「一切善行的功德，其六分之一歸於保護人民的國王；惡行的六分之一，歸於不注意保護臣民安全的國王。

305. 「凡人讀聖典，祭祀，布施，敬禮諸神所獲果報的六分之一，理應歸於給予他以保護的國王。

306. 「國王公正地保護一切物類和懲罰有罪，就完成了伴有十萬種祭品的祭祀。

307. 「不保護人民而徵收捐納①、賦稅、貨品稅、每天的花、果、蔬菜等貢品等罰金的國王，死後立即墮入地獄。

308. 「這一個不保護人民而取得田地六分之一的收益的國王，被賢者認為是將人民一切罪惡取為己有者。

309. 「要知道，無視聖典教訓，否認來世，積不義財，不保護臣民，而侵吞其財產的國王，注定要墮入地獄。

310. 「為鎮壓壞人，國王可堅持使用三種方法：拘捕、鐐銬和各種體刑。

311. 「國王由於鎮壓壞人、愛護善良而經常淨化，有如婆羅門由於祭祀而淨化。

312. 「欲靈魂得享安寧的國王，要不斷寬恕那些怒罵自己的訴訟者、兒童、老人和病人。

313. 「對於苦惱的人辱罵自己予以寬恕，這種人將為此在天界受到尊敬；但恃強傲物的懷恨者，將為此墮入地獄。

---

①此處捐納應被理解為田地出產的六分之一。

314.「盜取婆羅門金錢者，應該疾趨國王處，蓬鬆其髮，自首偷竊，說：『我犯了這種罪行，請懲辦我』；

315.「他應該在肩上背著鐵棍，或迦底羅①木杖，或兩頭尖的槍，或鐵棒。

316.「盜賊無論被國王擊打而死，或視爲已死被棄而尚餘殘生者，其罪惡都被赦免；但如國王不加以懲處，盜賊的罪過歸於國王。

317.「殺胎兒者②轉嫁其罪於食其調製的食物的人；姦婦轉嫁其罪於容忍其不貞的丈夫；忽視宗教義務的學生轉嫁其罪於不對其監督的教師；舉祭而不遵從儀式者轉嫁其罪於疏忽的主祭人；盜賊轉嫁其罪於寬恕他的國王；

318.「但，因犯罪而受國王懲處的人，免去一切罪污，和善行的人一樣清潔，直赴天界。

319.「盜取水井的繩子或水桶者，以及破壞公用水源者，應處一金摩利③罰金，並使物品恢復原狀。

320.「體刑應該施於偷竊十坎巴④以上穀物的人；十足十坎巴時，處偷竊價值十一倍的罰金，並將財物歸還原主。

321.「對於盜竊一百鉢羅⑤以上計重出賣的貴重物品，如金銀或華美的衣服等，要同樣施加體刑。

---

① 學名：Mimosa catechu。

② 或根據注疏，作「殺害婆羅門者」。

③ 見第 134 節。

④ 一坎巴是二十陀羅那。根據威爾遜《梵文辭典》，它相當於三蒲式耳多一點。三蒲式耳等於一公石。根據注疏，一坎巴等於二十陀羅那；一陀羅那等於二百鉢羅。

⑤ 見第 135 節。

322.「偷竊五十鉢羅以上的上述物品，應斷其手；不足五十鉢羅，國王應處以該物品價值十一倍的罰金。

323.「搶奪名門世家的人，尤其是婦女，和價值高貴的珠寶，如鑽石等，盜匪應處死刑。

324.「偷取大牲畜、武器和藥品時，國王可在考慮其時間和動機後，加以處罰。

325.「偷竊屬於婆羅門的牝牛而穿其鼻孔①，以及掠奪婆羅門的牲畜，歹徒應被立即切斷半隻腳。

326.「偷線、棉花、酒類酵母、牝牛糞、粗糖，凝乳、牛奶、奶油、水或草。

327.「汲水竹籃、各種鹽類、陶壺、陶土或灰。

328.「魚、鳥、油、酥油、肉、蜜，或一切來自獸類的東西，如皮、角、象牙等。

329.「或其它不大重要的物品、酒、粥，或各種食品，罰金是偷竊物價值的兩倍。

330.「偷花，偷青穀，偷灌木、藤蔓、小樹，及其它未脫粒糧食，達到一個人的負荷量者，罰金根據情況為五個金或銀柯利什那羅。

331.「對於已脫粒或播揚過的糧食、蔬菜或根、果，如偷者和所有者中間無任何關係，罰金一百鉢那，如中間有關係，罰五十。

332.「在物主面前，強取物品是搶奪；物主不在時，是偷竊，接受人家東西後不承認者也是盜竊。

333.「上述物品在準備使用時偷取者，國王可處一等罰金②；

①穿鼻孔是為了把鼻勒放在裡面，牽之使行，用作馱獸。
②即 250 鉢那罰金。

由祭壇內盜取聖火者亦然。

334. 「盜賊無論以何種方式使用任何肢體害人，國王應該使人切斷它，以他重犯該罪。

335. 「父親、教師、朋友、母親、妻子、兒子和導師不履行義務，國王不應聽任其不受處罰。

336. 「出身低微的人被處一伽爾剎鉢那罰金時，國王應被處一千鉢那罰金，應將罰款投在河內①或給與婆羅門：這是規定。

337. 「首陀羅不論偷何物，其罰金應比尋常處分重八倍；吠舍重十六倍；剎帝利重三十二倍；

338. 「婆羅門重六十四倍或百倍，或者，當他們中的每一人都充分了解自己行為的善惡時，甚至重一百二十八倍。

339. 「但取沒有加以圍護的大樹的根、果，或取木片以供聖火，或取草以餵牝牛，被摩奴宣布不是盜竊。

340. 「婆羅門了解情況仍接受自取的而非人家給予的物品，作為祭祀或教授聖學的代價，應受懲罰與盜賊同。

341. 「但再生族旅行時，行囊極其空乏，如果在人家田間取食甘蔗，或兩塊小根，不該繳付罰金。

342. 「拴縛屬於人家的未拴縛家畜，或放開人家拴縛的家畜，以及弄走人家奴隸、車、馬者，感受懲罰與盜賊同。

343. 「國王執行這些法律鎮壓盜賊時，今生得光榮，死後得最高幸福。

344. 「國王欲取得世界統治權和永久不渝的光榮，不可有一瞬間容忍犯有如縱火、搶劫等暴行的人門。

345. 「從事暴行者應該被認為遠比誹謗者、盜賊和以杖擊人

---

①水神是懲罰之神。

者罪惡更大。

346.「容忍暴行罪犯的國王趨於滅亡，招致公憤。

347.「國王絕不可照顧友誼或貪得巨大利益，而釋放在一切物類中間散布恐怖的暴行犯。

348.「再生族在履行義務時被攪亂，和再生族種姓突遭災禍時，可拿起武器。

349.「在爭鬥中為了自衛，為了捍衛神聖權利，以及為了保護婦女和婆羅門而正當殺人者，不構成犯罪。

350.「無論何人向自己撲來行刺而無法逃走時，即使來者是教師、或兒童、老人，甚或精於聖典的婆羅門，也應該毫不躊躇地殺掉地。

351.「公然或私下殺死企圖進行暗殺的人，毫不構成殺人罪：這是以暴對暴。

352.「喜好誘人妻子者，國王可處以羞辱的腐刑，然後加以流放。

353.「因為由於通姦而在世間產生種姓混合，由於種姓混合而產生破壞義務、毀滅人類、惹起萬物的滅亡。

354.「和人家妻子私語並曾被控告操行不正者，應處一等罰金；

355.「未曾受人類似指控而以正當理由和人家婦女接談者，不應該受任何懲罰；因為他沒有犯罪。

356.「在巡禮的聖地、森林或樹林間，或兩河的交流處，即在僻靜地方和人家婦女交談者，應受姦淫的懲罰。

357.「對婦女獻殷勤，送花朵和香料給她，同她嬉戲，接觸她的裝飾品或衣服，和她同坐一床，被賢者看做是淫樂的表現。

358.「接觸已婚婦女的乳房，或以猥褻方式接觸其身體的其它部分，並許可婦女這樣接觸自己者，是和姦行為。

359.「首陀羅侵犯婆羅門婦女應處死刑；在各種姓中，主要是婦女應該不斷受到保護。

360.「行乞者，歌頌者，業已開始祭祀的人，以及低級工匠如廚師等與已婚婦女談話時，可不加反對。

361.「任何人在遭到陌生婦女所屬的男人的禁止時都不得和這些婦女們交談，遭到禁止仍與她們交談時，應繳付一修波爾那罰金。

362.「這些規定不涉及跳舞和歌唱者的妻子，或靠妻子淫蕩為生者的妻子；因為這些人招徠人並提供和自己妻子談話的機會，或自己躲藏，以利他們幽會。

363.「然而，和婦女或和從屬於一個主人的使女，或和外道尼姑有特殊交往者，應被處小額罰金。

364.「侵犯青年女子者應該立即處體刑；但如因該女子同意而享受她，又屬同一種姓時，不被懲處。

365.「如果青年女子愛上比她種姓高的男子，國王應該使她繳付哪怕是最小的罰金；但如她戀戀於一個種姓較低的男子，應被幽閉家中，嚴加看管。

366.「出身低賤的男子向種姓高的女子求婚者應處體刑；如向同種姓女子求愛，得其父同意時，可給予例行饋贈，並娶以為妻。

367.「男子由於傲慢不遜，以其手指接觸，強污一青年女子時，可立即斷其二指，另處六百鉢那罰金。

368.「如此青年女子同意，這樣褻污她的男子又為同一種姓時，不應斷指；然應處二百鉢那罰金，以免再犯。

369.「一個少女以手指接觸，污辱另一少女時，可處二百鉢那罰金，交納兩倍的妝奩費於該女之父，並被鞭打十下。

370.「但婦女以同樣方式褻污少女時，應立即根據情況削其髮，斷其指，並應該使她騎驢遊街示眾。

371.「婦女以家世和身份自負，不忠於夫，國王可在人衆雜遝之區，使狗吞食她。

372.「要判處她的從犯即姦夫在燒紅的鐵床上燒死之刑，行刑人應不停以木柴添火，直至此壞人被燒死。

373.「已經一度被認爲是罪犯，一年後又被人控告犯姦者，應加倍處罰金；又和被開除者的姑娘或旃陀羅婦女同居時亦然。

374.「在家被監護或不被監護的頭三個種姓的婦女，首陀羅男子和她發生犯罪關係，如果她是不被監護的，就砍掉這個男子的犯罪肢體，並剝掉其全部財產；如果她是被監護的，這個男子就將失掉一切，即財產和生命。

375.「吠舍和被監護的婆羅門種姓婦女通姦，拘捕一年後剝奪其一切財產；刹帝利處一千鉢那罰金，並被剃髮，澆以驢尿。

376.「但如吠舍或刹帝利和不被丈夫監管的婆羅門婦女發生犯罪關係時，國王可使吠舍繳五百鉢那罰金，刹帝利繳一千鉢那罰金。

377.「如果兩者和一個被丈夫監護具有高貴身分的婆羅門婦女共犯姦淫時，應該受和首陀羅一樣的處罰，或被草火或蘆葦火燒死。

378.「婆羅門強姦被監護的婆羅門婦女，處一千鉢那罰金；如爲和姦，就僅處五百。

379. 「在其他種姓犯姦應處死刑時，婆羅門姦夫則被規定以可恥的剃髮來代替死刑。

380. 「婆羅門雖犯下一切可能犯的罪惡，國王應避免殺害他，可留給他全部財產，毫不加害地將他流放國外。

381. 「在世界上沒有比殺害婆羅門更大的罪惡，因此國王甚至不應該萌處死婆羅門的念頭。

382. 「吠舍男子和武士種姓中被監護的婦女有犯罪關係，剎帝利男子和商人種姓中婦女有犯罪關係，兩者均應處和不被監護的婆羅門婦女犯姦罪一樣的處罰。

383. 「婆羅門男子和上述兩種姓被監護婦女通姦，應判處一千鉢那罰金；剎帝利或吠舍種姓男子和奴隸種姓婦女犯姦，要判處一千鉢那罰金。

384. 「姦污不被監護的剎帝利婦女，吠舍罰金五百鉢那；剎帝利則應該剃頭，澆驢尿或付罰金。

385. 「婆羅門男子和武士種姓、或商人種姓、或奴隸種姓不被監護的婦女發生性交，應處五百鉢那罰金；如為雜種種姓婦女，處千金。

386. 「國內沒有盜賊、姦夫、誹謗者，沒有犯暴行或虐待罪者，其國王可取得娑柯羅神①的住所。

387. 「國王在受其統治的國家內，鎮壓此輩五人，可使自己高出同一地位的人而揚名於世。

388. 「拋棄祭司的祭主和拋棄祭主的祭司，由於他們每人都能完成義務而並無大過，各處一百鉢那罰金。

389. 「母親、父親、妻子、兒子都不應該被遺棄，遺棄其中

---

①娑柯羅 (Sakra) 是天王因陀羅的名稱之一。

一人並未犯有大過者，應處六百鉢那罰金。

390.「再生族對涉及其住期的事項發生爭執時，國王如欲其靈魂獲救，切戒自己解釋法律。

391.「國王對他們給予應有的禮遇，並先用善言撫慰後，可在多數婆羅門幫助下，使之認識其義務。

392.「婆羅門設筵招待二十個再生族，住在自己毗鄰或後面的鄰人有資格被邀請而不加以邀請時，應處以一銀摩刹罰金。

393.「非常精於聖典的婆羅門在例如婚筵的喜筵中，不邀請其同樣淵博有德的婆羅門鄰人者，應被判處繳雙倍筵費於該婆羅門和一金摩刹於國王。

394.「盲人、白痴、跛子，七十歲老人，爲精通聖典的人盡力效勞者，任何國王都不應向他課稅。

395.「國王應該始終尊敬知識淵博的神學家、病人，苦於憂患的人，兒童、老人、窮人、出身高貴的人和德高望重的人。

396.「洗衣工應該在娑爾摩利木①製的光板上慢慢地洗顧客的衣服，不應該把別人的衣服弄混，或叫別人穿著它們。

397.「人家交給織布工十鉢羅棉線，因爲加入了米漿，他應該交還重十鉢羅以上的織品，否則，他應交付十二鉢那罰金。

398.「人們要熟知在何種情況下可以徵稅，應熟悉各種商品，評定他們的價格，國王可預徵其利潤的二十分之一。

399.「商人由於貪婪，輸出曾被宣布屬於國王專賣的商品，或禁止輸出的商品時，國王可將其財產全部沒收。

400.「偷漏稅者，買賣不合時宜者，或妄定商品價格以欺人者，都應處八倍於商品價格的罰金。

---

①印度產木棉樹，學名 Bombax heptaphyllum。

401. 「國王要對各種商品加以考慮，如商品來自外國，則應考慮輸入的距離；如商品要輸出，則應考慮輸出的距離；已保管多少時間，可取得的收益，已消耗的費用也應加以考慮，然後規定買賣的準則。

402. 「國王可在每十五天或每半月內，根據商品價格變動的多少，當上述行家之面，規定商品價格。

403. 「貴金屬價格和度量衡，應由國王準確決定，並每隔六個月重新檢查一次。

404. 「空車渡河通行稅一鉢那，負重的男子半鉢那，動物如牝牛或婦女四分之一鉢那，空行男子八分之一鉢那。

405. 「載運貨物包的貨車應該根據價格繳稅；車箱空者繳小額稅，穿著破爛者亦然。

406. 「遇航程遙遠時，舟船運輸費要和時間與地點相適應；但此處應指內河航行；海上航行無規定舟船稅。

407. 「兩月或兩月以上的孕婦，乞食行者，林棲者，帶梵志期標誌的婆羅門都不應繳納任何通行稅。

408. 「由於船夫們的錯誤在船中丟失任何物品時，船夫們應集資償還同樣物品。

409. 「以上是由於船夫的錯誤而在乘船行程中發生不幸事件時的有關規定；但對於不可避免的事故，則不能使人償還絲毫。

410. 「國王要命令吠舍經商、放貸、耕地、或畜牧；命令首陀羅事奉再生族。

411. 「剎帝利和吠舍遭遇窮困時，婆羅門出於同情可予以支持，使他們完成適於他們的工作。

412. 「婆羅門由於貪婪，濫用權勢，違反入門再生族的意願，使他們從事奴隸工作時，應被國王處六百鉢那罰金。

413.「但首陀羅無論是買來的或不是買來的，都應強制他們從事奴隸工作；因為他們是被自存神創造來事奉婆羅門的。

414.「首陀羅雖被主人解放，但不能擺脫奴隸地位，因為這種地位對他是天生的，誰能使他擺脫呢？

415.「奴隸有七種，即：在行伍中或戰鬥中捕獲的俘虜，為了衣食而為人服役的家奴，在主人家生於奴隸婦女的奴隸，被買來或被贈予的奴隸，由父子相傳為奴者，不能清償罰金被罰為奴的奴隸。

416.「妻子、兒子和奴隸被法律宣布為不能自己占有任何財產；其所能取得的一切是其所從屬的人的所有物。

417.「婆羅門窮困時，可完全問心無愧地將其奴隸首陀羅的財產據為己有，而國王不應加以處罰；因為奴隸沒有任何屬於自己所有的東西，他不占有主人不能奪取的任何所有物。

418.「國王可盡一切努力強制吠舍與首陀羅履行其義務；因為如果這些人背離其義務，足以擾亂世界。

419.「國王每天應注意了結已著手做的事務，並了解其車馬隨從的情況，固定的收支、礦山的出產和國庫的收入。

420.「國王按照規定方式裁決一切事務，可避免一切錯誤而達最高境界。

第九卷

民法與刑法

商人種姓和奴隸種姓的義務

1. 「現在我要將堅持合法方式、或分居或共處的男女自古相傳應盡的義務宣示給你們。

2. 「婦女應該日夜被其監護人置於從屬地位；雖生性非常喜愛無罪而合法的快樂，但也應當服從其所從屬者的權力。

3. 「婦女幼時處在父親監護下，青春期處在丈夫監護下，老年時處在兒子保護下；婦女絕不應任意行動。

4. 「父親不及時嫁女應受譴責；丈夫不及時接近妻子應受譴責；丈夫死後，兒子不保護母親應受譴責。

5. 「婦女的不良傾向，雖極微小，也應加意防範；如婦女不被監護，可能給兩家帶來不幸。

6. 「丈夫無論如何孱弱，但考慮到這是各種姓的最高法律，也應對其妻子的操行特加注意。

7. 「因為丈夫維護妻子就維護了他的子孫、他的習慣、他的家庭、他自身和他的義務。

8. 「丈夫使妻子懷胎，借胎兒形再生胎內，這對妻子被稱為闍耶(Djaya)，因為丈夫再生(djâyaté)在她身上。

9. 「婦女始終生育與生之者具有同樣身分的兒子；因此丈夫應該注意監護其妻，以確保子孫的純潔。

10. 「沒有人可用強制方法使婦女履行義務；然而，利用以下方法可以完全取得成功：

11. 「丈夫可將收入和支出、物品和身體的清潔工作、履行宗教義務、做飯、保養家用器具等工作指定妻子擔任。

12. 「婦女閉居家中，處在忠實可靠的男人的監護下，並不保險；她們只有出於自願自己監護自己才是非常保險的。

13. 「飲酒、和壞人為伍、與丈夫別居，到處遊蕩，睡眠不時，住在另外一個男子的家裡：這是已婚婦女的一種醜行。

14. 「這樣的婦女不講究美貌，不限定年齡；情人美醜無關緊要；只要是男子，就加以享用。

15. 「由於她們喜愛男子、脾氣無常和天生薄情，對她們徒然加意防範，她們是不忠於丈夫的。

16. 「認識到創世時造物主賦給她們的特性，丈夫應對她們嚴加監護。

17. 「摩奴給了婦女們對臥床、座位和穿戴裝飾的愛好，以及情欲、憤怒、惡習、做壞事的念頭和邪僻等的稟性。

18. 「對於婦女舉行儀式時不伴誦任何咒文，法律是這樣規定的；不懂法律和除罪咒文的犯罪婦女就是虛偽本身：這是規定。

19. 「因為，在聖典中可以看到好多指出她們真正本性的章句；現在你們可以學習一下聖典中可以用作除罪的章句：

20. 「『我的母親不忠於她的丈夫，在另一男子家裡玷污的血統，願我父親清潔它！』這是兒子知道母親罪過時應該念誦的咒文格式文句。

21. 「如果婦女內心可能懷有任何不利於丈夫的思想時，這一咒文被宣布為可以完全對兒子而不是對母親除去罪惡。

22. 「婦女以合法婚姻與之結合的男子，無論男子的品位如何，婦女本人也取得這些品位，有如河流與海洋結合。

23. 「出身低微的婦女阿闍摩羅與跋息什多結合，娑蘭吉與曼陀鉢羅①結合，取得非常貴顯的地位。

24. 「這些以及其他一些同樣出身低賤的婦女，那由於丈夫的善德而在此世達到崇高的地位。

25. 「這些是關於男女應遵行的始終純潔的高尚行為的規定；現在你們可以學習一下涉及子孫以及決定今生和來生幸福的法律。

26. 「因欲生子而與丈夫結合、幸福完備、值得尊敬、為家庭帶來光榮的婦女，簡直是一位幸運的女神；其間沒有任何區別。

27. 「生子，生子後養育，每天操持家務：這是婦女的義務。

28. 「子孫，執行宗教義務，殷勤照料，最甜蜜的快樂，祖靈以及丈夫本人的天界②，都僅僅來自婦女。

29. 「不悖於丈夫，思想、語言、身體都純潔的婦女，死後抵達和丈夫一樣的住所，被善人稱為賢德的婦女；

30. 「但，操行不正獲罪於夫的婦女，今生遭受恥辱；死後投生豺狼腹內，苦於肺癆和象皮病等疾患。

31. 「現在你們可以學習一下關於子孫，涉及一切男子，被賢者和太初即生的大仙們所宣布的有益的法律。

32. 「他們將男孩看做是婦女之夫的兒子；但關於夫，聖典

---

①曼陀鉢羅 (Mandapâla) 是一位聖者或仙家。

②人們只有留下供祖靈、奉香火、保證亡靈來生幸福的子孫，才得進入天界。

提供了兩種意見：一種認爲生兒者是夫；另一種則認爲母親所屬者是夫。

33.「法律將婦女看做是田地，將男子看做是種子；田地與種子結合而一切生物得以發生。

34.「在某些情況下，男性生殖力特別重要；在另外一些場合則女性的子宮特別重要：當兩者相等時，所生子孫特別值得敬重。

35.「如果將男性生殖力和女性生殖力加以比較，則男性生殖力被認爲更優越，因爲一切生物的子孫，都表示男性能力的特徵。

36.「在適當季節準備好的田間無論投下何種種子，此種子必將發育成爲具有明顯特性的同一種類的植物。

37.「毫無疑問，此土地被稱爲物類的原始胎胞；但種子在成長過程中，不發育胎胞的任何特性。

38.「在這大地上，在同一耕作的田地上，農民及時播種的各類種子，各以其固有的種子來發育。

39.「各種稻類①，牟陀伽豆②，芝麻，摩遮豆③，大麥，大蒜，甘蔗，各以種子的性質發芽。

40.「種上這種植物而發生他種植物，是不可能的事情；無論種什麼種子，只能發生什麼植物。

41.「因而，有識見，有教養，精通吠陀及其分支，並欲獲得長生的男子，絕不可將種子撒在人家田地上。

42.「熟悉古代的人們，可反覆誦讀伐優神就此題目所唱的

---

①原文引證了叫做 Vrichi 和 Sâli 的兩種稻類。

②學名 Phaseolus mungo.

③學名 Phaseolus radiatus.

詩歌，伐優神指出不應該將自己種子撒在人家田地上。

43. 「有如獵人的箭徒勞無益地射在另外一個獵人對羚羊所射的傷口內，同樣，男子的種子撒在人家田地上，對他來說就立即喪失了。

44. 「熟悉古代事物的賢者們總是將這大地看做是國王普利都①的妻子，他們斷言耕好的田地是披荊斬棘首先開闢者的財物，而羚羊屬於給它以致命打擊的獵人②。

45. 「只有由妻子、自身、兒子三結合構成的人才是完人；婆羅門也宣布過這一格言：『丈夫和妻子只形成一人。』

46. 「出賣和遺棄都不能使婦女脫離丈夫的權力；我們是這樣認識過去由造物主公布的法律的。

47. 「分配繼承財產權僅只一次，姑娘字人僅只一次，父親說：『我將她許配』，僅只一次：這些是善人們一勞永逸的三事。

48. 「牡性動物的所有主對於牡性動物與牝牛、牝馬、牝駱駝、女奴隸、牝水牛、牝山羊、牝綿羊所生的下一代沒有權利；同樣情況也適用於人家的妻子。

49. 「沒有田地，但有種子，而播在人家田地的人，不能得穀物產生的任何果實。

50. 「牡牛與人家牝牛交尾而產生百隻小牛，則這百隻小牛歸牝牛主人所有，而牡牛徒然宣泄其精液。

51. 「所以，自己沒有田地③而播種於他人田地是爲地主效勞；這時，播種人不能從種子上取得任何收益。

---

①見第七卷第42節。
②同樣，由於時間有先後，兒童歸於妻子的丈夫，而不歸於兒童的真正的父親。
③這裡應該理解為沒有結婚而和人家妻子發生關係者。（注疏）

52. 「除非地主和種子所有人曾就產品問題締結過契約，產品顯然歸於土地的主人；土地①比種子更加重要：

53. 「但當通過特殊契約將地給人播種時，其產品在這世界上被宣布爲種子所有人與田地主人的共同財產。

54. 「風、水將種子帶到他的田間而發生的作物歸於他：播種於人田者毫無收穫。

55. 「這是關於牝牛、牝馬、女奴、牝駱駝、牝山羊、牝綿羊、牝雞和牝水牛的小仔的法律。

56. 「田地與種子的輕重，我已經宣示給你們；現在我要將關於無子婦女的法律加以闡述。

57. 「兄的妻應被看做是弟弟的岳母，弟弟的妻應被看作是兄的兒婦。

58. 「兄和弟妻性交，弟和兄妻性交，除已婚無子者外，雖然是被丈夫和父母邀請做的，都成爲墮姓人。

59. 「無子時，其所希求的子孫，可由經過適當許可的妻子與兄弟或其他（撒賓陀）親族交合來取得。

60. 「承擔此任的親族，被澆以酥油後，可保持緘默地在夜間接近寡婦或無子的婦女而生一子，但絕不可生第二子。

61. 「一些熟知此問題的人，基於此舉的目的可能不因只生一子而完全達到，認爲婦女可以合法地以此方式生第二子。

62. 「此舉的目的一經達到，根據法律，大伯和弟婦可互相對待如翁媳。

63. 「然而，承擔此任的兄或弟不守規定的義務，但求滿足自己的欲樂者，在兩種情況下將成爲墮姓人：如爲兄長，有如姦

---

① 原文作胞宮。

污其兒婦；如爲弟，有如姦污其師母。

64. 「寡婦或無子之婦，再生族不宜准予從另一男子妊娠；因爲准許她從另一男子妊娠的人，破壞古來的法律。

65. 「在關於婚姻的聖典原文中從未談到這樣一種委任，婚姻法中也沒有提到過寡婦可以再婚。

66. 「因爲這種僅僅適用於禽獸的行爲，曾爲婆羅門學者嚴加譴責；但據說它曾在吠那(Véna)統治時期在人們中間流行過。

67. 「這位國王過去曾將全世界置於其統治之下，並僅僅爲了這一點而被認爲是羅遮仙①中最著名的，他欲令智昏，使種姓之間產生混亂。

68. 「自此以後，有德之士就對爲欲得子而妄自邀請寡婦或無子婦女接受另一男子的撫愛者加以責難。

69. 「然而，當少女的丈夫於訂婚後死去，丈夫的胞弟，可根據以下規定，娶以爲妻：

70. 「按照禮制，將此應該著白服、操行純潔的少女娶過後，可常在適當時期接近她一次，直到她妊娠爲止。

71. 「賢明的人將姑娘給予某人後，不可考慮給予他人；因爲姑娘已經給人而再另外給予時，和在關於人的訴訟中②作僞證的人一樣，同屬有罪。

72. 「雖按照規定娶過一個少女，但如果她有凶相、有病容，或有被姦污的跡象，或有人騙娶過她，男子仍得遺棄她。

73. 「如果一個人將有缺陷的姑娘字人，事先未加以說明，丈夫可取消將姑娘給他的這個壞人的契約。

---

① 羅遮仙 (Râdjarchis)，王族種姓的聖者或仙家。
② 見第八章第 98 節。

74. 「丈夫有事出國，應在保證其妻的生活後方可離去；因為即使是有德的婦女，為窮苦所迫，也容易失足。

75. 「如果丈夫行前給了她生活所需，她要過苦行的生活；如果沒有留給她任何東西，可操正當的手工業如紡線等維持生活。

76. 「如果丈夫為履行宗教義務而離去，要等待他八年的時間；為學問或榮譽而去，可待六年；為快樂而去，可只待三年；逾期，可去和他再會面。

77. 「丈夫可忍受妻子的憎嫌達一年之久，一年後仍然憎嫌，丈夫可取去她私有的東西，僅留給她衣食之需，停止和她同居。

78. 「妻子輕視嗜賭、好酒、或染病的丈夫，應被遺棄三個月，並被剝奪裝飾品和動產。

79. 「但憎嫌丈夫瘋癲、犯大罪、去勢、陽萎、或染象皮病、肺癆者，不應被遺棄或剝奪財產。

80. 「婦女耽於酗酒，操行不正，經常和丈夫衝突，染有類如癲病的不治之症，性格不好，揮霍財產者，應被另一婦女所代替。①

81. 「不妊之妻可在第八年被代替；兒子都死者十年；只生姑娘者十一年；說話尖酸者立刻。

82. 「但雖病而操行貞潔的好妻子，只有在她同意後才能被代替，又絕不可加以慢待。

83. 「被人合法代替的婦女，憤怒離棄夫家者，可立即當全家面加以拘禁或休棄。

---

①原文作『停止其職務』——其丈夫可另娶。（注疏）

84. 「婦女受到禁止後，還在節日酗酒，時常看戲、參加集會者，處六柯利什那罰金。

85. 「再生族在本種姓和其它種姓中娶妻時，其席次、尊敬和住室，應該按照種姓等次按排。

86. 「對於一切再生族，應該由同種姓的而不是由不同種姓的妻子來侍奉丈夫，和執行每天的宗教義務。

87. 「但身邊有同種姓妻子在，而愚昧地以其它種姓的妻子盡其義務，這種人始終被認為是生於婆羅門婦女和首陀羅男子的旃陀羅。

88. 「姑娘雖未達到八歲的及笄年齡，父親應按法律將她字給相貌宜人、同種姓出身的卓越青年。

89. 「姑娘雖已及笄，與其被父親給與沒有好品質的丈夫，不如老死父家為好。

90. 「姑娘雖已及笄，可等待三年，逾期，可自行在同種姓間擇婿。

91. 「不被字人的姑娘自動覓婿者，不犯任何罪過，其所覓的夫婿亦然。

92. 「自擇夫婿者不應帶走得自父母或弟兄的裝飾品，如果帶走，犯盜竊罪。

93. 「娶已及笄姑娘者不要給她父親聘禮；因為父親延遲她做母親的時間，已失去對姑娘的支配權。

94. 「三十歲的男子應該娶他所喜愛的十二歲的女子；二十四歲的男子娶八歲的；如寧願結束學生期，以便家長義務不被推遲的人，可迅即結婚。

95. 「丈夫雖娶諸神給與而對之並無情意的妻子，但如果她有德，也應常加保護，以悅諸神。

96. 「婦女爲產子而被創造，男子爲生子而被創造；因而在吠陀中規定了應該由夫婦一起履行共同的義務。

97. 「如果未婚夫給予姑娘聘禮，準備娶其爲妻，如果未完婚死去，則姑娘同意時，可嫁給未婚夫的弟兄。

98. 「雖首陀羅也不應該在嫁女時接受聘禮，因爲父親接受聘禮，是暗自鬻賣自己的女兒。

99. 「將姑娘許人後又另行字人，在古今善人中絕無先例。

100. 「即使在以前的創世中，我們也從未聽說善人們接受所謂聘禮，暗自鬻賣自己的女兒。

101. 「總之，互相忠實，直至老死，這是夫婦應遵守的首要義務。

102. 「因此以婚姻結合的夫婦切忌離異和互失信約。

103. 「夫婦恩愛的義務以及結婚無子時得子之道，都已對你們宣示了；現在你們可以學習一下應該如何分配繼承的財產。

104. 「父母故後，長兄棄權時，弟兄們可聚在一起，彼此平分父母的財產；父母俱在，除父親自欲析產外，弟兄們沒有這種權利。

105. 「但長兄道德卓越者，可取得全部遺產，其他弟兄們應該生活在他的監護之下，一如生活在父親的監護下。

106. 「長子出生時，甚至在還沒有接受淨法之前，男子就已經變爲父親而清償了對祖先的欠債①，所以長子應該取得一切。

107. 「人由於長子出生，得以清償其欠債，獲得永生，故長子爲完成義務而生；賢者認爲，其他諸子係生於愛情。

108. 「未析產時，長兄對諸弟要有父親對兒子的情愛；諸弟

---

①無子嗣舉行祖靈祭者，其祖先被排斥在天界之外。

應按照法律對待他如對待父親。

109.「長子有德無德，可致家庭盛衰；在這世界上長子是最可尊敬的；長子不爲善人所慢待。

110.「長兄有長兄所應有的作爲者，應被尊敬如父母；無長兄作爲者，應被尊敬如親族。

111.「弟兄們可生活在一起，如欲分別履行宗教義務，可以分居；分居則祭祀增多，因而分居生活適於修德。

112.「長兄應該先取得遺產的二十分之一，並一切動產中最好的動產；二兄取得其一半或四十分之一，最小的取得其四分之一或八十分之一。

113.「長兄和最小的弟弟可按上述取得自己的一份，位於他們兩者之間的，可各取得一中等份或四十分之一。

114.「長兄品質優於諸弟，可在所有財產中，取得最好的，一切在品種上最優越的，以及在十頭牛中或其它家畜中最上等的。

115.「但在同樣嫺於完成義務的弟兄間，則並無先取十牲畜中最佳牲畜的權利；只應該給長兄少量東西，表示尊敬。

116.「如果依照上述方式實行先抽取權，則其餘財產應該等分；如絲毫未先行抽取，則財產分配應以下述方式進行：

117.「長子可取得雙份，次子如德學都超過別人的，可得一份半，諸幼子各只得一份，這是規定的法律。

118.「弟兄們可各從自己分配額中分出一部分給予同母的未婚姊妹，使她們能夠結婚；可給予他們自己分配額的四分之一，拒不給予者，要使之墮姓。

119.「只有一隻雄山羊，一隻綿羊或一隻單蹄獸，不可被分配，即，在賣後分賣價；分配後餘下一隻雄山羊或一隻綿羊，應

歸長子。

120. 「如果弟弟經過許可與已故長兄之妻同居而生子，則在這個代表父親的兒子和兼為其叔的生身父之間的分配，應該均等而無先取權，這是規定。

121. 「寡婦和弟弟所生的兒子為代位繼承人，代位繼承人，除單一的一份外，不能代替主要繼承人即已故長子，在遺產中先抽取一份的權利，主要繼承人由於弟弟為其生子而成為父親；此子根據法律只能取得與叔父相等的一份，而不是雙份。

122. 「幼子生於原配婦女，而長子生於後婚婦女，在應如何分配的方式上不無疑問。

123. 「生於原配的兒子可在遺產中先取一隻最好的牡牛，其它較差的牡牛給予由於母親結婚較晚而低於原配兒子的人。

124. 「原配所生的長子博學有德，可取得十五隻牝牛和一隻牡牛，其他諸子各依母親帶給他們的權利取得其餘；這是規定。

125. 「因為生於地位相等、無其它特殊之處的母親的諸子沒有來自母親的優先權，故優先權取決於出生。

126. 「在叫做斯跋波羅門耶(Swabrahmanya)的咒文中，呼求因陀羅天王的權利，被授給首先出生在世者；不同婦女出生兩對孿生兒時，優先權歸於首先出世者。

127. 「無男兒者可以下述方式使自己的姑娘為自己生子，自語道：『願她所生的男孩變為我的男孩，並對我執行祖靈祭』。

128. 「往昔，造物主達剎(Dakcha)就曾以此種方式指定他的五十個姑娘為他生子，以繁衍其家族。

129. 「他將其中的十名給達摩(Dharma)①，十三名給迦息耶婆②，二十七名給婆羅門和藥草之王蘇摩③，完全滿意地賜給她們裝飾品。

130. 「一個人的兒子好比自己，承擔指定任務的姑娘好比兒子：那麼，當他沒有留下兒子，只有和自己同心同德的一個姑娘時，誰能繼承他的遺產呢？

131. 「凡母親結婚時得到的東西，都歸未婚的姑娘繼承；姑娘為上述目的而生的兒子可繼承已故而無子的外祖父的一切財產。

132. 「一個姑娘為上述目的而結婚，其兒子可取得已故無子的外祖父的一切財產，並奉獻兩個祭餅，一獻於親父，一獻於外祖父。

133. 「兒子之子和這樣結婚的姑娘之子，根據法律，在此世並無區別，因為前者的父親和後者的母親，兩者都出自一人。

134. 「姑娘被指定為父親生子後為他生子時，在財產分配上應該是均等的，因為婦女沒有嫡長權。

135. 「如果姑娘這樣被父親指定為他生子後未及生子而死去，其丈夫可無遲疑地取得其全部財產。

136. 「無論姑娘是否當丈夫面接受上述任務（父親懷有此計劃未予宣布），如果她和同種姓丈夫交合而生子，則外祖父因此兒子之生而成為有子之父，此子應該奉祭餅並繼承其財產。

---

①達摩是稱為司法神的閻摩的名稱之一。

②迦息耶婆是一位聖者，摩利俱之子，被認為是諸神、阿修羅和一些低級神靈的父親。迦息耶婆的配偶——閻剎諸女中，主要有：阿底底（阿底底耶或諸神之母）和底底（底底阿斯之母）。

③蘇摩的諸妻——閻剎的二十七女，是司二十七月宿的女仙。

137. 「一個人由於有子而上升天界，由於兒子之子而取得長生；由於孫子之子而升至太陽的住所。

138. 「因爲兒子拯救父親於普陀(Pout)地獄，所以梵天親自稱他爲地獄的救星(Poutra)。

139. 「兒子之子和承擔上述任務的姑娘之子，在此世沒有什麼區別；姑娘之子和兒子之子一樣超渡祖父於他世。

140. 「爲上述動機而結婚的姑娘之子，可獻第一塊祭餠於母親，第二塊祭餠於外祖父，第三塊祭餠於外曾祖父。

141. 「具有各種美德的兒子以下文將敘述的方式被給予人家時，此子雖出自其它家族，應繼承全部遺產，但有嫡子時除外，因爲這時他只能取得六分之一。

142. 「被給予人家的兒子不再是他生身父家庭的成員，不應該繼承其財產；祭餠從家族和遺產；將兒子給人的人，不再有此兒所獻的祭供。

143. 「未被准予從其他男子生子的婦女的兒子，以及丈夫的弟弟和已經有男兒的婦女所生的兒子都不適於繼承，因爲一則是姦夫之子，一則是淫欲所生的。

144. 「婦女雖經准許，但未按照規定①生育的兒子，無權繼承父親的遺產；因爲他是由墮姓人②生的。

145. 「但由經過准許的婦女，按照規定所生的兒子，如果具有良好品質，則無論從那一方面說，都應如同丈夫嫡出子一樣繼承財產；因爲這時種子和產品當然歸於田地所有人。

146. 「監護死去的弟兄的財產（包括動產和不動產）和他的

---

①見本卷第 60 節。
②見本卷第 63 節。

妻子的人，為弟兄生子後，此子滿六歲時，應將屬於他的一切財產移交給他。

147. 「婦女未經許可①，擅自和丈夫的弟弟或任何其他親族野合而得子時，這個生於情欲的兒子被賢者們宣布為不適於繼承遺產，枉自生在世間。

148. 「上述規定，只應該理解為事關同種姓婦女所生諸子間的分配問題；現在你們可以學習關於若干不同種姓婦女所生諸子的法律。

149. 「如果一個婆羅門娶了依正順序屬於四個種姓的婦女，都各有子時，分配的規定如下：

150. 「耕田奴、種牛、車乘、珠寶首飾和上房，應先從遺產中扣除，連同較大部分的遺產，給予婆羅門婦女的兒子，因為他有優越性。

151. 「婆羅門取得其餘財產的三份；剎帝利婦女之子取得兩份；吠舍之子一份半；首陀羅之子只一份。

152. 「或者，精通法律的人，應將所有財產分做十份，不先做任何扣除，按照以下方式進行合法分配：

153. 「婆羅門婦女之子得四份；剎帝利婦女之子得三份；吠舍之子兩份；首陀羅婦女之子只一份。

154. 「婆羅門無論有沒有三個再生族的婦女所生的兒子，法律禁止給與首陀羅婦女的兒子超過十分之一的財產。

155. 「婆羅門、剎帝利或吠舍由首陀羅婦女所生的兒子，除

---

①或按照瓊斯和科爾布魯克認為較好的另一見解是：「婦女雖被合法准許而和丈夫的弟弟或其他任何親族生子時，但如果兒子係由懷有淫欲的男子所生，則被賢者們宣布為不適於繼承遺產，枉生世間」。（《法律匯編》）

有德者或其母親係合法結婚者外，不得繼承遺產；但父親給與他的東西可作爲他的財產。

156.「凡再生族的兒子，生於和丈夫同種姓的婦女者，應在諸幼子將優先分配額給予長子後，平均分配遺產。

157.「規定首陀羅要娶本種姓而不是其他種姓的婦女；一切由她所生的兒子應該得到相等的份額，即使有一百個兒子時亦然。

158.「生於自存神摩奴特別提出的十二種兒子中，六種是家庭的親族兼繼承人，六種非繼承人，僅係親族。

159.「合法結婚的丈夫的嫡出子，妻與兄弟依上述方式①所生的兒子，給與之子，養子，私生子或不知其父爲誰的兒子，以及爲生身父母丟棄的兒子，都是家庭的六種親族兼繼承人。

160.「未婚少女的兒子、已妊婦的兒子，買來的兒子，再婚婦的兒子，自薦的兒子和首陀羅婦女的兒子，是六種親族而非繼承人。

161.「渡經地獄黑暗的人，因爲只遺下上述後十一種令人輕視的兒子，其命運和乘破舟渡水者無異。

162.「如果一個人有兩個兒子作爲其財產的繼承人，其一是嫡出子，另一個是丈夫染了認爲是不治之症時妻與某親族在有嫡出子以前所生的兒子，這時兩個兒子中的每一個人，各占有其生身父的財產，而不得另有對方財產。

163.「唯有男子的嫡出子才是父親財產的主人；但爲預防禍害，要保證其他諸子的生計。

164.「嫡出子在對父親財產做出估價時，可給與婦女與親族

---

① 見本章第 59、60 節。

所生的兒子以財產的六分之一，或者，如其有德，給予五分之一。

165. 「嫡出子與妻生子可直接依上述方式繼承父親財產，而上面順序列舉的其他十子（有前者時就不由後者）只繼承家族義務和一部分遺產。

166. 「丈夫本人和以結婚淨法結合的妻子所生的兒子是嫡出子①，應視爲地位最高。

167. 「婦女因丈夫去世、陽萎或患病，按照規定，經許可與某親族同居所生的兒子，叫做妻生子②。

168. 「父母互相同意，舉行奠水式③，將和人家種姓相同又對人表示有情愛的兒子給予無子之人時，此子應視爲給與之子。

169. 「一個男兒和自己同種姓、知道執行祖靈祭的利益和怠忽它的惡果，又具有作爲一個兒子令人尊重的一切品質，將他收爲己子時，叫做養子④。

170. 「如果一個孩子生在某人家裡，不知其父爲誰，則這個秘密生在家裡的孩子，歸於生他的婦女的丈夫。

171. 「一個小兒被父母遺棄後，或者父母中一人死去，被另一個人遺棄後，人家收爲己子者，叫做棄兒。

172. 「少女在父家秘密生子，此子變爲少女所嫁丈夫的兒子，應該稱他爲少女的兒子。

---

①嫡出子 (ôrasa)，原文意思是「生於其胸懷者」(ouras)。
②原文是：「生於丈夫田地者」(Kchétradja)。
③譯爲「呼求水神」或許更好。這一譯法係根據朗格魯瓦先生出版的偉大歷史神話詩《訶梨槃娑》(Harivansa) 的一段譯文，我認爲譯文係出朗格魯瓦先生手筆。
④原文是「人爲的兒子」。

173. 「孕婦結婚，無論其妊娠是否爲人所知，其所懷的男兒屬於丈夫，並被稱爲和新娘一起接受的兒子。

174. 「希望有一個兒子對自己舉行祖靈祭的人，而從孩子的父親或母親那兒買來的孩子叫做買子，不管他出身是不是和自己一樣好；因爲對所有這些兒子們來說，要求有同樣的種姓。

175. 「被丈夫遺棄的婦女或寡婦，自願再婚生子時，此子稱爲再婚婦之子。

176. 「如果當她第二次結婚還是處女時，或者，離開非常年輕的丈夫追隨他人後又回到他身邊時，應該和她的再婚夫一起，或者，和她返回其身邊的丈夫一起，再舉行結婚儀式。

177. 「兒童父母雙亡，或被父母無故遺棄，自願獻身爲人子者，稱爲自薦子。

178. 「一個婆羅門由於淫欲和奴隸種姓婦女交合所生的兒子，雖享有生命亦如屍體，因而被稱爲行屍走肉。

179. 「由首陀羅和他的女奴隸，或和他的男奴隸的女奴隸所生的兒子，如諸嫡出子同意①，可取得一部分遺產：這是法律規定的。

180. 「上述由妻生子開始的十一種兒子，被立法家認爲可以依次代表嫡出子，以免祖靈祭中斷。

181. 「這十一種兒子這樣稱呼，是因爲他們可以代替嫡出子，而且他們是由其他男子所生，實際上是生之者的兒子，而非其他任何人的兒子；所以只有在沒有嫡出子或自己女兒的兒子時，才應該取以爲子。

182. 「如果許多同胞兄弟間有一人得子時，摩奴宣布這些

---

①英俄譯文都作：得其父之承認。——漢譯者

人由於此子而成為一個孩子的父親；也就是說，這時孩子的叔、伯父不應該過繼其他兒子；孩子可繼承其遺產並對他們奉獻祭餅。

183. 「同樣，同一丈夫的諸妻間，如有一人產子，其餘諸妻由於此子都被摩奴宣布為一個男兒的母親。

184. 「十二種兒子中，凡沒有順序在前的任一種時，其順序靠後並較低者應該繼承遺產；但在若干人均具有同一條件時，他們均得繼承遺產。

185. 「應該繼承父親的遺產的，不是兄弟或父母，而是嫡出子及其兒輩，一個人沒有遺下兒女或寡婦，其財產可歸於父親，父母沒有時歸於弟兄。

186. 「奠水式應該對三代祖先舉行，即父親、祖父和曾祖父；祭餅應該奉獻於此三者：卑親屬第四代是奉獻此供物者，並在沒有較近的繼承人時，是繼承其財產者；第五代不參加供獻。

187. 「死者的遺產歸男女撒賓陀①（最近親族）繼承；無撒賓陀親族及其子孫時，撒摩諾陀迦或遠親族可做繼承人，或者，死者的宗教教師或者死者的學生做繼承人。

188. 「這些人都沒有時，精通三聖典，身心純潔、克制情欲的婆羅門可被召來繼承財產，並因而應該奉獻祭餅；這樣，香火祭祀得以不絕。

189. 「婆羅門的財產絕不應歸於國王：這是規定；但在其它種姓，如所有繼承人都缺乏時，國王可占有其財產。

190. 「一個人死而無子，其寡妻與某親族同居而懷男孩，則

①在這種情況下，撒賓陀親族的資格僅及於第四代，或卑親屬的第三級（《印度法匯編》第三卷第 2 頁）。

此男孩成年時，她應將丈夫所有財產給與他。

191. 「如果同母異父，兩父都相繼死亡，兩子對在母親手中的遺產發生爭執時，可各自取得其親父的財產，而不得取得對方的財產。

192. 「母親死亡時，異父兄弟和異父未婚姊妹可平均分配母親財產，已婚姊妹可接受與財產相適應的一份禮品。

193. 「又，如果她們有姑娘，由於親愛，給予她們外祖母財產中的一些東西也是適宜的。

194. 「婦女個人私財產有六種，即：在婚姻聖火前給與她的，於歸夫家之際給與她的；為表示親愛給與她的；從兄弟、母親或父取得的。

195. 「她在婚後從夫家或娘家接受的禮品，或丈夫由於親愛給與她的禮品，應該在她死後歸於她的諸子，即在丈夫生存期間亦然。

196. 「規定按照梵天、諸神、諸聖、天界樂師或造物主形式①結婚的青年婦女，死而無後時，凡她所有的都歸於丈夫。

197. 「但規定，按照惡仙形式或其他兩種形式結婚時，能夠給與她的一切財產，如果她死而無子，都歸父母繼承。

198. 「後三個種姓之一的婦女，其丈夫是婆羅門並有多妻者，如死而無子，凡父親過去無論何時所能給與她的財產，都歸於婆羅門婦女之女或其諸女。

199. 「婦女絕不能將屬於她和好多親族的公共財產留為己用，丈夫財產未經其許可者亦然。

200. 「婦女在丈夫生時所戴裝飾品，不應該由丈夫繼承人彼

①見第三卷第 21 以下各節。

此之間相互分配；如予以分配，有罪。

201. 「閹人、墮姓人、天生聾盲人、狂人、白痴、啞人和殘廢人，不得繼承財產。

202. 「但，凡有識的繼承人，應盡可能給予他們衣食之需，以終其天年，此乃公平合理之事；不這樣做，有罪。

203. 「如果有時閹人等想要結婚，其妻按照規定與他人性交有孕得子時，此子可繼承遺產。

204. 「父親死後，如果長兄和兄弟們同居，自己辛勤勞動有所得時，如兄弟們正在學習聖學，則他們應該各有其份。

205. 「如果他們沒有學習聖學而以勞動謀利時，則這些利益應該在他們彼此間相互平均分配，因為這些利益並非得自父親，這是規定。

206. 「但由聖學取得的財富，應獨歸掙取的人所有，就像朋友給與的或結婚時接受的，或者贈給客人的物品一樣。

207. 「如果弟兄間有人可以利用自己職業積累財富，不需要父親遺產時，應該在人家給他小額禮品後，放棄自己那一份，好使自己的孩子們以後不能提出要求。

208. 「一個弟兄不損祖產、以自己的氣力所得的東西，不要違背他的意願拿來送人，因為那是他本人取得的。

209. 「父親以自己努力恢復己父不能恢復的財產時，不可違背他的意願拿來分給他的諸子，因為那是由他自己取得的。

210. 「如果弟兄們先分居後又合居，以便共同生活，以後再分家時，各分配額應該平等；在這種情況下沒有嫡長權。

211. 「分家時，長兄或諸弟中最小的由於過苦行生活而得不到份額，或其中有一人死亡時，其份額不得喪失。

212. 「但是，如果他沒有留下妻子兒子，又父母雙亡時，他

那些已將其份額合在一起的異父兄弟們，以及他的異父姊妹們可聚在一起相互間分配自己的份額。

213. 「長兄由於貪婪損害諸弟，可取消其與嫡長權相聯繫的榮譽和他的份額，並應被國王處以罰金。

214. 「所有耽於某種惡習的弟兄，都喪失其繼承權，長兄不應該將一切財產據爲己有，一毫不分與諸弟。

215. 「弟兄和父親一起共同生活，合力經營同一企業時，父親絕不可分利不均。

216. 「在父親健在期間，並在父親經手分產之後出生的兒子，可取得父親的份額，或者，已同父親分家的弟兄們，重新將自己的份額和父親的份額合併時，這個兒子可同他們分產。

217. 「兒子死而無子又沒有遺下妻子時，父親或母親應該繼承其財產；母親本身死去沒有弟兄和侄輩時，祖母或祖父可取得其財產。

218. 「一切債務和一切財產依法適當分配完了時，凡隨後所發現的一切東西應以同樣方式重行分配。

219. 「衣服，車乘，分產前某一繼承人用過的不值錢的裝飾品，米飯，井水，女奴，宗教顧問或家庭僧，以及家畜牧場等，是被宣布爲不得分配的，應該像以前那樣被使用。

220. 「繼承法和涉及諸子（從妻生子起）分產的規定，已經依次對你們闡述了；現在你們可以認識一下關於賭博的法律。

221. 「賭博和賭鬥應該由國王在國內加以禁止；因爲這兩種犯罪行爲足使君主失國。

222. 「賭博和賭鬥是公然盜竊，國王應盡一切努力加以制止。

223. 「用沒有生命的物品如骰子進行的賭博，是一般賭

博；用有生命的東西如公雞、牡羊，並押賭注的賭博叫做賭鬥
(Samahwaya)①。

224. 「從事賭博或賭鬥以及開賭場提供賭博工具者，應被國
王處體刑，首陀羅而帶再生族標誌者亦然

225. 「賭博者，跳舞者，公開歌唱者，誹謗聖典者，邪教
徒，不執行本種姓義務者，酒商，應立刻逐出城外。

226. 「這些秘密的竊賊充斥一君主的國內時，則不斷以其不
正行為苦惱善良。

227. 「昔在前世，賭博被認為是產生仇恨的一大本源；因而
賢者即使遊戲也不從事賭博。

228. 「一個人無論公開或秘密耽於賭博，都要受國王隨意加
給他的懲罰。

229. 「凡屬武士、商人和奴隸種姓，不能繳付罰金者，應用
勞動來償付，婆羅門可以逐漸交付。

230. 「國王對婦女、兒童、瘋人、老人、窮人和病人所施的
刑罰，可用鞭子或竹棍來打，或者用繩子來捆縛。

231. 「大臣擔任公職，恃財驕橫，破壞請其聽訟者的案件
時，國王應該沒收其一切財產。

232. 「國王應將偽造諭令者，惹起大臣不和者，殺害若干婦
女、兒童或婆羅門者，通敵者，處死刑。

233. 「凡在無論何時已處理完畢並已判決的案件，根據法
律，應被國王認為已了案件，勿再重審。

234. 「但由大臣或法官違法判決的任何案件，國王要親自重
審，並對他們處以一千鉢那的罰金。

---

① Samahwaya 一字，義為「煽動」；即煽動動物互相角鬥以為樂。

235. 「凡殺害婆羅門者，酗酒者①，偷婆羅門黃金者，玷污教師或父親的床榻者，均應認爲是犯大罪者。

236. 「如果這四種人不進行贖罪，國王可依法處以體刑並處罰金。

237. 「玷污自己教師的床榻，可在罪犯額部打上象徵女陰的烙印；酗酒，打上象徵酗酒商招牌的烙印；偷一僧侶的金錢，打上狗足的烙印；殺害一婆羅門，打上無頭人形的烙印。

238. 「不應該和這種人一起用飯，一起祭祀，一起學習，互相聯姻；他們被剝奪一切社會義務後，悲慘地流浪在世界上。

239. 「這些被打上恥辱烙印的人，應被父系和母系親族遺棄，不值得同情和尊重：這是摩奴的命令。

240. 「各種姓按照法律規定進行贖罪的犯人，不應該奉王命在額部打烙印，可只處最高罰金。

241. 「在此以前以品行良好見稱的婆羅門犯有上述罪惡時，應僅處中等罰金；或者，如係預謀行事，可使其攜帶動產和家人流放國外。

242. 「其它種姓的人犯有此類罪行而不出於預謀時，應該喪失其一切財產；如係預謀犯罪，應被流放甚至處死。

243. 「有德的國王不可將大罪犯的財產據爲己有，如由於貪婪將其占有，犯同樣罪行。

244. 「可將此罰金投在水中，獻於水神，或者，給與一位有德而飽學聖典的婆羅門。

245. 「水神是刑罰之主，他的權力且及於國王，學完聖學的

---

①刹帝利，吠舍禁飲米酒，婆羅門禁飲米酒、摩都伽酒(madhouka)和糖精。（注疏）

婆羅門是全世界之主。

246.「在國王不占有罪犯財產的地方，都會適時產生命定要享長壽的人們；

247.「每一個農人把種子撒在哪兒，哪兒就蕃衍；兒童不夭折，不生怪物。

248.「如果一個種姓低賤的人，以折磨婆羅門爲樂，國王應處以足以引起其恐怖的各種體刑。

249.「國王釋放罪犯和處罰無辜應同樣視爲不公正：公正在於依法用刑。

250.「應據以宣判兩造訴訟事件的規定，已在十八個條款下對你們詳加闡釋。

251.「如此圓滿履行法定義務的國王，應設法取得民心，以據有不臣服自己的地方，又當該地已處在自己勢力之下時，應設法適當地統治它們。

252.「駐在繁盛的地方，依建築法建築堡壘，使能禦敵，之後，可大力根除①窮凶極惡者。

253.「國王保護善良，懲罰邪惡，專心致志於人民幸福者，抵達天界；

254.「但國王取得國王的收入，而不注意鎮壓盜匪時，則國家紛亂，而本人被排除在天界之外。

255.「恰恰相反，當一個國王的國家，處在他強大手腕的保護下，享受著高度的承平，則此國家日趨繁榮，有如被人細心澆灌的樹木。

256.「國王應親眼刺探，善於鑑別兩種盜賊：他們有公開

---

①原文：拔其刺。

的，有隱蔽的，兩者均掠奪他人財物；

257.「公開的盜賊指以某種欺詐方式出賣各種物品爲生者；隱蔽盜賊指穴牆潛入室內者，出沒森林的盜匪及其他。

258.「貪污受賄者，以恫嚇勒索金錢者，欺騙者，賭徒，算命者，僞君子，手相者，

259.「馴象者，言行不符的江湖醫生，妄操自由藝術爲生者，狡猾的娼妓：

260.「上述人，還有其他人，都是公開露面的盜賊；國王要在這世界上善於辨識他們以及其他隱蔽活動的人，帶著善人標誌的令人鄙視之徒。

261.「利用表面上和他們同操一職業和僞裝起來的可靠人，與散布在各個角落的刺探發現他們，然後加以吸引和控制。

262.「國王充分宣布這些歹徒的劣行後，應處以與其罪惡與財力相當的懲罰。

263.「因爲沒有刑罰，不能鎮壓潛伏世界各處心懷惡意的盜賊的犯罪。

264.「熱鬧場所，公用水源，麵包店，妓館，酒店，飯館，十字路口，聖林，會場，劇場，

265.「舊王家花園，森林，作坊，別墅，樹林，公園；

266.「這些以及其它諸如此類的地方，是國王應派巡邏、刺探和細作加以監視，以便排除盜賊的地方。

267.「可利用曾爲盜賊的伶俐細作，打入其間，與之爲伍，獲悉其種種活動以發現他們並引其離開巢穴。

268.「細作可利用美味席筵，同保證其事業成功的婆羅門會見，或看比武劇等各種藉口，將他們集中在一起。

269.「國王應將恐遭逮捕不赴約會者，以及和舊盜匪約定爲

國王效力而不和他們聯合者，強行逮捕；應將他們處死，他們的朋友、父母兩方的親族和他們有聯繫的亦然。

270. 「公正的國王，除盜賊連同贓品、盜具一起被捕外，不處他們以死刑；如果他們連同掠奪品與使用的工具一起被捕時，可無遲疑地處以死刑。

271. 「凡在鄉村和城市中給予他們食物，資助他們工具，對他們提供窩藏地點者，可同樣處死。

272. 「如果負責警衛某些地方的人，或被指定與其為鄰的人，在盜賊進犯時坐守中立，國王應該立即處死他們像處死盜匪一樣。

273. 「以代人履行宗教活動為生者，違反其特殊義務時，國王可從重處以罰金，有如處罰違反自己義務的無恥之徒一樣。

274. 「遇村莊被洗劫，堤防潰決，或強盜攔路搶劫時，不疾趨救助者，應該帶同所有財產被流放。

275. 「國王對盜竊其珍寶者，抗命者，以及鼓勵敵人者，可以各種刑罰處死。

276. 「盜賊乘夜穴牆①作案時，國王可在使人斷其兩手後，處以尖棒串殺之刑。

277. 「初犯掏摸者②可斷其兩指；再犯時，斷一足一手，第三次，處死。

278. 「給予盜匪乾糧和食物者，資助武器或住處者，窩藏贓物者，應被國王懲處如盜匪。

279. 「破壞護池塘的堤壩，引起蓄水流失者，國王可使溺死

①盜匪使用的穴牆方法，詳見《摩利剎迦底》劇本 (mrittchhacati) 第三幕。
②原文為「切結者」，或更確切地譯為「解結者」。印度人帶錢在衣角上所做的結內。

水中，或斷其頭。或者，罪犯賠償損失時，處以最高罰金①。

280.「對國庫、武庫或神殿打開缺口，以及偷竊屬於國王的象、馬、車乘者，可無遲疑地處死刑。

281.「為自己利益使舊池塘的一部分水流改變方向者，或中斷溪河水流者，應處一等罰金。

282.「非緊急情況而在大路上排泄糞便者，應該繳付兩迦爾利鉢那罰金，並立即打掃其所髒污的地方。

283.「但病人，老人，孕婦和小兒，只應遭受叱責而清潔其地方：這是法令。

284.「內外科醫師行醫有誤者處罰金；涉及獸類的事故處一等罰金，涉及人的處二等罰金。

285.「破壞橋樑、旗幟、柵欄或陶製偶像者，應該修復所有破損並繳付五百鉢那罰金。

286.「混淆劣質商品與優質商品，鑿壞寶石、珍珠鑽孔拙劣，應處以一等罰金並賠償損失。

287.「顧客出同樣價格，卻給以不同質量的物品，有的好，有的壞，以及出賣同樣貨品，價格卻不相同，應根據情況繳一等或中等罰金。

288.「國王要把所有監獄都設在公共道路旁邊，以便痛苦和醜惡的罪犯為大家所共睹。

289.「推倒牆壁者，填埋濠塹者，破壞門戶者，如屬公家或國王所有，應該立時流放。

290.「對目的在於毀滅無辜者的一切祭祀，應處二百鉢那罰金，對魔咒和各種咒術，如其邪行未奏效時亦然。

---

①見第八卷第 138 節。

291. 「以壞糧充好糧出賣者，或將好糧放在上面掩蔽壞糧者，以及毀滅界標者，應被處毀損形體的懲罰；

292. 「但在所有詐騙犯中最壞的是犯欺騙罪的金銀細工，國王可使人以剃刀寸斷他。

293. 「盜竊農具、武器和藥品，國王可考慮到時間及該物品的用途處以刑罰。

294. 「國王及其大臣、首都、領土、國庫、軍隊和盟國，是國家的七個組成部分，國家因此被稱爲具有七肢者(Saptânga)。

295. 「上面依次列舉的國家七肢中，破壞在前列的，應被認爲比破壞在順序上靠後的罪惡更大。

296. 「七種力量結合起來在人間組成一個國家，它們相輔相成，有如苦行家那捆起來互無短長的三個手杖，七者中沒有任何性質優劣上的高下之分。

297. 「然而，某些力量對某些行爲來說更受重視，那種事務賴以實行的力量，在這一特定事務中更爲可取。

298. 「國王在經常利用密探，擴充勢力，處理公務時，應設法了解自己和敵人的力量。

299. 「國王對蹂躪本國和異邦的災難和動亂及其輕重詳加考慮後，可將決斷付諸實施。

300. 「無論如何疲乏，可再三再四開始自己的行動，因爲幸運常和堅持到底的進取家在一起。

301. 「一切稱爲柯利多、多利多、陀跋鉢羅和伽里①的時代，繫於國王的行動；因爲國王被認爲象徵其中的一個時代。

302. 「當其睡眠時，是伽里時代；覺醒時，是陀跋鉢羅時

---

①見第一卷第 70、81 及以下各節。

代；積極行動時，是多利多時代；行善時，是柯利多時代。

303.「國王應該以其能力與行動表現爲天王、太陽神①、閻摩、水神、月神、火神和地神的競爭者。

304.「有如雨季的四個月間，天王沛然降雨，同樣，國王可模仿雲神的行動，對人民普降甘霖。

305.「有如太陽神在八個月內以其光線吸水，同樣，國王可以類似太陽神的行動，從國內取得合法稅收。

306.「有如風神進入並流通在一切創造物類中，同樣，國王應效法風神，利用間諜，深入各處。

307.「有如閻王在時辰到來時獎懲朋友和敵人，或尊敬他和輕視他的人，同樣，國王可仿效地獄法官，懲罰有罪的臣民。

308.「有如水神從來不忘捆縛罪犯，同樣，國王要像水神那樣，拘捕壞人。

309.「臣民見到國王如同見到滿月時的月神丰采，感到同樣快樂，此即王即象徵『月神之治』。

310.「他對罪犯要經常充滿憤怒與威力，對奸臣要無情，要這樣履行火神的職務。

311.「地神同載萬物，支持一切物類的國王也應同樣履行類似地神職務的職務。

312.「國王在不怠地從事於這些以及其他一些義務時，應鎮壓住在國內的盜賊，以及住在其他國王的國土上前來侵擾自己國土的盜匪。

313.「處境無論如何窮困，他應切戒占取婆羅門的財產以招其忿。因爲他們一忿怒，就立即以咒術和魔祭來毀滅他和他的軍

---

① 原文作 Arka，太陽神 (Sôurya) 的名稱之一。

隊與輜重。

314.「誰激怒了以其咒術的法力創造出吞噬①一切的火、海洋及其苦水②，以及其光輝交替盈虧③的月球④，而能夠不被毀滅呢？

315.「在憤怒時，可以創造出其它世界及世界的其它支配者⑤，並使神變成凡人的人，迫害這種人，哪一個國王可以昌盛呢？

316.「世界及諸神借助他們，借他們的祭祀而得以永存，聖學乃是他們的財富。什麼人想生活下去而可以危害他們呢？

---

① 婆羅門族跋梨求維持著一團長明火，有一天他詛咒了火神，因為火神對其妊娠的妻子在受到巨人攻擊時沒有加以保護，罰火神吞噬一切（朗格魯瓦，《印度戲劇》）第二卷第 393 頁。

② 關於印度海洋的傳說不詳。

③ 本節以下列形式譯出可能更好：「激怒了由於其詛咒：致令火（火神）被罰吞噬一切，海洋翻動苦水，月球依次呈現光輝明滅的人們，誰能不被毀滅呢？」

④ 根據威爾遜所引述的缽陀摩普羅那 (Padma Pourâna) 軼事（見 *Vikrama and Urvasi*），記聞剎的二十七個女兒的丈夫月神旃達羅，由於寵幸虜喜尼 (Rohini) 而疏遠其諸妾。虜喜尼的姊妹們，妒忌她的這種得幸，訴諸她們的父親，父親為此頻頻呵斥其門婿。但因看到斥責無效，便詛咒他終生無子，衰弱和肺癆，來以此懲罰他。諸妾為他求情於聞剎，聞剎輕減其詛咒，但不能全部取消，宣布他的衰弱將經常變為僅僅是周期性的，這就是月球交替盈虧的緣起。在天文學上，虜喜尼是由五星構成的太陰第四宮。五星中的主星辰是牧牛座眼星 (Aldebaran)。

⑤ 此事大概指毗斯跋彌陀羅的故事。當這位聖者從事極嚴峻的苦行以求上升到婆羅門的地位時（見第七卷第 42 節），一個名叫多利桑求的國王向他陳情，要求能夠連同軀體一起被送入天界。毗斯跋彌陀羅允諾，開始為此目的而行祭，並以精誠所取得的法力，使多利桑求升入天界。但因陀羅天王不欲接納，使其頭部向下墮到世界來。於是毗斯跋彌陀羅大怒，他作為另一個造物主，以其苦行之力，在南方地區創造了新的七聖仙及其它星座，並以創造另一個天王和其他神明相威脅，於是諸神恐懼，同意多利桑求留在新星座圍繞的天界中（《羅摩衍那史詩》第一卷第 60 章）。

317. 「婆羅門不論有知無知都是強有力的神，就像火不論祝聖不祝聖都是強有力的神一樣。

318. 「火具有純潔的光輝，即使在焚屍的地方也不被污染，祭祀中投入酥油時，它就燒得更歡。

319. 「所以，即使婆羅門從事各種微賤職業，也應該經常受人尊敬；因為在他們身上有特別神聖之處。

320. 「無論任何情況，剎帝利對婆羅門極度傲慢時，婆羅門可對其詛咒或念魔咒來懲罰他，因為剎帝利出於婆羅門。

321. 「火出於水；武士種姓出於僧侶種姓；鐵出於石；它們無不穿透的威力在其所從出者面前柔弱無力。

322. 「剎帝利無婆羅門不能繁榮，婆羅門無剎帝利不能昌盛；婆羅門和剎帝利結合在一起而在今生和來世得以繁盛。

323. 「國王末日迫近時，可將從罰金得來的財富給予婆羅門之後，將國家委託兒子治理，並去參加戰鬥尋求死亡；或者，如無戰爭，使自己死於飢餓。

324. 「國王舉止應按規定並經常專心履行國王的義務，命令臣下為人民謀幸福。

325. 「這些是古來有關國王行動的法令，已備述無遺；現在可以依次學習關於商人種姓和奴隸種姓的法令。

326. 「吠舍在接受束聖紐儀式並娶和自己同種姓的妻子後，應始終該勤勉從事自己的業務，並飼養家畜。

327. 「因為造物主創造了有用的動物之後委託吠舍來照管，而將整個人類置於婆羅門和剎帝利的保護之下。

328. 「吠舍絕不可抱幻想，說：『我再不願管理家畜了』，當吠舍想照顧家畜時，其他任何人不得照管他們。

329. 「要熟悉寶石、珍珠、珊瑚、鐵、布、香料和調味料價

格的高低：

330. 「要熟悉播種應該使用的方式和地質的優劣，要了解整套的度量衡制。

331. 「商品的優劣，地性的好壞，出賣貨品的大概損益，和增殖家畜數目的方法。

332. 「應該知道要交付僕人的工資，人們的種種語言，保護商品應該採取的最好措施，和一切關於買賣的事宜。

333. 「應該以合法方式大力增殖財富，並注意給予一切生物以食品。

334. 「盲目服從精於聖學、德名卓著的婆羅門家長的命令，是首陀羅首要的義務，並給他帶來死後的幸福。

335. 「首陀羅身心純潔、服從高等種姓的意圖，出言溫和，不驕不矜，主要依附婆羅門者，取得較高的轉生。

336. 「這些是關於四個種姓在未遇窮困時的合適的行動準則；現在可依次學習他們在危急時的義務。

第十卷

雜種種姓　處困境時

1.「三個再生種姓要堅持履行義務，並學習吠陀；但只有婆羅門，而非其他兩種姓成員，可以給他們講授：這是規定。

2.「婆羅門應該了解法律對一切種姓規定的謀生方式；要將它宣示給其他的人，並自己遵守無違。

3.「婆羅門以其嫡長，以其出身的優越，以其聖典知識的完全和結帶式的不凡，而爲一切種姓的主人。

4.「僧侶，武士與商人種姓，是三個再生族種姓；第四種姓——奴隸種姓僅有一次出生：沒有第五個原始種姓。

5.「各種姓中，只有依正順序，由在種姓上和丈夫相等、並在結婚時爲處女的婦女所生的，才能被認爲和兩親同屬一個種姓。

6.「再生族和低自己一種姓的婦女結婚所生的兒子，雖被立法家宣稱類如父親，但非同一種姓，並由於他們的母親出生低微①，因而是可輕視的。

7.「這是古來對於比丈夫種姓只低一級的婦女所生兒子的規定；對於和丈夫種姓中間相隔一或兩級的婦女所生的兒子規定如

---

① 這些兒子們被稱爲牟多毗質柯多，摩掇耶，迦羅奈，前者（婆羅門男子和剎帝利婦女的兒子）的職務是教人使象、御馬、駕車和使用兵器；次者（剎帝利男子和吠舍婦女的兒子）的任務是教人歌舞和天文；後者的職責是事奉王侯。（注疏）

下：

8. 「婆羅門和吠舍女子結婚所生的兒子叫做俺跋什鬮(Amba-chtha)；和首陀羅女子所生的叫做尼遮陀(Nichâde)，又叫婆羅薩跋(Pârasava)。

9. 「剎帝利男子和首陀羅婦女結合所生的人，叫做優俱羅，他們行動粗野，性好殘暴，兼有武士種姓和奴隸種姓的性質。

10. 「婆羅門男子和屬於其它三個低種姓婦女結婚所生的兒子①；剎帝利男子和他下面的兩個種姓婦女結婚所生的兒子②；吠舍和唯一低於自己種姓的婦女結婚所生的兒子③，六者對於其他諸子而言，均被認爲是低賤的。

11. 「剎帝利男子和婆羅門婦女結婚所生的兒子，叫做蘇多；吠舍男子和屬於武士與僧侶種姓婦女所生的兩種兒子叫做摩偈闍和吠提訶。

12. 「首陀羅男子和屬於商人、武士和僧侶種姓的婦女結合，乃產生由於不潔的種姓混雜而產生的兒子，叫做阿瑜迦跋，剎多梨，以及人類最低下的旃陀羅。

13. 「生於正順序④的隔姓父母的俺跋什鬮和優俱羅⑤，被法律認爲可以被接觸而不污染；同樣，生於逆順序的隔姓父母的剎多梨和吠提訶⑥也可以接觸而不被污染。

---

①牟多毗質柯多，俺跋什鬮，尼遮陀。

②摩揪耶 (Marchya)，優俱羅 (Ougra)。

③迦羅奈 (Karana)。

④見本卷第8、9兩節。

⑤種姓的正順序是從婆羅門到首陀羅；其逆順序是從首陀羅到婆羅門。

⑥剎多梨是首陀羅男子和剎帝利女子所生的兒子；吠提訶是吠舍男子和婆羅門婦女所生的兒子（見11、12兩節）。

14. 「上述再生族之子，依正順序生於種姓與丈夫種姓相銜接或與丈夫種姓相隔一個或兩個種姓的婦女者，視母親出生低微的程度而定，叫做阿難陀羅，哀蹇陀羅和都衍陀羅①。

15. 「由婆羅門男子與優俱羅②女子結合而生阿芯利多；與俺跋什闥③女子結合而生阿毗羅；與阿瑜伽跋④女子結合而生底格波那。

16. 「阿瑜迦跋，刹多梨，和人類中最低賤的旃陀羅⑤生於逆種姓順序的首陀羅男子；三者都應該被排除於履行敬禮祖靈祭之外。

17. 「同樣以逆順序生於吠舍男子的摩揭闥與吠提訶，以及生於刹帝利男子的蘇多，是被排除同樣義務的其他三種兒子。

18. 「尼遮陀⑥男子和首陀羅婦女所生的兒子屬於弗迦娑族；但首陀羅和尼遮陀婦女所生的兒子則稱爲鳩鳩多迦。

19. 「生於刹多梨男子和優俱羅婦女者稱爲斯婆鉢迦；生於吠提訶男子和俺跋什闥婦女者稱爲吠那。

20. 「再生族男子和本種姓婦女所生的兒子，不隨即履行類如結帶式的義務者，被剝奪娑毗陀利贊歌所授予的淨法，稱爲被除名者。

21. 「從這一被除名的婆羅門男子所生的兒子，生性邪惡，根據地方不同，叫做布爾遮蹇多迦，阿檠提耶，波多闥那，弗什

---

①阿難陀羅，意爲「無間隔」；哀蹇陀羅，意爲「有一個間隔」；都衍陀羅意爲「有兩個間隔」。

②見第 9 節。

③見第 8 節。

④見第 12 節。

⑤見本章第 8 和第 9 節。

⑥尼遮陀生於婆羅門男子與首陀羅婦女（見第 8 節）。

鉢闍和悉迦。

22.「被除名的刹帝利男子產生叫做遮羅、摩羅、尼撤毗、那多、迦羅奈，迦婆和陀羅毗羅的兒子。

23.「被除名的吠舍男子產生叫做蘇耽婆、刹利耶、迦魯刹、毗㖷摩、密陀羅和婆多婆多的兒子。

24.「種姓的非法雜婚，違反規定的結婚和忽視規定的儀式，是種姓不純的起源。

25.「雜種間互相依正順序和逆順序聯姻所生的兒子都是哪些人，我要充分加以說明。

26.「蘇多、吠提訶、人類中最低賤的㖷陀羅，摩揭闍，刹多梨和阿瑜迦跋①。

27.「凡此六者與本種姓的婦女，與種姓和母親相同的婦女，與高種姓的婦女，與奴隸種姓婦女，生育同樣的兒子②。

28.「正如婆羅門男子，可以依正順序和屬於頭三個種姓中第二種姓或第三種姓的婦女，以及本種姓的婦女生出可以接受再生儀式的兒子一樣；同樣，在低賤的人們中間也是如此，即在吠舍男子與刹帝利婦女的兒子、吠舍男子和婆羅門婦女的兒子、和刹帝利男子與婆羅門婦女的兒子間，並無任何高下優劣。

29.「這六種人③和這些種姓的婦女互相結合而產生大批低賤可恥的種族，其可恥比其所從出者尤甚。

30.「首陀羅男子和僧侶種姓婦女產生比他尤為低賤的兒子；同樣，這些低賤人之一和四個純種姓的婦女之一產生比他尤為低賤的兒子。

---

①見第 11、12 兩節。
②彼此相類，同樣低賤，但比他們的父母為尤賤。（注疏）
③見第 26 節。

31. 「六種低賤種姓，互相依逆順序①聯姻，產生十五種尤為低賤卑鄙的種姓。

32. 「達修②男子和阿瑜迦跋③婦女結婚而生錫林陀羅，錫林陀羅善於侍候主人裝束，雖非奴隸而盡奴隸職務，並以張網捕野獸為生。

33. 「吠提訶④男子和阿瑜迦跋婦女而生聲音美妙的密多離耶迦，密多離耶迦以歌頌強大的人物為業，並於黎明時鳴鐘。

34. 「尼遮陀男子和阿瑜迦跋婦女聯姻，產生摩爾迦波或達娑，這種人以撐船為業，被阿利耶波多居民稱為劫波多。

35. 「這三種出身低賤的人，錫林陀羅，密多離耶迦和摩爾迦波，各生於著死人衣服，被輕視和吃禁食的阿瑜迦跋的婦女。

36. 「從尼遮陀男子和吠提訶婦女產生以硝皮為業的迦羅波羅；從吠提訶和迦羅波羅男子和與尼遮陀女子產生應該住在村外的俺陀羅和密陀。

37. 「從旃陀羅⑤男子和吠提訶女子產生以竹工為生的般都蘇鉢迦；從尼遮陀男子和吠提訶女子產生以獄吏為業的阿欣底迦。

38. 「從旃陀羅男子和弗迦娑⑥女子產生以劊子手為業並常

---

① 六種低賤種姓的正順序如下：蘇多，摩揭闍，吠提訶，阿瑜迦跋，剎多梨，和旃陀羅；因而逆順序以旃陀羅開始。旃陀羅依逆順序（即從剎多梨種姓依次上推到蘇多種姓和他上面五種姓中之一的婦女聯姻，可以產生五種不同的兒子；同樣，剎多梨和其他四種姓之一的婦女聯姻，可以產生四種兒子；阿瑜迦跋同樣可以依逆順序產生三種；吠提訶產生兩種；摩揭闍產生一種：共十五種。依正順序結婚，如蘇多和他下面的五種姓之一的婦女結婚，可產生另外十五種兒子。（注疏）

② 達修，見第 45 節。

③ 見第 12 節。

④ 吠提訶，見第 11 節。

⑤ 見第 12 節。

⑥ 見第 18 節。

被善人輕視的低賤的蘇鉢迦。

39. 「尼遮陀婦女和旃陀羅男子結合，生叫做俺底耶跋娑耶的兒子，在焚屍場工作，甚至被低賤人蔑視。

40. 「這些由父母雜婚並由父母得名的族類，無論他們隱瞞與否，可從他們的職業獲悉。

41. 「與丈夫同種姓的婦女所生的三種兒子，和生於其次的①再生族種姓婦女的三種兒子，這六種兒子可以履行再生族義務並接受結帶式；但生於逆順序②、且出身低賤的諸子，在義務上僅等於首陀羅，不配接受入門式。

42. 「他們都可以借助其苦行，以及父輩的功德，在每個時代，在世界上，在人們中間，達到較高的出生，就如他們可以墮落到較低的地位一樣；

43. 「由於忽棄淨法，並由於不常和婆羅門往來，以下剎帝利種族，在今生已墮落到首陀羅境地：

44. 「他們是彭陀羅迦，峨陀羅，達羅毗荼，劍浮，耶波那，娑迦，鉢羅陀，鉢訶羅婆，撳那，佉羅陀，陀羅陀和訶婆③。

---

①即生於婆羅門男子與剎帝利女子或吠舍女子締婚的，或剎帝利男子與商人種姓女子締婚的。

②如蘇多等，見第 11 節。

③根據仍不無疑難，但作了更多輕率的比較的研究，對六種墮姓的剎帝利種族曾做如下說明。彭陀羅迦似為游提爾或位於貝哈爾邊緣與恒河南部、現摩訶剌陀治下的東方各省的居民。峨陀羅是住在俄利薩北部的傻利耶人；達羅毗荼被認為是科羅曼得爾岸邊南部的人民；劍浮是阿拉科喜阿人；人們認為耶波那人像是愛奧尼亞人或亞洲的希臘人；娑迦人像是西徐亞人；鉢羅陀人像是婆羅婆米西人；鉢訶羅婆人像是古波斯人；撳那人像是中國人；佉羅陀一般是山居者，恐尤指喜馬拉雅山或伊美阿斯山的人；陀羅陀是陀羅德人，都爾陀人；訶婆是喀什的居民。——關於撳那人近似支那人一說，顯然是有困難的。支那是由秦王朝而得名，秦王朝統治中國時僅在公元前 246 年，如果像人們認為的，摩奴法論早於公元前一千多年，則中國人不會在法論中被稱為撳那人；反之，似應認為本節文字有被人竄改處（雷牟薩《亞洲新雜誌》，Abel Remusat, *Nouveaux mélanges Asiatiques* 第二卷第 334 頁）。但對此問題，可參考波提埃 (Pauthier) 在他的《中國志》(*Description de la Chine*) 一書中所發表的見解（巴黎，提多書店，1836 年，八開本）。

45.「凡出自梵天①口、臂、腿、足的種族，而以忽視其義務被排除在其種姓之外者，不管他說蠻族語言，或高尚人們的語言，都被認爲是達修（盜賊）。

46.「依正順序或逆順序生於種姓雜婚的再生族之子，只應該操被再生族所輕視的職業以爲生。

47.「蘇多應該飼馬御車；俺跋什闍行醫；吠提訶伺候婦女；摩揭闍做行商走販。

48.「尼遮陀以捕魚爲業；阿瑜迦跋以木工爲業；密陀、俺陀羅，詹朱和摩陀鳩②狩獵林中野獸；

49.「刹多梨、優俱羅和弗迦娑捕、殺穴居動物；底俱波那製革；吠那奏樂器。

50.「這些人要定居在神聖的大樹之根、焚屍場及山、林附近，要叫大家都認識他們，叫他們依他們自己的工作爲生。

51.「旃陀羅和斯婆跋迦的住所應該在村外，他們不能有完整的器皿，他們的全部財富只應該是犬和驢；

52.「他們要穿死者的衣服；以破盂爲盤；以鐵爲裝飾品，常遊走無定處。

53.「任何一個忠於義務的人也不要和他們交往；他們只應該在他們之間互通有無，通婚姻。

54.「別人給他們的食物要盛以破盂片，並由僕人從中居間，夜間不准他們在城、鄉中往來。

55.「他們有事時可在白天到那些地方去，以國王所規定的標誌使人辨別出來，他們要搬運死後未遺有親族的人的屍體：這

---

①即凡出自四個原始種姓的人（見第一卷第31節）。

②詹朱和摩陀鳩生於婆羅門男子與吠提訶婦女和優俱羅婦女。（注疏）

是規定。

56. 「他們要奉國王命令執行依法處死的罪犯的死刑，並取得其刑殺者的衣服、床榻和裝飾品。

57. 「一個男人屬於奴隸種姓，生於低賤的母親，但難於辨識，雖非高尚人，而有高尚人的外表者，可以其行為來辨識：

58. 「沒有高尚的情操，語言粗野，殘暴，忘卻義務，說明他生於此世值得鄙視的母親。

59. 「出身低賤的人，有父親或母親的或兼有兩者的劣根性；絕不能掩飾其所從出。

60. 「一個人的家族無論如何卓越，如出生於種姓雜婚，則在大小不等的程度上，明顯具有兩親的劣根性。

61. 「凡這些破壞種姓純潔的人出生的地方，以及居住這些地方的人，都很快滅亡。

62. 「為挽救婆羅門、牝牛、婦女或兒童而犧牲自己的生命，並不希望報酬，可使出生低賤的人升入天界。

63. 「戒殺生、常說實話，不偷竊、純潔，和抑制感官，這些大抵即為摩奴對四個種姓所規定的義務。

64. 「首陀羅婦女和婆羅門男子所生的女兒，她又與婆羅門男子結婚，所生的女兒又和婆羅門男子結婚，依此類推下去，至第七代低種姓可上升到最卓越的地位。

65. 「首陀羅可以這樣升至婆羅門的地位，而婆羅門男子與首陀羅婦女之子，可以由於繼續聯姻墮落到首陀羅的地位；對於剎帝利和吠舍的子孫可以發生同樣情形。

66. 「如果在婆羅門男子以縱欲和奴隸種姓未婚婦女所生的兒子，與生於婆羅門婦女和首陀羅男子的兒子間發生關於誰更優越的疑難時：

67. 「由高貴男子與低賤婦女所生者，可以通過自己的美德成爲高貴的；而由高貴種姓婦女與低賤種姓男子所生者，應該被認爲是低賤的：這是規定。

68. 「但法律規定這兩種人都不應該接受結帶式，前者由於母親出生低賤；後者由於種姓順序顛倒。

69. 「有如生於良田的佳種發育良好，同樣，生於高貴父母的人有資格接受一切淨法。

70. 「有些賢者認爲種子優越，另外一些則認爲田地優越；其他一些則認爲田地與種子同樣重要。其規定如下：

71. 「種子撒在不毛之地，即毀滅而毫無收穫；不蒔種的良田，完全變成赤地①。

72. 「但是，既然由於父德的卓越，即使野獸之子也可以變做受人尊敬稱讚②的聖者，因此，男性之力占優勢。

73. 「梵天將履行高貴種姓義務的首陀羅和持身如首陀羅的高貴種姓的人加以比較後，親自說道：『他們無所謂相等和不相等』，他們的壞行徑使得他們之間有類似處。

74. 「專志於尋求達到最後解脫和堅持義務的婆羅門，要圓滿遵守下面六種實踐：

75. 「誦讀聖典，教人誦讀，祭祀，幫助人祭祀、布施，接受布施：這是對爲首種姓規定的六事；

76. 「但是，在這婆羅門六事中，三者用來維持自己的生活，即，教授吠陀，主持祭祀，接受清淨人的布施。

---

①原文作：純粹是一種 Sthandila，Sthandila 是供祭祀用的田地。
②注疏家引證梨什耶林迦 (Richyasringa) 爲例，梨什耶林迦是聖隱士毗榮多迦和一個牝麕鹿的兒子。

77. 「其中有三事是專對婆羅門而無關於剎帝利的，即教授聖典，主持祭祀，接受布施。

78. 「這三事對於吠舍同樣被法律所禁止；因為造物主摩奴沒有對武士和商人兩種姓規定這些實踐。

79. 「宜於剎帝利的生計是持槍帶劍；吠舍是經商、畜牧、耕耘；但兩者共同的義務是行布施、誦聖典和祭祀。

80. 「教授聖典，保護人民，經商，畜牧，都分別是婆羅門、剎帝利和吠舍最可尊重的職業。

81. 「但是，如果婆羅門不能以完成上述義務維持生活時，可以履行剎帝利的義務為生，因為它緊跟在自己義務之後。

82. 「但是，如果發生兩種職務都不能維持生活的問題時，應該採取以下措施：耕耘，畜牧，過吠舍生活。

83. 「然而，婆羅門或剎帝利被迫和吠舍過同樣生活時，應盡可能設法避免從事耕耘，此工作傷生並依靠外力如牡牛的幫助。

84. 「有些人稱許農業，但這種生活為善人所貶低；因為帶利鐵的木具將土地和它所蘊藏的生物一併破裂。

85. 「但如婆羅門或剎帝利無以為生，而不得不放棄完滿遵守自己義務以取得生活之資時，要避免應該避免的商品，賣吠舍經商的商品。

86. 「要避免賣各種植物汁，烹調好的米飯，芝麻粒，石，鹽，家畜，人類；

87. 「任何紅布，任何即使不是紅色的苧麻、亞麻或羊毛織品；果，根，藥草；

88. 「水，武器，魚，肉，蘇摩①，各種香料，牛奶，蜜，

---

① 白前科植物的汁液。

酸乳，酥油，芝麻油，蠟，糖和聖草；

89.「任何森林的獸類，野獸，禽鳥，酒類，藍靛，漆，以及任何一種非裂蹄獸類。

90.「但務農的婆羅門，如果願意，只要不囤積居奇，就可出賣自己親手種植出產的純粹無雜的芝麻，供祭祀用。

91.「如果將芝麻使用於調食、塗身和祭供以外的用途，要墮落到蛆蟲的境地，和祖先共陷於狗的糞便中。

92.「婆羅門賣肉、漆和鹽者，立即成為墮姓人；如果出售牛奶，三天之內，墮落到首陀羅地步。

93.「婆羅門自願出售其它違禁商品，七夜之間墮落到首陀羅境地。

94.「然而，人們可以以液體易液體，但不得以鹽與液體交換；人們也可以以熟飯易生米，以芝麻粒易同重量或同容量的其它穀物。

95.「武士種姓的人處困境時，可求助於這些不同的生計；但在任何時候，絕不應希望類如婆羅門的更高的職務。

96.「出身低賤的人，由於貪婪，從事高貴種姓的職業為生，國王應立即剝奪其一切所有，並處以流放。

97.「有缺陷地完成本身的義務比完善地履行人家的義務為更好；因為履行其它種姓的義務以為生者，立即喪失自己的種姓。

98.「商人種姓的人不能履行自己的義務為生時，只須注意忌所宜忌，可屈就首陀羅的職務；但有辦法時應立即脫離。

99.「首陀羅不能事奉再生族時，如妻兒陷於困境，可從事匠人工作以為生；

100.「他可優先從事類如木工的職業，和類如繪畫等各種技

藝，用來爲再生族服務。

101. 「婆羅門不願履行刹帝利或吠舍的義務，雖瀕於絕境仍寧願堅持自己的道路時，可以下述方式自持。

102. 「婆羅門陷於困境者可接受任何人的東西，因爲根據法律，不會發生完美的純潔被污染的事情。

103. 「婆羅門處困境時，教授聖典，主持祭祀，接受布施，雖在違禁的情況下不犯任何罪過；他們和水火一樣清淨。

104. 「有餓死的危險時，雖接受任何人的食物也不會被罪過所污，就像虛空不被泥濘所污一樣。

105. 「阿撥迦爾多苦於飢餓，曾幾乎將自己的兒子修那息頗①殺死；但未犯任何罪惡，因爲他設法救飢。

106. 「善於辨別善惡的波摩底波被飢餓所迫時，想吃犬肉來救命，絕未因此成爲不淨者。

107. 「嚴峻的苦行家跋羅多槃遮苦於飢餓，和其子獨處荒林中，曾接受木工苾利都好多隻牝牛。

108. 「善於辨識善惡的毗斯跋密陀羅②窮困幾死時，決定吃從旃陀羅手接受的狗脾肉。

109. 「有三件事一般受人非難，即接受低賤人給的布施，爲其主持祭祀，並爲其講解聖典，就中接受布施是最卑鄙的，而對於婆羅門在來生是最應受到譴責的。

110. 「主持祭祀、講解聖典，是應該經常對心靈爲入門式所

---

①注疏家僅稱阿撥迦爾多為祭祀而鬻子，將其縛在木柱上，準備獻作犧牲。故事的究竟不詳。

②修那息頗（Sounahsepha），波摩底波（Vamadeva），跋羅多槃遮（Bharadwâdja）和毗斯跋密陀羅，是得到啟示的七聖中的人物。印度人認為梨俱吠陀的咒文部分是啟示給他們的（《亞洲研究》第三卷第391，392頁）。

淨化的人實施的兩項活動；而布施甚至可從低種姓的奴隸來接受。

111. 「在祭祀中幫助低賤人並給他們講解聖典所犯的罪過，低聲誦經和奉獻即可拂去，從他們接受某些布施所犯的罪過，拋棄此布施和苦修即可拂去。

112. 「無以爲生的婆羅門可拾落穗或不論何處的穀物：拾落穗勝於接受可非難的布施；逐粒拾取穀物更可稱讚。

113. 「作爲家長的婆羅門處困境而需要非貴金屬品或某種其它物品者，應向國王請求；但不應向以吝嗇著稱不想施與的國王提出要求。

114. 「下面依次列舉的事物中，前者依次比後者更可以無罪地接受：未播種的田地，已播種的田地，牝牛，山羊，綿羊，貴金屬，新穀物和已做好的飯食。

115. 「有七種合法取得財產的方法：即：繼承，贈與，交換或買入等方法，各種姓可採用；擄獲，只供武士種姓採用；放貸、經商或耕地，專供商人種姓採用，和從善人接受布施，只供婆羅門採用。

116. 「類如醫療等學問，類如配製香料等技藝，雇傭勞動，伺候人，管理家畜，經商，種地，滿足於少許，乞食與放貸，都是困境中維持生活的方法。

117. 「婆羅門與刹帝利雖處困窮，不應放貸；但兩者都可隨意以低利貸給犯有某種罪過的人，此人應以此款用於宗教事宜。

118. 「國王遇非常必要時，即使徵收國內收穫量的四分之一而以全力保護人民，不犯任何罪過。

119. 「他的特殊義務是取勝，絕不可在戰鬥中脫逃；手執干

戈保衛了商人之後，可徵合法稅收。

120. 「在順遂時對商人種姓僅課收穫量的十二分之一，金錢利潤①的五十分之一的賦稅；在困境時，可徵收穫量的八分之一乃至四分之一和利金的二十分之一；首陀羅，工人，匠人，應該以其勞動來支援，不交任何賦稅。

121. 「首陀羅欲謀生計，無緣依附婆羅門者，可侍奉剎帝利，無剎帝利，可侍奉殷實的吠舍，以謀生。

122. 「為得升天界，或為求今生生活和來生幸福的雙重目的而侍奉婆羅門，其被指定為婆羅門的僕從者，可達到希求的目的。

123. 「對於首陀羅，侍奉婆羅門被宣布為最可稱讚的行動；凡他所能做的其它事情，對他都沒有果報。

124. 「婆羅門將他的才能、勤勉，和他必須撫養的人數加以考慮後，應從自己家內給與他足夠的生活之資。

125. 「殘飯、敝衣、碎食糧和舊家具，應該給與他。

126. 「對於一個吃蒜及其它違禁食品的首陀羅來說，絕無過犯之可言，他不必接受結帶式；類如祭火的宗教義務沒有對他規定，但對於祭供熟飯的宗教義務，不禁止他履行。

127. 「欲履行全部義務，對義務有認識，並欲在家庭祭供方面效善人行為的首陀羅，除崇拜的文句外，不誦讀聖典時，不犯任何罪過，並贏得公正的讚揚。

128. 「首陀羅始終不言人惡，完成對他未加禁止的再生族的工作時，不受譴責而在今生和來生都得到提升。

129. 「首陀羅即使有能力積蓄多餘財富，也不應積蓄；因為

①見第七卷第 130 節。

當首陀羅取得財產時，以其傲慢擾害婆羅門。

130. 「這些以及前已宣示的一些，是四種姓處困境時的義務；嚴格遵守，可達到最後解脫。

131. 「關於四種姓義務的規定已全部宣述如上，以下我要對你們宣布贖罪的淨法。

第十一卷
苦行與贖罪

1. 「欲結婚生兒子的，應舉行祭祀的，雲遊的，在祭禮中捐納其全部財產的，欲贍養其父母、師長的，初學聖典需人支援的，為疾病所苦的；

2. 「要把這九種婆羅門看做是稱為斯那多迦(Snatakas)的有德乞者；當其一無所有時，應當布施給他們相應於其學識的金錢或家畜。

3. 「應當在專供祭火的地方，將米飯和布施同時給與這些卓越的婆羅門；但對於所有其他人，米飯要在祭祀地點以外的地方給予；這一規定不適用於其它布施。

4. 「國王要適當地給參加祭祀的精通吠陀的婆羅門以各種珍寶和應有的報酬。

5. 「有妻而向人家討錢另娶者，除肉體的快樂以外得不到其它利益；兒子則歸屬於給他錢財的人。

6. 「凡應量力給與精於吠陀、擺脫俗務的婆羅門以布施者，死後得升天界。

7. 「有充分食糧儲備足以贍養法律令其贍養的人三年或三年以上者，可在自動舉行的不同於規定的祭祀中飲蘇摩酒；

8. 「但再生族有較少食糧儲備而飲蘇摩酒者，即使從他飲該酒的第一次祭祀中，也不能取得什麼果報，更何況他沒有權利自動舉行祭祀。

9. 「家庭雖能維持而生活困難，其慕虛名布施外人者，嘗蜜而實吞毒；不過是修僞德而已。

10. 「他爲希求來世地位而損害其贍養義務的所爲，終至給他在來生和今生造成悲慘的命運。

11. 「在通曉法律的國王執政下，如果再生族，特別是婆羅門所獻的祭祀由於缺乏某一物品而中止，

12. 「祭祀人爲完成祭祀，可在擁有許多牲畜、不行祭祀、不飲蘇摩酒的吠舍家中，以策略或武力取得該物品。

13. 「如果不能在吠舍家中取得所需物品，可隨意從首陀羅家中持取兩三件必需品；因爲首陀羅和所有宗教儀式都無涉。

14. 「也可以無躊躇地在無聖火而擁有百頭牝牛或有千頭牝牛而不以蘇摩酒獻祭的剎帝利家中取得它們。

15. 「同樣，如果婆羅門不應他的要求交出該物品，可以強力或策略在這個常受布施而從不施捨的婆羅門家中取得它們；他由於這種行動而聲名洋溢，道德增長。

16. 「同樣，六餐或三天不吃飯的婆羅門，可在第七餐即第四日晨時，從沒有慈悲心的人取得當天的食品，而不計及第二天。

17. 「可在糧倉、田地、家庭，或其它任何地方取得所需品；但物主質問時，要向他說明理由。

18. 「武士種姓的人絕不可獲取屬於婆羅門的東西；但在窮困時，可取得行爲不好的人和不盡宗教義務的人的所有品。

19. 「取壞人物以與善人者，本身變做一隻過渡他們兩者的船隻①。

---

①即使他們兩者都脫離苦難。（注疏）

20. 「準確履行祭祀的人的財富，被賢者稱為諸神的財產；但不履行祭祀的人的財富，稱為惡仙（阿修羅）的財產。

21. 「公正的國王對偷走或強取其祭祀必需品的人，不處任何罰金；因為由於國王的昏瞶婆羅門才陷於匱乏。

22. 「國王可在了解婆羅門必須贍養的人數後；在調查其聖典知識和道德行為後，按照其家庭的支出，給予適當的生活資料；

23. 「國王要在保證其生計後，在各方面保護他，因為國王可以獲得他所保護的婆羅門的六分之一的功德。

24. 「婆羅門絕不應該向首陀羅求布施，以補祭祀費用之不足；因為這樣求乞行祭的人，死後投生到晡陀羅的境地。

25. 「婆羅門為行祭而化得一些物品，但不將其全部所得作此用途者，變做鷙鳶或烏鴉歷百年。

26. 「凡以貪心掠取諸神或婆羅門財產的邪惡之輩，將在來生吃禿鷹的殘食為生。

27. 「叫做吠斯跋那梨(vaiswânarî)的祭供，應常舉行於新年更始的時候，以償贖非故意疏忽用動物和蘇摩酒獻祭之失。

28. 「再生族無緊急需要而以對困境規定的形式完成一項義務者，在來生得不到任何果報；事情就是這樣規定的。

29. 「諸神毗斯跋(viswas)、娑底亞(Sâdhyas)和僧侶種姓的聖仙等，在危急時刻及有生命之虞時，遵守了次要的規定而沒有遵守主要的規定。

30. 「可以遵守主要的規定而遵守次要規定的愚人，在來生未留給他任何果報。

31. 「識法的婆羅門不要向國王提出任何訴訟，他可以使用自己的力量懲處侵犯自己的人。

32.　「自己的力量只依靠自己，國王的力量依靠他人，兩相比較，前者的力量更爲強大；因而婆羅門只應借助於本身的力量消滅敵人。

33.　「可以無躊躇地使用阿闥婆吠陀①和俺吉羅(Angiras)的咒文；語言是婆羅門的武器；應該利用語言來消滅壓迫自己的人。

34.　「刹帝利可以使用自己的膂力脫險；吠舍使用自己的財富，首陀羅亦然；婆羅門使用咒文和魔術祭供。

35.　「履行義務的人，恰切地糾正他的兒子或學生的人，與人以教益的人，以及善意對待一切物類的人，可無愧於稱爲婆羅門；完全不應對他說不愉快的或侮辱性的語言。

36.　「青年姑娘，已婚未婚的青年婦女，少有學識和愚昧無知的男子都不可祭火；遭受苦難的人和未受入門式的男子亦然。

37.　「因爲這種人祭火時，同爲之舉行祭供的人一併墮入地獄中；因而，深通聖法，讀完全部吠陀的婆羅門，應該自行聖火祭。

38.　「婆羅門擁有財富而不將獻給造物主的馬匹，作爲謝禮贈給爲其聖火祝聖的人，與不設聖火者相等。

39.　「有信心，控制其欲念者，可做其它善行；但如只能獻微小的謝禮於主祭者，決不可在此世行祭。

40.　「分配微小謝禮的祭祀，消滅感官、名譽、未來的天界幸福、生命、死後的光榮、兒童和牲畜；因而，財富少的人，不可舉行祭祀。

41.　「婆羅門有聖火要維持，而故意晨昏疏忽者，應該行旃

---

①第四種吠陀，阿闥婆，在摩奴的原文中只在這裡引用過一次。如果不是注疏家將吠陀一字附在阿闥婆後面，也可能要和瓊斯一樣認爲這裡是指賢者阿闥婆了。

陀羅衍那苦行①一個月；其罪過等於殺死一個兒子。

42. 「接受首陀羅布施後祭火者，被認爲是首陀羅的祭僧，而爲誦讀聖典的人所蔑視。

43. 「布施他們的人，將腳踏在這些利用首陀羅的賜予以進行祭火的無知者的頭上，而永久克服來世的刑罰。

44. 「凡未完成規定的業務，或從事違禁的業務，或陷溺於欲樂者，須進行贖罪。

45. 「神學學者認爲贖罪只適用於無心之失；但其他人則基於聖典的例證，擴而充之，使及於故犯之罪。

46. 「無心之失，以誦讀聖典的某些分支而消除；但故意和在憤恨、盛怒中犯的罪孽，則僅以各種嚴峻的苦行來償贖。

47. 「必須對（由某些痼疾所表現出來的），今生或前生所犯罪孽，進行償贖的再生族，苦行未完成時，不可與善人交往。

48. 「一些心術不正的人，以今生所犯的罪或前生所作罪孽而爲某些疾患或畸形所苦。

49. 「偷婆羅門的金錢者，患指爪病；飲違禁酒者，患黑齒病；殺害婆羅門者患肺癆；污辱尊師的床榻者，無包皮。

50. 「好宣揚惡行者患鼻臭；中傷者患息臭；偷食糧者少肢體；攙假者，肢體過剩。

51. 「盜熟飯者消化不良，盜聖學者，即未經許可而學習者，成瘡瘂；盜衣服者患白癩；盜馬匹者患跛足②。

52. 「這樣，按照行爲的不同而產生爲善人所輕視的白痴、

---

①見第 216 節。

②瓊斯譯文中，有以下被注疏家所摒棄的一節：

「偷燈者盲；以惡意滅一燈者眇；好做惡者患痼疾；姦淫者氣體內積而肢體浮腫。」

瘖啞、目盲、耳聾和畸形人。

53. 「因而，應該常以苦行來淨化自己；因爲不償贖其罪者，將帶著此類可恥的標誌一併轉生。

54. 「殺害婆羅門，喝禁酒，偷婆羅門金錢，姦污生父或宗教父之妻，被立法者宣布爲最大的罪惡；和犯這些罪惡的人交往亦然。

55. 「虛誇其出身高貴，向國王做別有用心的報告，妄控師長，是和殺害婆羅門幾乎不相上下的罪惡。

56. 「忘掉聖典，蔑視吠陀，做僞證，殺友，吃禁食或吃由於不潔而不該嘗的食物，是和喝禁酒幾乎不相上下的六種罪惡。

57. 「盜取寄托物品、人、馬、銀錢、田地、鑽石或其它寶石，是和盜取婆羅門金錢幾乎相等的罪惡。

58. 「凡和同母姊妹，少女，雜種種姓內最低級的婦女，或朋友之妻，兒媳等的一切性交，被賢者認爲和污辱父親①的床榻幾乎相等。

59. 「殺一牝牛，在不配祭祀的人舉行的祭祀中主祭，姦淫，賣身，拋棄師長，父母，不誦聖典，或不依法律規定，怠於維持聖火，忽視兒子；

60. 「身爲兄長②而使弟弟先行結婚，身爲弟弟而先於兄長娶妻，嫁女於此兩弟兄之一，並爲之舉行婚祭；

61. 「姦污少女，放高利貸，犯學生應守的色戒，出賣聖池，園庭，婦女或小兒；

62. 「忽視結帶式，拋棄親族，爲薪資而教授聖典，從雇佣

①英俄譯本都作教師 (Guru)。——譯者
②見第 3 卷第 171，172 節。

的教師學習吠陀，賣不應該賣的商品；

63.「在各種礦山內工作，包攬大建築工程，多次損壞藥用植物，依妻子的可恥職業生活，行致死無辜者的祭咒，借助妖法邪術來制勝某人；

64.「砍伐綠樹做柴燒，為個人利益完成宗教活動，僅一次而非有意吃禁食；

65.「怠於維持聖火，盜竊黃金以外的貴重物品，不清償三債①，閱讀非宗教書籍，耽嗜跳舞、唱歌和器樂；

66.「偷竊食糧、低價格金屬和家畜，和縱酒的婦女開玩笑，由於疏忽而殺害婦女、首陀羅、吠舍或剎帝利，否認來生、果報和死後的懲罰：都是二等罪惡。

67.「傷害婆羅門，嗅因惡臭而不該嗅的物品或酒，欺騙，雞姦，都被認為導致種姓的喪失。

68.「殺害驢、馬、駱駝、鹿、象、牡山羊、牡羊、魚、蛇、或水牛，被宣布為墮落到雜種種姓的行為。

69.「接受低賤人的饋贈，經營違禁的商業，侍奉首陀羅如主人，說謊言，應被視為被逐出善人之列的因素。

70.「殺死昆蟲、蟲類或鳥類，吃和酒同盛一籃的食品，偷果類，柴薪或花朵，怯懦，都是造成污垢的過失。

71.「現在你們可以充分學習以何種特殊苦行逐一消除上述一切罪過。

72.「婆羅門違心地殺害一個遠不如自己品質好的婆羅門，為淨化自己的靈魂，應當在森林中築小屋一椽，在其中住十二年②，

---

①見第四卷第 257 節。
②對於剎帝利，年數應加倍，吠舍加三倍，首陀羅四倍。

只以乞食為生，以死者的頭蓋骨作為自己犯罪的標誌，或者，如無該頭蓋骨時，用其他人的頭蓋骨。

73. 「或者，如果殺人犯屬於武士種姓，如果他故意殺害為人推崇的婆羅門，應當甘心情願地做知道他要贖這種殺人罪的射手們的靶子，或者頭向下跳在烈火內三次，或直至死亡。

74. 「或者，如果婆羅門係被誤殺，殺人者可舉行馬祭，斯跋爾撥多祭(Swardjit)，喬娑婆祭(Gosava)，阿毗撥多祭(Abhidjit)，毗斯跋撥多祭(viswadjit)，多利芯利多祭(triwrit)，或阿尼什都多祭(Agnichtout)；

75. 「或者，如果殺人出於無心，而被害是不大可稱道的婆羅門，則再生族罪犯可唱誦吠陀之一的原文，少食，制馭感官，徒步行一百瑜遮那①，以償贖殺害婆羅門的罪惡；

76. 「或者，如果被誤殺的婆羅門無一長可令人稱道，如果殺人犯是富有的婆羅門，可將其所擁有的一切給與精通吠陀的婆羅門，或給予他足以維持其生活的財產，或者一所具有為其一生所必需的設備的房屋。

77. 「或者，溯流向婆羅斯跋底河的發源處走去，途中只吃獻給諸神的野生穀物；或者，將食物縮減至最小數量，三次誦唱吠陀集②。

78. 「應受十二年苦行的罪犯，如不退隱山林，可在剃去鬚髮後，住在村莊或牝牛牧場附近，或茅屋內，或棲息在一聖樹腳下，一心對牝牛或婆羅門做好事。

79. 「在那裡，為拯救牝牛或婆羅門，應立刻犧牲自己的生

---

①瑜遮那 (Yodjanas)，長度名，等於四喬沙 (Kôsas)。每喬沙以八千肘或四千碼計，恰合九英里。又據另一計算，一瑜遮那只合五英里，至四英里半。
②《吠陀集》(Sanhitâ du Véda) 是吠陀的經文、歌詠、禱咒的集錄。

命；拯救一隻牝牛或一位婆羅門的生命的人，可償贖他殺害一位僧侶種姓人士的罪惡。

80.「當他最少三次試圖為婆羅門強行奪回盜匪搶掠的財產，或者他在這些嘗試中曾一度完整奪回婆羅門的財產，或者為此舉而喪生時，罪惡也被消除。

81.「堅持苦行，純潔如學生，凝神靜思，凡十二年，可以償贖殺害一個婆羅門的罪惡。

82.「或者，有德的婆羅門非故意地殺害了一個無一長可取的婆羅門，可在婆羅門和剎帝利一起舉行馬祭的會上認罪，並在祭終時①和其他婆羅門共浴，以償贖他的罪惡。

83.「婆羅門被宣布為法之根，剎帝利為法之峰；因而在他們集會時，當面承認其罪者，得到淨化。

84.「婆羅門僅以其出生，甚至對諸神也成為尊敬的對象，其裁決對世界是一種權威；聖典給與了他這種特權。

85.「三個精通吠陀的婆羅門聚在一起，可對罪犯宣布他們的罪惡所需要的償贖；他們所指出的苦行將足以淨化他們；因為賢者的語言消滅罪污。

86.「這樣，婆羅門或其他再生族，堅信靈魂有來生，專心致志完成上述贖罪行為者，根據情況，可消除殺一僧侶種姓人士的罪惡。

87.「殺死性別不明、雙親屬於僧侶種姓的胎兒，或剎帝利，或忙於祭祀的吠舍，或經期後初出浴的婆羅門婦女，應該進行同樣苦行。

---

①原文作：在阿波毗爾多 (Avabbirta) 祭時；這個字的意思是補充祭祀，其目的在於償贖以前在主祭中可能有的缺失。

88. 「在涉及金錢與土地的訟案中作偽證，妄控師長，竊據寄托物品和殺害維持聖火的一個婆羅門之妻，殺害朋友的亦然。

89. 「對於非故意殺害婆羅門的，已宣布淨化爲十二年；但對於故犯殺害婆羅門罪的，這種贖罪是不夠的①。

90. 「故意狂飲米酒的再生族，應該喝燃燒的酒類；當他以這種方法焚燒其身體後，他的罪惡即行解除。

91. 「或者，喝煮沸的牝牛尿、水、牛奶、酥油、或榨取的牝牛糞液，直至因而死去。

92. 「或者，由於疏忽而飲米酒，又故意飲糖製酒與摩都伽制酒②，爲贖償已飲酒類的過失，可著苦衣，蓄長髮，手執酒商的旗幡，一年間每夜吃一次搗碎的米粒和芝麻油渣滓，以贖其失。

93. 「米酒是食糧的摩羅③，罪行也叫做摩羅；所以，婆羅門、刹帝利和吠舍不應該喝米酒。

94. 「應該確認醉人的酒主要有三種：從糖渣榨取的，從研碎的米榨取的，從摩都伽④花得到的；它們各都一樣；婆羅門不應飲用。

95. 「其它爲數九種的醉人飲料，犯禁動物的肉，上述的三種酒，用醉藥製造的叫做阿沙波(asava)，構成夜叉、羅刹和吸血鬼的食物的飲料；吃獻給諸神的酥油的婆羅門決不應該加以嘗食。

---

①苦行應加倍，或罪犯應處死。（注疏）

②見第九章第 235 節。

③摩羅 (mala) 一字，指排出物，糞便、污物。

④學名 bassia latifolia。

96.「喝醉的婆羅門由於酩酊而失去理智，可以跌在不淨的物品上面，或說出幾句吠陀的語句，甚或做出犯罪的行為。

97.「神性遍布全身的人一旦沉溺於醉酒，則喪失其婆羅門的地位，而墮落到首陀羅境地。

98.「以上所述，是關於喝酒的各種贖罪方式；現在我要宣示關於盜竊婆羅門黃金所要求的苦行。

99.「盜竊婆羅門黃金者，應赴國王處，承認自己的罪過，並說道：『陛下，請懲罰我。』

100.「國王應該拿起犯人肩荷的鐵棒，親自打他一頓，犯人由於此打無論死亡與否，可以消除其罪孽；婆羅門的過失只應通過苦行來消除；其他再生族也可以利用同一方法來淨化。

101.「再生族欲以苦行清洗其盜竊黃金之罪時，應穿樹皮衣，在森林中進行非故意殺害婆羅門者的苦行。

102.「再生族通過此類償贖，可以消除其盜竊婆羅門黃金的犯罪；但和他的宗教父或生父之妻所犯的姦淫罪，應該以下述苦行來消除。

103.「故意姦污父親之妻，又屬同一種姓者，應高聲承認其罪，親自躺在燒紅的鐵床上並懷抱燒得通紅的婦女像；他只有一死才能贖罪。

104.「或者，自己切除其陰莖與陰囊，持在手內，以堅定的步伐向尼梨底①神的方向走去，直至跌跤而死。

105.「或者，如係誤犯，可手持臥床的一塊木頭，穿樹皮衣，不剪鬚髮和指爪，隱跡荒林，一心一意進行普羅遮帕底亞②

---

①尼梨底 (Nirriti)，司南方之神。
②見本章第 211 節。

的苦行，爲期一年。

106. 「或者，如該婦女荒淫又種姓低下時，可控制情欲，只吃野果、野根和稀粥，進行旃陀羅衍那①苦行三個月，以償贖其玷污父親床榻的罪惡。

107. 「大罪犯②應該通過上述苦行償贖其嚴重的罪惡；僅犯二等罪惡者，可用以下苦行來贖罪。

108. 「犯誤殺牝牛這種二等罪惡③者，應當剃光頭，披他所殺的牝牛的皮，吞大麥稀粥並棲身在牝牛牧場內一個月；

109. 「在隨後兩個月內，應當在每兩天④晚間吃不加人工鹽的少量野生食糧一次；要用牝牛尿盥洗，並完全制馭其欲念。

110. 「要每天尾隨牝牛後，直立，吞食牛蹄揚起的塵埃，夜間在侍候並敬禮它們之後，坐在它們旁邊守衛它們。

111. 「要純潔無慍怒地，牛止亦止，牛行亦行，牛息亦息；

112. 「如牝牛病或被盜匪、老虎侵襲時，或撲倒、或陷在泥淖中時，要使用一切可能的方法解救它們。

113. 「炎熱、落雨或寒冷時，或者風吹劇烈時，在盡力使牝牛得到庇護以前，自己不要設法躲避風雨。

114. 「如果看到牝牛在屬於自己或他人的屋內，田內，或倉內吃食糧時，不要說什麼；見到小牛喝奶時亦然。

115. 「按照這種規定獻身於侍奉牛群，則牝牛殺害者可在三個月內消除其所犯罪過。

116. 「此外，苦行全部完成時，可給精通吠陀的婆羅門十隻

---

①見第 216 節。
②見上面第 54-58 節。
③見第 59-66 節。
④原文作：在第四餐時。

牝牛和一隻牡牛，如或無牛可給，可將所擁有的一切捐給他。

117.「除犯梵戒者外，一切犯有次要罪過的再生族，可爲其淨化而進行上述苦行，或痲陀羅衍那苦行。

118.「至對於犯梵戒者，則應當在夜間按照家庭祭供儀式，在十字路口祭獻一目眇或黑色的驢於尼梨底神。

119.「祭終時，按照規定將油脂作爲供物撒在火內後，可念以娑摩(Sam)開始的咒文祭獻酥油於波多神(Vata)①、天王、鳩魯神(Gourou)②和波訶尼神(Vahni)③。

120.「精究吠陀和熟知法律的人認爲，還在學生期的再生族故意泄精是犯梵戒。

121.「勤究聖典所得到的，和犯戒的學生所失掉的一切光榮歸於摩魯多、弗魯呼多④、鳩魯和波跋迦⑤四神。

122.「犯這種錯誤時，要穿著獻作犧牲的驢的皮，承認其罪，到七家內行乞。

123.「每日一餐如此乞得的食物，日內三次⑥沐浴，過一年淨化。

124.「故意犯有導致喪失種姓⑦的這些罪行之一以後，要做桑多鉢那苦行；如果錯誤並非有意，要做普羅遮帕底亞苦行。

125.「對於使人墮落到雜種種姓、或使人不配進入善人之列

---

①波多，伐優神或摩魯多神的名稱之一，係風神。

②鳩魯也叫做 Vriaspati，司木星之神。

③波訶尼是阿格尼的名稱之一，係火神。

④弗魯呼多，因陀羅天王的名稱之一。

⑤波跋迦意爲「淨化者」；火神的名稱之一。

⑥早、午、晚三個時刻。

⑦見第 67 節。

的罪過①，為進行淨化，犯者應做旃陀羅衍那苦行一個月；對於造成污垢②的罪過，應當熱吃煮在水中的大麥粥三天。

126. 「對於故意殺死武士種姓道德高尚的人，苦行應該是對於殺害婆羅門所要求的四分之一；對於操行可嘉的吠舍，苦行只要八分之一；對準確執行義務的首陀羅，只要十六分之一。

127. 「但這個婆羅門非出本心殺害王族種姓的人士者，應該給與婆羅門等人一千隻牝牛和一隻牡牛，來淨化自己。

128. 「或者，控制情欲，蓄長髮，進行對殺害婆羅門者所課的苦行三年；要遠棲村外，選擇樹下為其住所。

129. 「再生族非故意殺害操行可嘉的吠舍時，要進行同樣苦行一年或捐贈一百隻牝牛和一隻牡牛。

130. 「非出本心殺害首陀羅時，應進行這全部苦行六個月，或給與婆羅門十頭白牝牛和一頭牡牛。

131. 「如果故意殺害一隻貓，獴鼠，藍樫鳥，青蛙，狗，鱷魚，梟，或烏鴉，應該進行對於殺害首陀羅罪規定的苦行，即旃陀羅衍那苦行；

132. 「或者，如果由於疏忽所致，應只喝牛奶三日三夜；或者，如果有病妨害他這樣做時，他應走一約渣那的路；或者，如他做不到，可每夜在河內沐浴一次，或默念敬禮水神的咒文。

133. 「殺害蛇的婆羅門要給與另一位婆羅門一張鋤，或一根鐵棍；如果殺害一個閹人，要給一擔麥稭和一摩剎迦③的鉛。

134. 「殺害一口豬，要給與一壺酥油；殺害一隻鷓鴣鳥類，

---

① 見第 68-69 節。

② 見第 70 節。

③ 見第八卷第 135 節。

給與一陀羅那①芝麻；殺害一隻鸚鵡，給與一隻兩歲的小牛；殺害一隻基淪刹②，給與一隻三歲的小牛。

135. 「如果殺害一隻天鵝，鶴類，鷺，孔雀，猴子，鷹或鳶時，應該給婆羅門牝牛一隻。

136. 「殺一匹馬要給一件衣服；殺一隻象要給五頭黑牡牛；殺一隻公山羊或公羊給一頭牡牛；殺一隻驢，要給一隻一歲半的牛犢。

137. 「如果殺害食肉類野獸，要給一隻多奶的牝牛；殺害非食肉類的鹿類時，要給一隻美麗的牝牛；殺害一隻駱駝時，給一柯利什那羅黃金。

138. 「如果在捉姦時殺害四種姓中一個種姓的婦女時，要按照種姓的正順序③給一個皮囊、一張弓、一隻公山羊或公羊來淨化。

139. 「如果婆羅門不能以捐贈來償贖他殺害蛇或其它物類之失，可各做普羅遮帕底亞一次以除罪。

140. 「對於殺害一千個只有骨骼的小動物，或其量足以盈車的無骨動物，要從事於殺害一個首陀羅罪的同樣的苦行。

141. 「但當殺害具有骨骼的動物時，每次也要給婆羅門一些東西，諸如一鉢那銅等；對於無骨動物，可每次屏息念誦婆毗陀利贊歌，單音聖言『唵』和佛爾，佛波，斯跋爾三詞而淨化。

142. 「對於僅只一次而無惡意地砍伐果樹，灌木，葛藤，開花的蔓生植物或爬生植物，應當念誦梨俱吠陀一百遍。

143. 「對於殺害生在米內和其它食糧內，諸如甘蔗汁的液體

---

①見第七卷第 126 節。

②基淪刹，鷺或鸕屬。

③即殺害婆羅門要給一個皮囊；殺害刹帝利要給一張弓等。

內，果內或花內的各種昆蟲，淨化方法是吃酥油。

144. 「如無故拔掉栽植的植物或森林內自生的植物，應該追隨牝牛一整天，只吃牛奶。

145. 「由於這些苦行，有心或無意傷害生物的罪過得以消除。現在你們可以聆聽對於吃喝禁食規定的苦行。

146. 「由於不知而喝米酒以外的酒類者，可在首先進行火熱的①苦行後，重新接受結帶式而淨化，即在故意喝除去米酒以外②的酒類時，也不能令做喪失生命的苦行：這是規定。

147. 「飲裝過米酒或其它酒類的容器內的水，應當喝與桑訶弗什毗植物一起同煮的牛奶五晝夜。

148. 「如果婆羅門接觸酒或給人酒，或者，按照賢者的做法，即同時表示感謝地來接受它，又，如果婆羅門喝首陀羅殘留的水，應該只喝鳩婆草煮的水三天。

149. 「當婆羅門在祭祀中飲過蘇摩酒後，嗅到喝烈性酒人的氣息時，只須在水內屏息三次，並吃酥油，即可淨化。

150. 「凡屬再生族種姓而誤嘗人的糞尿，或和酒類接觸過的東西，應該重新接受結帶式。

151. 「但在這個再生族的結帶式中，剃髮，聖紐、手杖、行乞和戒律，都無需更新。

152. 「吃不應與之共食的人所獻的食品，婦女或首陀羅的殘食，或禁肉，應該只吃水煮大麥粥七晝夜。

153. 「如果婆羅門喝性甘而變酸的酒，以及性質雖清淨而味澀的汁液，只要所飲被消化，他就被污染。

---

①見第 214 節。

②這種酒類，學名是 Andropoyon aciculatum。

154. 「再生族偶嘗家豬、驢、駱駝、豺狼、猴子、烏鴉的糞尿後，應該進行旃陀羅衍那苦行。

155. 「如果出於不知而吃乾肉或地上生長的菌類，和一些來自屠宰場的東西，應自課同樣的苦行。

156. 「故意食猛獸、家豬、駱駝、公雞、人、烏鴉，或驢的肉者，火熱的苦行是唯一的贖罪法。

157. 「婆羅門在梵志期未滿前吃了新近逝世的親族的月供一份，應該斷食三晝夜，並留在水中一日。

158. 「嘗蜜或肉的學生，如非出自願或在身處困境期間，可進行最輕微的苦行，即普羅遮帕底亞苦行，並隨即結束其學生期。

159. 「在吃了貓、烏鴉、老鼠、狗或獴鼠殘留的東西，或者，被虱子接觸過的東西之後，要飲用叫做婆羅摩蘇跋爾利羅的草所浸製的茶。

160. 「設法清淨自持者，不應該食禁食；如誤食禁食，要立即吐出，或立即按規定贖罪淨化。

161. 「以上是對於食禁食規定的各種苦行；現在請學習用以償贖盜竊罪的苦行。

162. 「婆羅門故意在和自己同種姓的人家內偷類如生熟食糧的東西，以進行一整年的普羅遮帕底亞苦行而贖罪。

163. 「但對於掠奪男女，侵占土地、房屋、汲取人家井內或洗衣池內的水，則規定要做旃陀羅衍那苦行。

164. 「在他人家內盜竊不值錢的物品，犯人應該首先歸還贓物，這是在所有情況下必須做的，然後行桑多鉢那苦行以自贖。

165. 「偷取易於吞、食的東西，車，床，椅，花，根，果，贖罪法是吞食牝牛所出的五種東西。即，牛奶，凝乳，奶油，尿

和糞。

166.「偷草，柴，樹，乾稻米，粗糖，衣服，皮革，肉類，應該嚴齋三晝夜。

167.「偷寶石，珍珠，珊瑚，銅，銀，鐵，黃銅或石頭，應該只食碎米十二天。

168.「偷棉花，絲，羊毛，裂蹄獸或非裂蹄獸，鳥類，香料，草藥或繩纜，應該只食牛奶三日。

169.「再生族可以通過這些苦行來消除其由於偷竊所造成的罪惡；但姦污禁與性交的婦女的罪惡，只能用以下苦行來償贖。

170.「和同母姊妹，朋友之妻或兒婦，未及笄的少女或最低種姓的婦女性交者，應進行對污辱宗教父或生身父床榻者所課的苦行。

171.「姦污有如自己姊妹的姑母的女兒，或姨母的女兒，或舅母的女兒者，應該行旃陀羅衍那苦行。

172.「任何有識之士都不應該選擇這三種婦女為偶；由於親等的關係，不應該和她們結婚；和她們中間的一種婦女結婚者，墮入冥獄。

173.「射精於牝牛以外①的牝性動物，或經期婦女，或不屬於性器官的部分，或水中者，應做桑多鉢那苦行。

174.「再生族的男子不論在何處和男子縱欲的，在牛車上，在水內或日間和婦女縱欲的，應該和衣入浴。

175.「婆羅門和旃陀羅或摩離剎婦女性交，或和她一起用飯，或接受她的饋贈，如出有意時，墮落種姓，如出自願時，墮

---

①和牝牛犯人畜共交罪者，應該做普羅遮帕底亞苦行一年的時間。（注疏）

落到和該婦女同樣的地位。

176. 「丈夫要將完全墮落的妻子幽閉別室，處以對犯姦男子應課的罪行。

177. 「但如果她被同種姓的男子誘惑，又犯有新的罪行時，對其淨化規定了普羅遮帕底亞苦行和旃陀羅衍那苦行。

178. 「婆羅門僅只一夜接近旃羅陀婦女所犯的罪行，以三年行乞和不停念誦娑毗陀利讚歌而清除。

179. 「以上贖罪法適用於上述四種罪犯，即，傷生者，食禁食者，偷竊者，以及姦污其不應與性交的婦女者；以下請聽對於和墮姓人有交往的人們所規定的贖罪：

180. 「和墮姓人交往滿一年後，自身也成爲墮姓人；不僅和他一起同祭祀、同讀聖典，或和他聯姻，立即造成墮姓，而且僅僅和他同坐一車，同就一座，同吃一餐時亦然。

181. 「和這些墮姓人之一有交往的人，應該行對這罪犯本身所課的苦行來自贖。

182. 「墮姓的大罪犯的撒賓陀和撒摩諾陀迦親族，應該在村外，在非吉日的晚間，當父系親族、祭司和教師的面前爲他奠水，就像他已死去一樣。

183. 「一個女奴隸應該面向南方，用腳踢翻類似祭死人用的裝滿水的舊壺；此後，其一切遠近親族有一晝夜不淨。

184. 「要避免和這個墮姓人講話、共坐，分給他那份遺產以及邀請他參與世俗的集會。

185. 「嫡長權對他已喪失，一切長子應得的利益亦然；長子份額歸於道德高出於他的弟弟；

186. 「但當贖罪完了時，他的親族和他應該在和他共浴於清澈的浴池後，共同推翻一個充滿水的新壺。

187. 「他可將壺投在水內後回家，和以前一樣執行有關家庭的一切事務。

188. 「對於墮姓的婦女，應該舉行同樣儀式；應該給與她們衣服、食糧和水，並使她們住在貼近屋子的小屋內。

189. 「每一個人都不要和未進行贖罪的犯人交往，但當他們已贖罪時，決不可譴責他們。

190. 「但，殺嬰兒者，以怨報德者，殺害請求庇護者，或殺害婦女者，雖已根據法律進行自贖，也不可和她交往。

191. 「屬於頭三個種姓，但人們未按照規定①使其學習娑毗陀利贊歌者，應該進行三次普通的苦行，即，普羅遮帕底亞苦行，以後按儀式舉行入門式。

192. 「對於願意清償其不法行為或清償其怠慢學習吠陀的婆羅門，也應規定同樣苦行。

193. 「以令人非難的行為取得財產的婆羅門，可通過拋棄該財產、祈禱和苦行來淨化。

194. 「婆羅門在一月內，在牝牛牧場上，全神貫注反覆唱誦娑毗陀利贊歌三千遍，只以牛奶為全部食品，可償贖其接受應受譴責的饋贈之罪。

195. 「他由於如此長時間斷食而消瘦，自牧場歸來時，可向其他婆羅門施禮，他們應該問他：『高尚的人哪，你願意重新加入我們的行列，並承諾不再犯同樣罪過嗎？』

196. 「他答覆諸婆羅門表示同意後，可將草給與牝牛，而其同種姓人士，可在這個因有牝牛而淨化的地點，辦理他再度加入的事宜。

---

①即未入門，未接受結帶式者；授予娑毗陀利贊歌，是這個儀式的主要部分。

197. 「爲被開除者①主持祭祀，焚燒外人的屍體，行魔咒殺害無辜，或舉行叫做阿喜那(ahina)的不淨的祭祀，修三種苦行來贖罪。

198. 「拒絕給與請求人以保護，或在禁忌日教授聖典的再生族，以在一年間只吃大麥而除罪。

199. 「被狗、豺狼、驢、出入村中的猛獸、人、馬、駱駝，或豬咬過的人，以屏息而淨化。

200. 「一月之間，只在第六餐，或第三天的晚間用飯；誦吠陀本集，舉行叫做娑迦羅②的火祭：此贖罪法適用於凡被排斥在祭供之外，並對他們無特別贖罪規定的人。

201. 「如果婆羅門故意乘駱駝或驢拉的車，或曾赤裸沐浴，以屏息一次並同時誦唱娑毗陀利贊歌而除罪。

202. 「由於非常急迫，無水可供使用而排便，或排便在水內者，可在城外和衣入浴並接觸牝牛而淨化。

203. 「對怠慢吠陀命令經常執行的事宜，違犯對家長規定的義務，苦行是斷食一整天。

204. 「制止婆羅門發言，或對上司以『爾』『你』稱呼的人，應該沐浴，在該日的其餘時間斷食，並恭敬俯伏在他面前，以消除冒犯。

205. 「即使是用草葉打擊婆羅門，或以衣服縛其頸部，在爭論中壓倒他的人，應俯伏在他腳下，以息其怒。

206. 「向婆羅門猛烈衝去，意圖加害者，將墮入地獄百年；如對他進行打擊，千年。

---

①見第二卷第 39 節；第十卷第 20 節。
②這種祭祀共六種，各有特定的咒文；根據另一解釋，說是在祭奠時，人們將八塊木柴投入火內。

207. 「受傷婆羅門的血，灑在地上，浸染了多少粒塵埃，罪犯墮落地獄中也多少千年。

208. 「向婆羅門聲勢洶洶撲去者，應行普通的苦行；如果對他進行打擊時，應行嚴峻的苦行①；如果使他流血時，應當普通苦行和嚴峻苦行並做。

209. 「對於償贖未經指定特殊苦行的罪過，會議②可對罪犯的能力，罪過的性質加以考慮後，宣布適當的贖罪。

210. 「現在我要對你們宣講用以除罪的苦行如何；這些苦行已爲諸神、諸聖和祖靈實踐過。

211. 「修行叫做普羅遮帕底亞的普通苦行的再生族，應該只吃早飯三天，只吃晚飯三天，吃人家自願贈予而非乞得的食物三天，最後斷食三天。

212. 「吃用牛奶、乳酸、酥油、鳩婆草煎汁混合的牝牛糞尿一天，隨後斷食一晝夜，這就是所謂桑多鉢那苦行。

213. 「應行叫做嚴峻苦行的再生族，應當用和普通苦行相同的方式，在九天內只吃一口米飯，最後三天任何食物也不吃。

214. 「履行火熱的苦行的婆羅門，應該只吞食熱水，熱牛奶，熱酥油，熱蒸氣，每樣各吞食三天，並進行沐浴一次，保持深刻的內省。

215. 「控制情欲，專心致志斷食十二日者，是在行償贖一切罪過叫做鉢羅迦的苦行。

216. 「要行旃陀羅衍那苦行者，新月之日吃飯十五口後，在隨後到來的晦冥的十五天內每天遞減一口，因而第十四天只吃一

---

①見第 211 和第 213 節。
②見第七卷第 110 以下各節。

口，第十五天，即新月之日斷食；反之，在晴朗的十五天內，他的食物自第一天一口開始，要日增一口，並要在早午晚進行沐浴：這是叫做類如螞蟻身體的太陰苦行（即旃陀羅衍那苦行）的第一種，螞蟻身體是中間狹細的。

217. 「自晴明的十五天開始①，控制情欲，行叫做類如大麥粒的一種太陰懲罰，應該遵守同樣的全部規定，大麥粒是中間粗大的。

218. 「履行行者的太陰苦行的，應當制馭肉體，並在一個月之內，或自晴明的十五天開始，或自晦冥的十五天開始，中午只吃野糧八口。

219. 「履行兒童太陰苦行的婆羅門，應當在一個月內，在刻內省中，早晨吃飯四口，日沒後吃飯四口。

220. 「一整月內，控制情欲，無論按照任何方式，吃飯不過三個八十口野糧的，將升到月君的住所。

221. 「十一位魯陀羅②、十二位阿底底耶③，八位跋修，風仙，七大仙④，曾為解脫諸惡而完成太陰苦行。

222. 「苦行者，應每天親身以酥油祭火，同時念誦偉大的三

---

① 晴明的十五天的第一日，苦行者吃飯一口，以後逐日增加一口，直至滿月之日吃到十五口；自隨後而來晦冥的十五天起，遞減一口，直至第十五天，即新月之日全部斷食。（注疏）
② 魯陀羅，半神，根據神話，說他們生自梵天額部。他們是 Adjaikapâda，Ahivr-adhana，Viroupakcha，Soureswara，Djayanta，Vahouroûpa，Tryambaka，Apar-âdjita，Savitra 和 Hara。後者即濕婆天，他在神話詩和古代軼事中扮演主要角色。在古代軼事中，他被描繪成和梵天相等的神。在魯陀羅中，訶羅（Hara）神是首腦（見《薄伽梵歌》(Bhagavad-Gîta) 第 10 章，第 23 節）。
③ 阿底底耶，是支配一年內各個月份的神，他們是太陰神的各種不同的化身，名目繁多，下述名稱係引自《往事書》，計有跋迦，俺蘇，阿利耶摩，密陀羅水神，娑毗陀利，闍陀利，吠伐斯伐陀，多婆什陀利，苦刹，因陀羅和毗濕奴。毗濕奴是阿底底耶神中最卓越的（見《薄伽梵歌》(Bhagavad-Gîta) 第 10 章第 21 節）。
④ 跋修是群神的總名，其數有八，即闍婆、多魯波、月神，毗濕奴，風神，火神，普羅不刹和普羅跋波。（威爾遜）

聖言；要避作惡，說謊，憤怒和陰險。

223. 「應日夜各三次和衣入水，決不要和婦女、首陀羅或墮姓人講話。

224. 「要經常交互坐立活動，或者，不可能時，要臥在光地上；要清潔如學生，遵守關於聖紐和手杖的同樣規定，尊敬老師、諸神和婆羅門。

225. 「要繼續不斷努力反覆念誦娑毗陀利讚歌和其它贖罪咒文，並在一切旨在贖罪的苦行中始終如一，堅持到底。

226. 「應規定這些贖罪苦行係對其罪過爲衆所周知的再生族實施；但是，會議①可命令其罪過不公開的再生族通過祈禱和祭火來淨化。

227. 「罪犯可以通過當衆認罪，懺悔，苦行，念經來除罪，不能行其他苦行時，也可以通過行布施來贖罪。

228. 「有如蛇蟲蛻皮一樣，犯下罪行的人根據其認罪的眞誠無欺來除罪。

229. 「他的肉體按照他心靈對罪行感到懊悔的程度而除罪。

230. 「犯罪後，如非常悔恨，即解除該罪；當他說『我再不犯了』時，這種不再犯罪的心願可使他清淨。

231. 「妥爲深思死後行爲果報的確鑿，要使自己的思想、言論和行動常常有德。

232. 「犯有令人譴責的行爲時，不論故意與否，如欲獲赦，應愼勿重犯；重犯時，苦行應當加倍。

233. 「如果進行贖罪後，良心仍感沉重，可繼續苦行，直至

---

①見第八卷第 110 以下各節。

給他帶來完全的滿足時爲止。

234. 「透徹吠陀精義的賢者們宣布：諸神和人類的幸福，以苦行爲起點，爲支柱，爲極限。

235. 「婆羅門的苦行在於認識神聖的教義；刹蒂利在於保護人民；吠舍在於完成本務；首陀羅在於隸屬與服從。

236. 「控制身心，只以果、根及空氣爲食的聖者們，得苦行之力而照見含有動與不動的物類的三界①。

237. 「良藥、健康、聖學和各種天界的住所，以苦行來取得；誠然，苦行是取得它們的方法。

238. 「一切難於超越，難於取得，難於接近和難於完成的事項都可以通過嚴格的苦行來達成，因爲苦行是提供困難最多的②。

239. 「大罪犯和一切犯有各種錯誤的人，以嚴格實踐苦行而赦罪。

240. 「使昆蟲、蛇、飛蝗、獸類、鳥類，甚至植物具有生命的魂，也以苦行之力達到天界。

241. 「當人們有苦行的財寶時，其在思想、言論和行動上所犯的一切罪惡，都立即爲苦行之火全部燒光。

242. 「天界居民嘉納通過苦行而常清淨的婆羅門的祭祀；並滿全其心願。

243. 「萬能的梵天以其苦行來創作本法典；同樣，聖仙們以苦行取得對吠陀的全部認識。

244. 「諸神看到苦行是世間一切幸福的聖源，宣布苦行的無比優越性。

---

①三界是地、空、天。

②英俄譯本都作：因爲苦行是難以被制勝的。——漢譯者

245. 「每天不倦學習吠陀，完成五大祭供，不記侮慢，就是大罪所造成的污垢也可以除掉。

246. 「有如熾烈的火焰立即焚毀它接觸到的木柴，同樣，認識吠陀的人以其知識之火立即焚毀其罪惡。

247. 「償贖公開的罪過的方法，我已根據法律對你們宣示；以下可學習對於秘密犯罪的適當的償贖方法。

248. 「一月內每天念誦三聖言、單音聖言『唵』、娑毗陀利讚歌，同時連續屏息十六次，甚至可以淨化殺害婆羅門的罪犯。

249. 「飲酒者每天念誦以阿鉢(Apa)開始的喬娑(Kotsa)①咒文，或其第一句為普羅底(Prati)或摩喜陀羅(Mahitra)，或修闍跋底亞(Souddhavatyah)的跋息什多咒文，可免於罪。

250. 「偷竊婆羅門黃金的，一月之內每天念誦阿息耶婆密耶和息婆桑劫波咒文立即淨化。

251. 「污辱師長床榻者，一月內每天十六次念誦訶毗什衍底耶或那多摩那，或暗誦報魯剎讚歌，可以贖罪。

252. 「欲償贖其大小秘密罪行者，應當在一年內每天一次念誦以阿跋(Ava)或耶多蹇撥闍(yatkintchida)開始的咒文。

253. 「接受令人非難的饋贈，或吃禁食後，念誦多羅滿底耶(Taramandîya)，三日淨化。

254. 「犯有很多秘密罪行的人，一月內，念誦蘇摩虜陀羅(Somârôdra)，或以阿利耶摩開始的三咒文，並在河內沐浴而淨化。

255. 「犯一重大罪過者，應當在半年之內，念誦以因陀羅開

---

①喬娑和跋息什多是得到很多吠陀讚歌和咒文的啟示的仙家或作者。

始的七頌；以某些髒物使水污染者，應當在一整月內只以行乞爲生。

256. 「再生族一年之間念誦娑迦羅①祭文或念誦以南無開始的咒文並祭獻酥油者，將除去最重大的罪過。

257. 「犯重大罪行者，可專心致志隨牝牛群後念誦叫做鉢波摩尼(Pâvamânîs)的咒文，並只以布施爲生；一年之後，可以除罪。

258. 「或者，如果退處林下，身心處於完美狀態，以三鉢羅迦②淨化後三次誦讀吠陀本集及其咒文和祭書時，可獲得一切罪救。

259. 「或者，控制情欲，每天三次入浴，三次念誦阿迦摩爾利那(Agamarchana)，並連續斷食三天，一切罪惡都將消除。

260. 「馬祭爲諸祭之王，可除一切罪惡，同樣，阿迦摩爾刹那讚歌消除一切罪惡。

261. 「掌握全部梨俱吠陀的婆羅門，即使曾消滅三界居民，曾接受最低賤的人的食物，也不感染任何罪惡。

262. 「婆羅門極其專心致志念誦包括咒文和祭書的梨俱、耶柔、或娑摩吠陀本集及其奧妙的分支，可解除其一切罪惡。

263. 「有如投入湖內的泥塊消失於其中，同樣，一切罪行也消滅在三吠陀內。

264. 「梨俱吠陀的咒文，耶柔吠陀的咒文以及娑摩吠陀的各分支，都應當被認爲是三吠陀的組成部分；了解它們的人，即了解聖典。

---

① 見 200 節。

② 見第 215 節。

265. 「由三字母構成，其中包括三吠陀的原始神聖音節，應作爲另一種三吠陀來祕藏，了解這一音節的神秘價値者，即了解吠陀。」

第十二卷

輪迴　最後解脫

1. 大仙們說：「無罪者啊，你已經對我們宣示了有關四種姓的一切義務；以下請對我們如實說明行為的最後果報。」

2. 摩奴之裔，無上公正的跋梨求對大仙們答稱：「請聽對於一切有行為能力者所規定的果報的無上決定。

3. 「思想、言論或身體的每一種行為都按它的善惡，得到善報或惡報；人們不同的上中下地位是由人們的行為產生的。

4. 「要知道在世界上，心意是引起這種與生物相聯繫的行為的主動者，行為有上中下三級，由思想、言論和身體，以三種方式來實現，其數有十種。

5. 「圖占人家的財產，計劃犯罪的行動，崇奉無神論與唯物論①，是思想方面的三種壞行為；

6. 「罵詈、謊言、誹謗公眾、語無倫次，是言論方面的壞行為；

7. 「占有非贈與的物品，傷害法律不准傷害的生物，取悅②於人家的婦女，被認為是身體方面的三種壞行為；和上述相反有十種同等的好行為。

8. 「具有理性的人，對於思想上的行為，賞罰在心靈上，言

①英譯本作「傾向謬說」，俄譯本作「崇信偽言」。——漢譯者
②英俄譯本均作：通姦。——漢譯者

論上的行為，在語言器官上，身體的行為，在身體上。

9. 「人主要是因來自身體方面的罪行而在死後轉化到非動物的地步；特別是因言論上的錯誤而變成鳥獸的形相；尤其是因思想上的錯誤而轉生到最低賤的種姓中。

10. 「其智慧對言論、思想、身體實施無上權威者(Danda)①，比僅僅攜帶三手杖的行者，可以更名副其實地被稱為具有三權者(Tridandi)。

11. 「對於一切生物施展他本身具有的這三種權威，並抑制願望與憤怒的人，可以此法得到最後的解脫。

12. 「此身的動力——生元，被識者稱為劫陀羅撳那(Kchetradjna)，而完成任務的此身，被賢者稱為佛多多摩（Bhoûtatma，由元素構成者）。

13. 「另一個叫做撳跋(Djiva)或智元(Mahat)的內在心神，是和一切生物一併產生的。此心神演變成為感覺與意識，通過它，在一切出生中，苦樂才被靈魂（劫陀羅撳那）所感受。

14. 「這智慧與靈魂二元與五元素結合，和寓在最高級與最低級生物中的最高我維持最緊密的聯繫。

15. 「從這個最高我的本體中，有如火星一樣，逸出不斷給與各級物類以活動的不計其數的生元。

16. 「作惡的人魂，死後取得微細的五元素，幫助它形成注定受地獄苦痛的另一個肉體。

17. 「當披此形體的靈魂在陰間遭受閻摩加給它們的苦刑後，基本微粒即各自分離，還原到它們所從出的微細的元素中②。

---

① danda 一字兼有權威、命令、手杖三義。

② 或者，根據另一解釋，作：「這些靈魂，在同自己一併遭受地獄苦刑的肉體解
　體後，進入和自己結合在一起的粗疏元素中，以便再次取得肉體，重回世間。」

18.「靈魂得到由於縱身情欲而來的果報後，其罪污已被除去，即重返具有無限能力的最高我與智慧二元。

19.「這二元不倦地考查靈魂的善惡；它按它所行的善或作的惡而在今生和來生得到苦樂。

20.「如果靈魂幾乎常行善而少作惡，它披著自五要素引出的身體，享受天界的快樂；

21.「但如果屢作惡而少行善，則在死後脫離其自五要素引出的身體，而披另一種由元素的微粒形成的身體，遭受閻摩加給它的苦刑。

22.「靈魂在遭受地獄法官判處的苦刑後，罪污全部除去，重新取得該五要素的相應部分，即取得身體。

23.「人們要借助自己的心神觀察到人魂的輪迴以善、惡為轉移，因而常使自己的心神日進於善。

24.「要知道眞我(Atma)即智慧，具有喜、憂、暗三德；智慧即由於具有此三德之一而不息地和被創造的物質結合在一起。

25.「當此三德之一在人體內完全占支配地位時，會使具有此體的生物，在這一德的一些特徵上卓然突出。

26.「喜德的特徵是有識，暗德的是無知，憂德的是情欲和不快：這是依附一切物類的諸德賴以永恒地表現出來的方式。

27.「當人在智慧的心靈內發現一種摯愛、完全平和，以及純潔如日的情感時，要知道這就是喜德；

28.「但伴有憂鬱，產生不快，常使生物陷於肉體快樂的每一種根性，都應該被看做是難以克服的憂德。

29.「至於那善惡不別，對象不明，內心和外官都不會理解、不會鑒別的根性，應該被看做是暗德。

30.「我現在要對你們充分宣示出自這三德的卓越的、中庸

的和惡劣的行為：

31.「學習吠陀、苦行、聖學、純潔、制馭情欲、完成義務和默觀真我，是喜德的效果。

32.「做事只希望果報，意氣消沉，做法律禁止的事情，陷身欲樂，是憂德的特徵；

33.「貪婪、怠惰、優柔寡斷、誹謗、不信神、疏忽規定的事宜、強求、怠慢，是暗德的特徵。

34.「另外，對於處在過去、現在、未來三段時間中的這三德，這是人們應該作為最好的簡單標誌加以認識的：

35.「對於已做、在做或準備做的行動感到恥辱的，應被賢者認為是具有暗德的特徵。

36.「凡人欲借以在世間獵取盛譽，但並未因不成功而感到非常悲苦的行為，應被視為屬於憂德的特徵。

37.「當人們全心全意希望認識神聖的教義，當人們不恥於其所作為且心靈感到滿足時，這種行為就帶有喜德的特徵。

38.「好快樂顯示暗德；求財富顯示憂德；嗜美德顯示喜德：以上事項順序在後者功德較優。

39.「以下我要將靈魂受三德影響在此世所感受的各種輪迴，依次簡要地對你們宣示。

40.「具有喜德的諸魂，取得神性；受憂德支配的，取得人性；沉溺於暗德的淪為畜生；這是主要的三種輪迴。

41.「由不同的德造成的三種輪迴中，每種輪迴都由於行為和知識的不同，而應被認為有下、中、上三級。

42.「植物①、蟲豸、魚類、蛇、龜、家畜、野獸，是屬於

---

①原文作：不具活動的種類。

暗德的最低賤的等級；

43. 「象、馬、首陀羅、被人輕視的蠻族、獅、虎和野豬，形成暗德所造成的中間等級：

44. 「跳舞者、鳥類、以騙人爲業者、羅刹和吸血鬼，構成暗德的最高級。

45. 「使棒者、角力者、優伶、劍術師、嗜賭或縱酒者，是憂德所造成的最低級；

46. 「國王、戰士（刹蒂利）、國王的家僧、以及擅長爭辯者，形成憂德的中間等級；

47. 「天界樂師、鳩耶迦和夜叉、以及一切天界女妖，是憂德所造成的各級中的最高級。

48. 「林棲者、行者、婆羅門、乘飛車的衆半神、月宿諸仙和底底耶，形成喜德所造成的初級。

49. 「祭祀者、聖仙、諸神、吠陀仙、星神、歲神、祖靈和婆底耶仙，構成喜德造成的中級。

50. 「梵天，造物主如摩利俱，美德之神，司智元和司數明學說的無形元兩神，被宣布爲喜德的最高級。

51. 「這種輪迴體系分做三等，每等各有三級，它關涉到三種行爲並包括一切物類。此體系我已完整向你們啓示。

52. 「這些縱情欲樂，忽視義務，不知神聖贖罪法的人類中最低賤者，落到最被人輕視的地步。

53. 「以下你們可以充分依次學習，人魂由於作下何業而不得不在此世進入某種身體。

54. 「大罪犯在恐怖地獄中連續經過無數年月，在此時期終了時，被判處以下輪迴，以完成其贖罪。

55. 「殺害婆羅門的罪犯，視罪情的輕重，轉生到狗、野

豬、驢、駱駝、牡牛、公山羊、公羊、野獸、鳥，旃陀羅和弗迦娑的體內。

56.「飲酒的婆羅門，要托生蟲豸、飛蝗、食糞鳥和殘暴獸類的形相。

57.「盜竊黃金的婆羅門要投生到蜘蛛、蛇、變色蜥蜴、水生動物，和害人的吸血鬼體內一千次。

58.「污辱生身父或宗教父的床榻者，要轉生到草、灌木、葛藤、肉食鳥如禿鷹，具有銳利牙齒的獸類如獅子，殘暴獸類如老虎的狀態一百次。

59.「犯殘忍罪行者變爲如貓類的嗜食血肉動物；食禁食者變爲蠕蟲；盜賊變爲互相吞噬的物類；取媚①於低種姓婦女者變爲幽靈。

60.「和墮姓人交遊的人，和人家婦女交媾的人，或偷婆羅門非黃金物品的人，要變做稱爲婆羅摩羅刹娑的幽靈。

61.「如果人由於貪婪而盜竊寶石、珍珠、珊瑚、或各種珠寶時，投生到金銀工的族類中（或喜摩迦羅鳥體內）。

62.「偷食糧，下世變老鼠；偷銅變天鵝；偷水變潛水鳥；偷蜜變牛虻；偷牛奶變烏鴉；偷植物榨汁變狗；偷酥油變獴鼠。

63.「偷肉轉生禿鷹；偷油脂轉生摩陀鳩②；偷油類轉生退羅迦鳥③；偷鹽，轉生蟬；偷乳酸，轉生鶴。

64.「偷絲綢衣服轉生竹雞；偷亞麻布轉生青蛙；偷棉布轉生鵁類；偷牝牛轉生鱷魚；偷糖轉生跋鳩陀鳥④；

---

①英俄譯本都作：通奸。——漢譯者
②摩陀鳩，一種海鳥。
③退羅迦鳥，一種不知名的鳥類；名字的意思是喝油者。
④跋鳩陀，一種不知名的鳥類。

65.「偷美味香料變麝香鼠；偷蔬菜變孔雀；偷各種調製好的米飯變刺蝟；偷生食糧變豪豬；

66.「偷火變蒼鷺；偷家用器皿變大胡蜂，偷染色衣服變紅山鷸。

67.「偷鹿或象轉生狼；偷馬轉生虎；偷果或根轉生猴；偷婦女變熊；偷飲用水變迦多迦鳥①；偷車變駱駝；偷家畜變公山羊。

68.「強取豪奪屬於人家的某些財物，或吃未先祭供於神的酥油與祭餅的人，不可避免地要淪為畜生。

69.「犯同樣盜竊罪的婦女染同樣罪污；她們被罰作為雌性動物而與雄性動物交接。

70.「當（四個）種姓（的人），並非迫不得已而背離其特定的義務時，要轉生到最低賤的體內，淪為敵人手下的奴隸。

71.「婆羅門玩忽職守，死後轉變為叫做優爾迦牟迦②、吃人家嘔出物的幽靈；剎帝利變為叫做迦多弗多那、吃髒物和腐屍的幽靈。

72.「吠舍變為叫做密陀羅剎遮瑜底迦、吞食膿質的惡靈；首陀羅玩忽職守變為叫做遮羅婆迦、吃虱子的惡仙。

73.「喜肉欲的生物愈縱情欲樂，感官的敏銳愈發展。

74.「這些荒謬失常的人，按照他們堅持作惡的程度，將以某種可恥形相轉生世間時，感受愈來愈劇烈的痛苦。

75.「他們首先墮入多密斯羅地獄及其它可怕地獄、阿息鉢陀羅跋那（長以劍刃為樹葉的森林）地獄，以及其它各種縲紲烤

---

①布穀鳥之一種，印度人認為這種鳥只有在空中降雨時喝雨水才能解渴。
②優爾迦牟迦，意為「口如火把者」。

打的地方。

76. 「為他們保留各種的苦刑；他們要被烏鴉和鳥所吞噬；他們要吃熾燃的火餅，走在著火燃燒的砂土上，遭受投放火內不堪忍受的痛苦，就像陶器一樣。

77. 「他們要生為不斷遭受痛苦的畜生；他們要交替地感受過度冰冷和過度炎熱的痛苦，並遭受各種恐怖。

78. 「他們要不只一次住在各種不同的母胎內，帶著痛苦生在世間；遭受嚴峻的禁錮，並被罰奴事其它物類。

79. 「他們將被迫離開親朋而和壞人為伍；他們積累財富又失掉它；他們煞費苦心取得的朋友將變成他們的敵人。

80. 「他們要受老來貧，病痛多的痛苦，各種憂傷，以及無法克服的死亡。

81. 「人不論以三德之一產生的何種心情來完成某種行為，都要在具有這種德的身體內得到它的果報。

82. 「行為應得的報應，已經對你們全部宣示；現在請認識使婆羅門走向永久解脫(Nihsréyasa)①的諸行為。

83. 「學習和理解吠陀，修嚴峻的苦行，認識梵天、制馭情欲，不傷生，尊敬師長，是引人走向最後解脫的主業。

84. 「聖者問，但在此世間所履行的這些道德行為中間，有被認為比其它行為更能導致最後解脫的一種行為嗎？

85. 「跋梨求答，一切義務中主要的義務是通過學習奧義書來認識最高我，這是一切學識中首要的學識；因為，人由於它而取得永生。

---

① Nihsréyasa 是 Mokcha 的同義語；兩字的意義是：最後的真福，靈魂脫離肉體而和宇宙的最高我永久結合。

86. 「確實，在這六種義務中，為認識最高我而學習吠陀，被認為對於取得今世後世的幸福最為有效。

87. 「因為，在學習吠陀和崇拜最高我的工作中，上面依次列舉的有關善行的一切規定已全部包括。

88. 「聖典規定的敬禮有兩種：一種和此世有關，提供諸如天界快樂等享受；另一種脫離世務，引人走向最後解脫。

89. 「出於希望得到此世利益的虔行，如為求雨而行的祭祀，或者來生利益的虔行，如為得死後果報而行的祭獻，被宣布為是為此世所牽的；但淡然無求，只欲認識梵天者，被稱為是脫離世務的。

90. 「屢經完成利己的宗教義務的人，躋於諸神的行列；但屢經執行淡然無求的宗教義務的人，則永久擺脫五要素，解脫肉體的束縛。

91. 「在一切物類中看到最高我，同樣在最高我中也看到一切物類，把自己的靈魂獻作犧牲，而和輝映著自己的光輝的實體合而為一。

92. 「婆羅門在廢棄法典規定的宗教儀式的同時，應該堅持靜觀最高我，克服情欲，並反覆念誦聖典。

93. 「首先對於婆羅門，再生①的利益就在於此：因為再生族完成這種義務，而不是用其它方法，得遂其一切所願。

94. 「對祖靈、諸神和人類來說，吠陀就是一隻永遠的眼目；聖典不能由凡人來著作，它很難以人的理智來衡量：這是定論。

95. 「不基於聖典的書籍以及無論任何異端邪說，都不能在

---

①見第二卷第 169 和 170 頁。

死後產生善果；因爲立法家宣稱，它們除地獄的黑暗而外，不產生其它結果。

96. 「凡不基於聖典的書籍都出自人手而要滅亡；人們的後裔會證明它們都是虛僞無用的。

97. 「對於四種姓①、三界②、四個截然不同的住期③的認識，以及過去、現在、未來的一切，都出自吠陀。

98. 「作爲要素特性的聲、觸、色、味，和感官的第五個對象——香，以及要素（它們只是要素的性質）的形成和作用，都在吠陀中詳盡闡述。

99. 「最初的④吠陀法支持了一切物類；因而，我將它看做是人們繁榮的最高原因。

100. 「熟諳吠陀法者足以號令軍隊，取得王權、用刑權、和統治全世界的主權。

101. 「有如烈火甚至燃燒青綠的樹木，同樣，學習並理解聖典的人，銷毀他本人由罪惡產生的一切污點。

102. 「洞徹吠陀法精義的人，無論身處何住期，居留下界時，都會自我修養，以期同化於梵。

103. 「誦讀多的勝於學習少的；掌握所誦讀過的勝於誦讀後又遺忘的；理解的人比記憶的人更有功德；履行其義務的人優於僅僅知道義務的人。

104. 「苦行和認識神我是婆羅門達到最後解脫的最好方法；由苦行來消除罪過；由認識梵天來對自己取得永生。

①見第一卷第 2 節注。
②見第十一卷第 236 節。
③見第四卷第 1 節注。
④英俄譯本都作：永恒的。——漢譯者

105.「聖言量、現量、比量的三量，和各種自聖典演繹來的書籍的典據，都應爲設法眞正認識自己的義務的人所很好了解。

106.「唯有依據不悖於聖典的論理法則，並依據聖典、依據邏輯法則進行推理的人，才認識到宗教和民事義務的體系。

107.「關於引人走向解脫的行爲的規定，已全部精確地宣示；以下要將摩奴法典的秘密部分啓示給你們。

108.「遇有上述未曾提到的特殊情況，如果有人問到怎樣做才好時，如下：有學識的婆羅門所做的決定有無可爭辯的法律效力。

109.「按照法律規定，學習吠陀及其分支吠檀伽、思維派哲學①、法典和往世書，並能引用啓示的聖典的婆羅門，應當被認爲是最鴻博的。

110.「至少有十個婆羅門集會決定的某項法律，或不應少於三個有德的婆羅門集會決定的某項法律，任何人不得提出異議。

111.「至少由法官十人組成的集會，應當包括精通三聖典的婆羅門三人，淹貫正理派哲學的婆羅門一人，淹貫思維派哲學的婆羅門一人，博通尼魯多論②的學者一人，法律學家一人，又頭三個種姓中的成員各一人。

112.「精究梨俱吠陀的婆羅門一人，其次專精耶柔吠陀的婆羅門一人，又掌握娑摩吠陀的婆羅門一人，形成解決關於法律上一切疑義的三法官會議。

①思維派哲學是印度哲學的一種，見科爾布魯克關於印度哲學的論文（波提埃譯本第 123 頁以下各頁）。

②《尼魯多論》(*Niroukta*)，是一種吠陀分，是包括吠陀中遇到的晦澀字句的注疏在內的語彙集。

113. 「一個婆羅門只要精通吠陀，則他個人的裁決應當被認為是最有權威的法律，而不是不通聖學的一萬人的裁決。

114. 「不守梵戒，不通聖典，除種姓外無其它可稱述的婆羅門，雖數有幾千，不准組成合法的集會。

115. 「滿身浸透暗德的愚人，為人講解連他們自己都不懂的法律，聽講人的罪過要加重百倍地落到這些愚人身上。

116. 「引人達到永久幸福的卓越行為，已對你們宣示；不忽視它們的再生族，要取得很大的幸運。

117. 「萬能而光榮的摩奴，關懷眾生，把這些重大法律，已全部對我啟示，它只有對不配認識他的人才是秘密。

118. 「婆羅門應該集中全副精力，在神我中觀察一切可見與不可見的事物；因為在神我中觀察一切時，他的心靈就不陷溺於罪過。

119. 「神我是諸神的集中表現；全宇宙都棲息在最高的神我中；眾生物完成的一系列行為，都是由神我產生的。

120. 「婆羅門要通過沉思瞑想在自己體竅中觀察虛空；在筋肉動作和觸覺中觀察風；在消化的熱力和視官中觀察火和太陽的最高的光明；在身體的液體中觀察水；在肢體中觀察地；

121. 「在心中觀察月神；在聽覺中觀察八方①諸仙；在步行中觀察毗濕奴天②；在筋肉力量上觀察訶羅神③，在語言上觀察火神；在排泄功能上觀察密陀羅神④；在生殖能力上觀察造物主；

---

①八方諸仙或八方是：天王、火神、閻摩、奈梨多、水神、財神和伊薩。

②在摩奴原文中只有這次提到的毗濕奴天，在這裡無疑是一位次要的神，恐係十二阿底底耶神中叫這個名字的神。

③訶羅，十一位魯陀羅神中的一個神。

④密陀羅，十二位阿底底耶神之一。

122. 「但是，應該把大神看做是宇宙的大主，看做是比原子還要細微的，看做是和最純潔的黃金一樣光輝，並只能在極其抽象的瞑觀睡眠中由理智加以想像。

123. 「一些人崇拜他爲原行的火，另一些人崇拜他爲造物主摩奴；有崇拜他爲因陀羅天王的，有崇拜他爲純潔空氣的，有崇拜他爲永恒的梵天的。

124. 「正是這個神，包容由五元素形成身體的一切物類，通過類似車輪般的運動，使它們依次由出生到成長，由成長到滅亡。

125. 「所以，在自我中認識到表現在一切物類中的最高我的人，對萬物一視同仁，而取得最大的幸運，即最後冥合於梵。

126. 「賢者這樣結束了他的說話，而閱讀跋梨求宣布的這本摩奴法典的再生族，將永遠是有德之士，取得他所希求的福樂。」

總 附 注

〔威廉・瓊斯將本附注附在他的英譯本《摩奴法典》內；我是把它從英譯本譯來的。〕

印度學者們一致認為，被人推為最古老的立法家摩奴所制訂的一些法律，僅限於世界最初的三個時代，而對當前的時代並無效力，其中有一些肯定已經不用了，他們這種立論是根據叫做《摩陀那・羅多那・普羅底鉢》(*Madana-Ratna-Pradipa*)的那本書中輯錄的下述原文做出的。

Ⅰ. 柯羅都①：在第四個時代裡，已故丈夫的弟弟不得和寡婦生子；姑娘一度許婚，不得再許；牡牛獻作犧牲，不得再獻；神學生托的鉢，別人不得再托。

Ⅱ. 波利訶斯波底：*1.* 丈夫已故或不能生育時，親族得和寡婦或有夫之婦生子，這曾被賢者摩奴提及，但針對四個時代的義務又曾被他所禁止；同樣行為在該時代中除丈夫外任何人不得合法進行。

2. 在第一、第二時代裡，人們具有真正的慈悲和深湛的知識；在第三時代裡亦然；但在第四時代裡，造物主曾命令減少人

---

① 柯羅都 (Kratou)，波利訶斯波底 (Vrihaspati)，鉢羅娑羅 (Parasara) 和那羅陀 (Narada)，是一些神聖的人物，印度人認為現尚完整或殘存的一些法典是由他們制訂的。見《印度契約法與繼承法匯編》(*Digest of Hindu Law on contracts and successions*) 序言。

們的智能和德能。

　　3. 因而古代聖賢曾得到各種不同的兒子；但這樣一些兒子不能爲缺乏這些卓越能力的人所收養。

　　III. 鉢羅娑羅：*1.* 在第一時代裡，和大罪犯有交往的人應該棄國；在第二時代裡，應該棄城；第三時代裡應該棄家；但在第四時代裡，僅應離開罪犯。

　　2. 在第一時代裡，只要和墮姓人談話就成爲墮姓人；在第二時代裡則須接觸到他；第三時代裡則從他接受食物，才成爲墮姓人；而第四時代裡，只罪犯本人承擔他的過犯。

　　IV. 那羅陀： 由死者的弟弟生子，殺牲畜待客，祖靈供食和林棲住期，在第四時代裡已被禁止或加以廢除。

　　V. 阿底底耶・普羅那(Aditya-Pourana)：*1.* 在第一時代本是一種義務的事情，但在第四時代裡，無論在什麼情況下都不該做了；因爲，在第四時代裡，不分男女都沉溺於罪。

　　2. 這些義務是，在一個漫長的時間內繼續不斷地做學生和必須托鉢；和父系親族結婚，或和母系近親族結婚，以及祭祀牡牛。

　　3. 祭人或祭馬；在第四時代裡凡酒類再生族都該禁忌；使已婚但未交合前丈夫已死的婦女再嫁，長兄的較大分配額，和兄弟的妻子或寡婦生子，也應同樣加以禁止。

　　VI. 傳承(Smriti)：*1.* 委託男子和兄弟的寡妻生子；把丈夫已死尚不失爲處女的已婚青年婦女另行字人；

　　2. 再生族和不屬於同種姓的姑娘結婚；在宗教戰爭中殺害實行進攻、意圖殺人的婆羅門；

　　3. 和一個雖已贖罪但仍乘船渡海的再生族有任何交往；爲各種人舉行祭祀和攜帶水瓶的必要性；

4.　朝山進香時徒步至死，以及在祭祀中以牡牛爲犧牲的行爲；甚至在蘇陀羅摩尼(Soutramani)儀式中受酒的行爲，

5.　祭火時接受從酥油瓶內刮取的東西；儘管是對頭幾個時代規定的，但仍然實行第三住期或林棲期的行爲；

6.　按照罪犯的宗教行爲和聖學知識來減輕罪惡，這是對婆羅門雖犯死罪時也可以贖罪的規定。

7.　和罪犯保持聯繫的錯誤；除盜竊外，對任何大罪進行秘密償贖；殺牲畜以招待貴客或敬禮祖先的行爲；

8.　有合法生的兒子或由父母給人做養子的兒子以外的兒子關係；爲姦淫以外的小過而遺棄合法的妻子；

9.　古代法律的這些部分，根據第四時代開始時表現出的各種情況，已被英明的立法家們所取消，以求使人類免於罪惡。

上述原文中，應該注意除波利訶斯波底原文外，均未曾被鳩魯伽援引過，鳩魯伽似乎從來不把摩奴的任何一條法律都看做對最初幾個時代有約束力；傳承的原文，或神聖法典的原文，曾被人以立法家的名義加以引用，而禁止各種年齡的人進行自衛，即在受到婆羅門攻擊時亦然。這是和蘇滿都原文，和《摩訶波羅多》中柯利什那①本人的典範和命令，甚至和吠陀的一項裁決相牴觸的，吠陀曾通過該項裁決命令每一個人保衛自己的生命，反抗暴力進犯者。

---

①柯利什那(Krichna)是毗濕奴天的化身；無疑，威廉·瓊斯是在這裡暗指摩訶波羅多軼事，《薄伽梵歌》第二章的。《摩訶波羅多》是馳名世界的偉大史詩，據稱編於公元前一千年左右，《薄伽梵歌》是柯利什那和他的弟子阿鳩那(Adjouna)之間的哲學對話。

摩奴法典 / 摩奴一世 (Swâyambhoura Manou)
著；迭朗善 (A. Loiseleur－Deslongchamps) 譯
；馬香雪轉譯. －－初版. －－臺北市：臺灣商
務，1998 [民87]
　　面　；　公分. －－ (Open；2：16)
譯自：Mânava－Dharma－Sâstra
ISBN 957-05-1507-4 (平裝)

1. 法制史 - 印度

580.937　　　　　　　　　　　　87012266

OPEN系列／讀者回函卡

感謝您對本館的支持，為加強對您的服務，請填妥此卡，免付郵資寄回，可隨時收到本館最新出版訊息，及享受各種優惠。

姓名：＿＿＿＿＿＿＿＿＿＿＿＿＿＿＿＿　性別：□男 □女

出生日期：＿＿＿年＿＿＿月＿＿＿日

職業：□學生 □公務（含軍警） □家管 □服務 □金融 □製造
　　　□資訊 □大眾傳播 □自由業 □農漁牧 □退休 □其他

學歷：□高中以下（含高中） □大專 □研究所（含以上）

地址：＿＿＿＿＿＿＿＿＿＿＿＿＿＿＿＿＿＿＿＿＿＿
＿＿＿＿＿＿＿＿＿＿＿＿＿＿＿＿＿＿＿＿＿＿＿＿＿

電話：（H）＿＿＿＿＿＿＿＿＿＿（O）＿＿＿＿＿＿＿＿＿

購買書名：＿＿＿＿＿＿＿＿＿＿＿＿＿＿＿＿＿＿＿＿＿

您從何處得知本書？
　　　□書店 □報紙廣告 □報紙專欄 □雜誌廣告 □DM廣告
　　　□傳單 □親友介紹 □電視廣播 □其他

您對本書的意見？ （A/滿意 B/尚可 C/需改進）
　　　內容＿＿＿＿ 編輯＿＿＿＿ 校對＿＿＿＿ 翻譯＿＿＿＿
　　　封面設計＿＿＿ 價格＿＿＿ 其他＿＿＿＿＿＿＿＿＿

您的建議：＿＿＿＿＿＿＿＿＿＿＿＿＿＿＿＿＿＿＿＿＿
＿＿＿＿＿＿＿＿＿＿＿＿＿＿＿＿＿＿＿＿＿＿＿＿＿
＿＿＿＿＿＿＿＿＿＿＿＿＿＿＿＿＿＿＿＿＿＿＿＿＿

臺灣商務印書館

台北市重慶南路一段三十七號　電話：（02）23116118・23115538
讀者服務專線：080056196　傳真：（02）23710274
郵撥：0000165-1號　E-mail：cptw@ms12.hinet.net

100臺北市重慶南路一段37號

臺灣商務印書館　收

對摺寄回，謝謝！

OPEN

當新的世紀開啓時，我們許以開闊